U0605408

文化产业发展典型60例

WENHUA CHANYE FAZHAN DIANXING 60 LI

中央文化企业国有资产监督管理领导小组办公室　编

经济科学出版社
Economic Science Press

图书在版编目（CIP）数据

文化产业发展典型 60 例／中央文化企业国有资产监督
管理领导小组办公室编 . —北京：经济科学出版社，
2012. 12
　ISBN 978 - 7 - 5141 - 2779 - 9

　Ⅰ. ①文…　Ⅱ. ①中…　Ⅲ. ①文化产业 - 产业发展 -
中国　Ⅳ. ①G124

　中国版本图书馆 CIP 数据核字（2012）第 304157 号

责任编辑：庞丽佳　李　喆
责任校对：徐领弟　王凡娥
责任印制：邱　天

文化产业发展典型 60 例

中央文化企业国有资产监督管理领导小组办公室　编

经济科学出版社出版、发行　新华书店经销

社址：北京市海淀区阜成路甲 28 号　邮编：100142

总编部电话：88191217　发行部电话：88191537

网址：www. esp. com. cn

电子邮件：esp@ esp. com. cn

北京市季蜂印刷有限公司印装

710×1000　16 开　20.5 印张　250000 字

2012 年 12 月第 1 版　2012 年 12 月第 1 次印刷

ISBN 978 - 7 - 5141 - 2779 - 9　定价：56.00 元

（图书出现印装问题，本社负责调换。电话：88191502）

（版权所有　翻印必究）

《文化产业发展典型60例》编委会

主　　编：张少春

执行主编：王家新

副 主 编：高书生　董德刚　胡　帆

编　　委：湛志伟　李卫华　林　京　花向荣

　　　　　兰　培　余宛泠　戚　骥　施　楠

前　言

　　文化产业是"绿色产业",被誉为 21 世纪的朝阳产业。党的十六大以来,我国文化体制改革不断深化,文化产业快速成长,显示了广阔的发展前景。党的十七届六中全会提出推动文化产业成为国民经济支柱性产业,使之成为新的经济增长点、经济结构战略性调整的重要支点、转变经济发展方式的重要着力点。党的十八大站在全面建成小康社会的新高度,强调要加快完善文化管理体制和文化生产经营机制,基本建立现代文化市场体系,健全国有文化资产管理体制,形成有利于创新创造的文化发展环境,这充分表明了中央对文化改革发展的亲切关怀和长远战略,也标志着文化产业发展步入了新的历史阶段。

　　财政政策是公共政策的核心,在推动文化产业跨越式发展、建设社会主义文化强国的进程中,财政部门肩负着光荣的使命。创造性地开展财政支持文化产业发展工作,既是党和人民在新的历史条件下对财政工作的更高期望,也是财政战线落实科学发展观、服务社会文明进步的全新领域和重要机遇。近年来,各级财政部门认真贯彻落实中央关于文化改革发展的一系列战略部署,围绕文化体制改革和文化产业发展中心工作,加大扶持力度,完善体制机制,为文化产业加快发展提供了有力支撑。为解决中央经营性文化事业单位转制后"出资人缺位"的问题,做大做强国有文化企业,经中央批准,国务院授权财政部履行中央文化企业国有资产出资人职责。2010 年,中央决定成立中央文化企业国有资产监督管理领导小组,下设办公室（即中央文资办），挂靠财政部，具体负责中央文化企业国有资产监管的日常工作。财政部党组对此高度重视，积极支持文资办组建工作并赋予财政政策、资产监管、预算安排、财务管理等多项职能。中央文资办的成立，对加强国有文化资产管理、优化文化产业布局具有重要意义，也为文化产业财政工作提供了组织保障，是财政支持文化产业发展的新起点。

财政支持文化产业发展要注重科学性。由于我国文化领域长期的体制机制障碍，文化企业普遍存在起点低、底子薄的状况，文化经营活动中关系不顺、管理不力、效率不高、布局不优等制约科学发展的问题仍十分突出。在此背景下，财政政策的实施，不应简单停留于分钱、补给、"输血"的层面，而应着力于提高"造血"功能，提升文化企业的自我发展能力、可持续发展能力。要依托财政资金的介入，帮助文化企业优化管理、防范风险，打造核心竞争力，提升文化影响力。依托财政资金投向与节奏，完善文化产业链条，优化文化资源配置，调整文化产业结构，促进文化产业升级。依托财政政策的创新，保障文化企业体制创新，带动文化企业主体创新，引导文化企业技术创新，支持文化企业内容创新。总之，要充分发挥财政资金的杠杆效应，不断解放和发展文化生产力，提高文化产业发展科学化水平，推动文化产业步入健康、快速、可持续发展阶段。

财政支持文化产业发展要提高针对性。文化产业发展涉及面广、环节众多，财政政策应着眼于其中的关键环节，加大扶持，重点突破，使财政杠杆成为文化产业跨越式发展的引擎。要加快完善文化管理体制和文化生产经营机制，推进经营性文化事业单位转企改制相关配套工作，健全出资人管理体系；加快培育骨干文化企业，支持大型文化企业集团公司发展，推动文化企业跨地区、跨行业、跨所有制联合、兼并、重组；加快构建现代文化产业体系，实施重大文化产业项目带动战略，支持国家级文化产业园区和示范基地建设；加快推进金融资本和文化资源对接，支持文化企业利用银行、非银行金融机构融资发展，扩大上市融资、债券融资、私募融资规模；加快推进文化科技创新，支持文化企业高新技术研发与应用、技术装备升级改造、数字化建设、传播渠道建设、公共技术服务平台建设，建立完善现代文化传播体系；加快推动文化企业"走出去"，支持文化企业扩大产品出口、开展境外投资，提高全球文化资源配置能力。

　　财政支持文化产业发展要增强开放性。在新兴业态蓬勃发展、媒介融合不断深化的背景下，必须以更开放的气度审视全球文化产业发展，不断拓展财政支持文化产业发展的视野、外延和空间。要打破部门界限，把握文化发展规律，顺应产业发展趋向，建立面向一线、面向基层的文化创新创造扶持机制，为人民群众提供广阔文化舞台，让一切文化创造源泉充分涌流，开创全民族文化创造活力持续迸发的文化发展局面。要打破所有制界限，大力扶持民营文化企业健康发展，引导民营资本投资文化产业，推动形成以公有制为主体、多种所有制共同发展的文化产业格局。要着眼全局发展，在巩固发达地区文化产业发展优势的同时，着力支持欠发达地区文化产业发展，积极培育特色文化产业、民族文化产业，推动区域文化产业各见其长、相互促进、协调发展。要放眼全球发展，积极支持文化企业开拓国际市场，构建贸易和投资并举、产品输出与资本输出双轮驱动的文化"走出去"格局，以更自信的姿态融入国际文化产业发展浪潮，让世界各国人民共享中华文化繁荣发展的成果。

　　总之，在推动社会主义文化大发展大繁荣的历史条件下，财政支持文化产业发展被寄予了更高的期待，也被赋予了新的时代内涵。为贯彻落实党的十八大精神，总结近年财政支持文化产业发展的成功经验，展示各地文化产业发展的丰硕成果，提高新形势下文化产业财政工作的科学性、针对性和开放性，我们在各地总结经验的基础上，选择部分地区和单位的典型实例和成功做法，汇编了《文化产业发展典型60例》。全书分为文艺、广电、出版、综合共四篇，所选实例涵盖了文化产业各个门类，涉及了全国绝大多数省、自治区、直辖市及计划单列市，力求突出典型性和代表性，兼顾专业性和可读性，以便于各地区、各单位学习借鉴，也便于广大读者了解近年我国文化产业发展状况。希望本书能成为各地增进交流、相互促进的桥梁，为财政支持文化产业发展工作添砖加瓦，为推动文化产业成为国民经济支柱性产业尽绵薄之力。

在本书编辑、出版的过程中，我们得到各省、自治区、直辖市、计划单列市财政厅（局）及有关单位的大力支持，在此一并表示衷心感谢。

编者

2012 年 12 月

目　录

出版篇

综合篇

借得改革力　跻身三十强

——北京演艺集团改革实例

北京演艺集团（以下简称"京演集团"）是北京市委市政府按照中央关于文化体制改革的指示精神全新组建的大型国有独资文化企业旗舰，2009 年 5 月正式挂牌成立，肩负着整合首都文化资源、打造首都文化企业航母的重要使命。

一、改革硕果累累，收入大幅增长

目前，京演集团旗下共有 15 家企事业单位。3 年内，集团两次入选"全国文化企业 30 强"，并荣获第五届北京影响力"影响百姓经济生活的十大企业"称号。中国杂技团、北京歌舞剧院、北京儿童艺术剧院、中国木偶艺术剧院等 4 家院团也分别荣获"全国文化体制改革先进企业"称号；北京市电影股份有限公司荣获全国广电系统"2010 年度最佳企业"称号；

北京市杂技学校被评为"全国教科研先进单位"。截至 2012 年 6 月底，集团及所属单位经营收入大幅增长，集团整体资产规模由组建时的 4.3 亿元增至 12.74 亿元，取得了较好的社会效益和经济效益。

二、财政资金的扶持及企业的主要做法

经市委市政府批准，2008～2009 年的市文化创意产业发展专项资金安排经费，用于对京演集团注资。2009～2011 年，市宣传文化发展专项资金主要用于扶持京演集团国家体育馆马戏杂技舞台设备购置等重点项目。在政府资金的扶持、引导下，经过 3 年多的发展，京演集团初步形成以演艺为龙头，影视、体育、旅游等相关产业集聚发展的综合性布局，取得不俗的业绩。

（一）坚持面向高端文化需求，项目运营成效显著。京演集团成立 3 年来，先后成功出品"鸟巢版"景观歌剧《图兰朵》、话剧《四世同堂》、第一及第二届北京国际电影节电影交响音乐会、世界第一男高音安德烈·波切利"真爱奇迹"演唱会、"中国三大男高音"北京演唱会及海外巡演、大型情景音舞诗画《天安门》、第四届少数民族文艺会演、伦敦"北京文化周"等高端演艺精品。其中，《图兰朵》首演观众突破 8 万人次；《四世同堂》开创大陆戏剧在中国台湾首演先河，全国巡演票房超过 2 000 万；被誉为"策划高、水平高、人气高"的"中国三大男高音"品牌音乐会在人民大会堂成功首演后，先后赴纽约、中国香港、伦敦等地巡演，成为文化走出去领域"中国制造"向"中国创造"迈进的重要里程碑；大型情景音舞诗画《天安门》生动展现了北京作为历史名城、奥运之都和世界城市的独特魅力，被李长春同志誉为主题鲜明、创意新颖、表演精彩、表现力强，是"三贴近"的典范，是文化与科技融合的典范，生动反映了"爱国、创新、包容、厚德"的北京精神；伦敦"北京文化周"开幕式综艺晚会集中体现京腔、京韵、京味，通过奥运歌曲

《我和你》和《北京祝福你》等节目表达了北京对伦敦奥运的真诚祝愿；"多彩北京"文化艺术展以实物胡同为载体，现场互动为主要形式，成功再现了北京建设中的世界城市的独特风采。

（二）国家体育馆场馆运营快速启动，市场地位初步确立。京演集团成立京演文化设施运营管理有限责任公司，迅速组建由奥运精英主力担纲的专业化运营团队，大胆提出"文化、体育、旅游、休闲"一体化的国家体育馆场馆定位，在短短几个月时间内制定形成整体运营方案并全面展开各项运营工作。公司成功承办波切利演唱会、我爱我唱、久石让音乐会、孙楠世界巡演演唱会、不亦乐乎跨国演唱会、MTV超级盛典、央视跨年晚会、国际马联场地障碍世界杯中国联赛总决赛、大型情景音舞诗画《天安门》、第四届少数民族文艺会演开幕式等高端文化体育项目。场馆综合服务能力及良好品牌形象得到刘淇等领导同志的高度评价，业界人士也纷纷表示"这是迄今为止合作最顺畅的文化演出场馆"。

（三）积极扶持原创品牌开发，优秀艺术精品不断涌现。京演集团旗下4家改制院团坚持原创精品战略，大力推出众多精彩剧目。其中，中国杂技团推出3D杂技音乐剧《再见，飞碟》及旅游演出精品节目《天地宝藏》、《秀坊·杂技梦工厂》，举办《李宁魔幻之旅》专场晚会；北京儿艺推出世博儿童剧《海宝》、现实主义儿童剧《想飞的孩子》、童话剧《灰姑娘》和《我是霸王龙》、话剧《风华绝代》；中国木偶艺术剧院推出系列奇幻木偶剧《猴王·花果山》、《猴王·闯东海》、舞台剧《少年孔子》、《精卫传奇》、动漫人偶剧《喜羊羊与灰太狼》、《黑猫警长》以及为北京动物园"动物城堡"剧场量身打造驻场剧目《动物总动员》；北京歌舞剧院推出歌剧《孔子》、舞剧《女娲》、民乐音乐会《金龙开元》等原创特色剧目，及《紫气京华》、《皇城古韵》、《北京乐话》、《尚韵》等京味文化精品。多台剧目荣获"五个一工程奖"、全国戏剧文化奖、中国儿童戏剧节优秀展演剧目奖、法国明日杂技节总统奖、蒙特卡洛国际青少年马戏节"第一银奖"等国内外大奖。

（四）多方开拓市场经营空间，跨地区发展步伐持续加快。集团在市委宣传部领导直接帮助下，与燕京啤酒集团建立战略合作，开启北京工业与文化领域龙头企业跨界合作先河。企业努力推动《图兰朵》、"中国三大男高音"等重大项目走出北京，走向世界。中国杂技团《中华风韵》赴美国巡演86场，历时近3个月、横跨28个州的65座城市，是近年来美国市场上规模最大的中国杂技演出，得到文化部相关领导的高度评价。北京歌舞剧院为南戴河旅游发展集团"量身定制"情景乐舞剧《海誓·南戴河》，累计成功上演240场。北京儿艺"全国儿童剧联盟"子公司目前已在吉林、山西、新疆、山东、辽宁等5个省区落地，初步实现本地化演出和多地同步演出的"电影院线效应"。木偶剧院以"品牌加盟"方式向浙江、新疆等地输出版权，并且积极开发后产品，带动娱乐、商品、餐饮等相关消费，同时立足"木偶城堡"品牌输出模式，成功开创"动物城堡"全国连锁经营崭新道路。

三、企业的国有文化资产管理

京演集团筹组之初，即提出以存量、增量的互动、互补为原则，着眼于企业的整体发展，搭建国有文化资产管理综合平台的战略思路，并将其与投融资、资本运作和大项目运营有机结合起来，努力探索四大平台同步建设的全新国有文化资产管理模式。通过深入调研控参股单位的资产管理现状，京演集团先后出台《投资管理制度》等制度措施，建立健全对已投资企业的权益跟踪测评体系和国有资产综合监管机制，并组建京演体育文化、京演传媒、京演票务等5家全资子公司，使国有资产管理的基础更牢固，视野更开阔。

　　京演集团切实加强对控参股单位投融资项目的综合管理，并积极推进银企合作，于 2009 年 8 月与北京银行签署战略合作协议，在全国国有文化单位中第一个获得了全方位一揽子金融服务方案，2012 年再次与与北京银行签署合同并取得 10 亿元授信额度。2010 年年底以来，京演集团又主动申请中国工商银行、建设银行北京分行授信业务，并获得较好信用评价。同时，集团与证券服务机构密切协作，积极协助电影公司、中国木偶艺术剧院上市融资。目前，中国木偶艺术剧院股份有限公司已成立，公司法人治理结构更趋完善。

　　政府积极服务企业经营实际，重大基础建设工程有力推进。在市委市政府大力支持下，集团通过积极协调，于 2009 年 7 月正式进驻国家体育馆，克服重重阻力，迅速展开配套改造项目各项工作。目前，副馆改造已完工，帮助中国杂技团圆了 60 年的"剧场梦"；北京歌剧舞剧院项目完成设计招标准备及招标公告发布工作；北京儿艺项目选址工作正积极推进。

　　近年来，北京不断加大对文化创意产业的扶持力度，为其持续发展奠定了坚实基础。"十二五"期间，北京将按照十七届六中全会关于加快发展文化产业的要求，以及市委市政府建设有世界影响力的中国文化中心的目标，在统筹现有存量资金的基础上，继续加大投入。从 2012 年起，建立"文化创新发展专项资金"统筹机制，连续安排 4 年，每年统筹安排资金，用于支持首都文化发展，体现导向，突出重点。同时，加强　资金申请、使用过程中的监管及后期的绩效评价。通过资金支持，努力形成首都科技、文化创新双轮驱动的发展模式，并将其作为经济结构调整、拉动居民消费增长、出口结构升级等的有力抓手，巩固首都文化创意产业的支柱地位，发挥首都的示范带动作用。

（供稿单位：北京市财政局）

财政助力破茧成蝶　催生新型市场主体

——中国对外文化集团公司发展实例

中国对外文化集团公司（下称"集团公司"）于 2004 年组建成立。多年来，集团公司不断增强内容产品制作能力，开拓海外营销网络与推广平台，建设全国性文化市场渠道，在国家财政的支持下，破茧成蝶，逐渐成长为新型市场主体。

一、集团公司的基本情况

2004 年 3 月，经国务院批准，集团公司在中国对外演出公司和中国对外艺术展览中心两家事业单位的基础上，转企改制组建而成。财政部和文化部受国务院委托，共同领导和管理集团公司。集团公司是首批 35 家全国文化体制改革的试点单位之一，是文化央企中唯一一家以对外文化贸易和演展制作营销产业为经营特色的企业集团。目前，集团公司业务范围涵盖国际文化贸易与对外文化交流、内容产品制作与文化资源集成、全国性市场渠道网络建设等领域，并以北京、上海、广州、兰州为战略支点，初步形成了"立足国内、面向世界"的全产业链运营的基本格局和模式。

为推进改革实施，财政部领导多次听取集团公司的工作汇报，并对集团公司推动中国文化"走出去"工作的创新发展悉心指导。在改革的全过程中，财政部会同有关部门，密切结合工作实际，出台了支持推进改革和发展的多项重要举措，助力集团公司破茧成蝶，迅速成长为新型市场主体，其市场份额和国内外品牌影响力不断提升和扩大，充分发挥了企业在文化体制改革和文化产业发展中的先锋和先导作用。

近年来，集团公司先后被党中央、国务院、中宣部、文化部等授予"北京奥运会残奥会先进集体"、"全国文化体制改革先进企业"、"国家文化产品出口示范基地"、"国家文化产业示范基地"、"国家重点文化出口企业"和"北京市参与中国 2010 年上海世博会先进集体"等荣誉称号。2009～2012 年，集团公司连续 4 次入选"全国文化企业 30 强"。2012 年，董事长兼总经理张宇当选"2011CCTV 第十二届中国经济年度人物"。

二、支持增强内容产品制作能力，培育企业核心竞争力

内容产品制作是文化产业链中的关键环节之一，掌控关键环节是整合产业链上下游资源的重要手段。集团公司初期已在内容产品制作方面积累了一定的经验和资源。为此，财政部引导集团公司调整业务结构，积极支持企业增强内容产品制作能力，打造自主品牌产品，培育核心竞争力。在财政部的推动下，集团公司已经由过去单纯的演展中介业务机构成长为一家综合性的文化企业集团。

集团公司独立创意投资制作或与国内外合作伙伴联合制作，先后推出了杂技综艺舞台剧《龙狮》（与加拿大太阳马戏团联合推出）、多媒体舞台剧《时空之旅》、音乐剧《妈妈咪呀！》中文版、功夫舞台剧《武林时空》、综艺舞台剧《终极使命》、昆曲集成《浮生六梦》、谭盾歌剧《茶》和《记忆·传承——中国少数民族非物质文化遗产展》、《四海一家》等一批演展品牌产品。其中，集团公司以资本为纽带，跨国界、跨区域、跨行业合作，打造推出的多媒体舞台剧《时空之旅》、音乐剧《妈妈咪呀！》中文版具有较强的典

型示范意义，是集团公司深化体制机制改革，不断探索、不懈努力的代表性成果，充分体现了发挥企业能动性，以市场方式配置资源的优势与魅力。

《时空之旅》由集团公司与上海东方传媒集团、上海杂技团联合投资打造，在行业中第一次实现了国内跨地区、跨行业的深度合作，第一次在战略上把国内与国际两个市场连接起来运作，第一次大规模聘用国外创意制作团队。该剧先后荣获国家舞台艺术精品工程十大精品剧目、首届18部全国优秀保留剧目大奖等重要荣誉和奖项。李长春同志曾两次专程观看演出，并从体制创新、机制创新、艺术创新、营销创新等角度给予了充分肯定。

《时空之旅》自2005年9月27日首演，截至2011年12月31日，共演出2 479场，观众规模249万人次。其中，国外观众累计174万人次，涉及欧美、澳新、东南亚、港澳台等20多个国家和地区，约占观众总数的70%，创汇总收入超过2 900万美元，初步实现了"出口不出国"的战略目标。《时空之旅》作为目前国内最成功的高端驻场演出剧目品牌，已在2011年推出了"时空系列"第二台演出《镜界》，还以版权输出方式，在河南鸡公山、四川都江堰等地连续推出"时空系列"的第三、第四台演出，成功实现了国内品牌扩张、版权分蘖的发展战略，为进一步的产业化扩张创造了新鲜的经验。

音乐剧《妈妈咪呀！》中文版则是集团公司在内容制作方面的又一重大突破和创新。2010年，集团公司根据李长春同志考察日本四季剧团音乐剧产业时的重要指示精神，启动了中国音乐剧产业的发展战略。财政部充分肯定中国音乐剧的产业化、国际化发展方向，支持集团公司购买经典音乐剧《妈妈咪呀！》中文版国际版权。2011年，集团公司联合上海东方传媒集团、韩国希杰集团组建了致力于音乐剧和现场娱乐产业的亚洲联创文化发展有限责任公司。作为中国第一家国际标准的音乐剧专业公司，亚洲联创在国内市场上首次以国际版权合作的方式制作了音乐剧《妈妈咪呀！》中文版，在上海、北京、广州、武汉等地半年内连续演出 190 余场，实现票房收入 8 500 万元，观众达 30 万人次。乘《妈妈咪呀!》中文版成功之势，亚洲联创又与世界上最大的几家音乐剧企业签下了《猫》、《歌剧魅影》等著名音乐剧的全球中文版权，并启动了首部中国原创音乐剧的剧目策划和剧本、音乐创作工作。

《妈妈咪呀!》中文版作为开中国音乐剧产业化、国际化运作先河的试验性创举，一举突破了国内音乐剧发展多年却裹足不前的旧格局，极大地振奋了国内音乐剧领域的投资热情，文化央企确实起到了行业性的引领示范作用。对这一成功探索，李长春、刘延东同志分别做了重要批示，予以高度评价，并从推动和促进全国文艺院团体制改革，为之提供经验与借鉴的角度予以充分肯定。刘延东同志还专门出席观看了该剧全国巡演北京站的演出，鼓励集团公司继续大力推进音乐剧产业链的建设和发展。

三、支持建设海外营销网络与推广平台，创新中华文化"走出去"模式

依据广义媒体论观点，现场演出也是文化传播的重要媒体之一，是人与人、面对面的一种同时在场的传播形式。与影视、出版等媒体相比，它最具互动性和现场感染力。改革开放 30 多年来，伴随文化体制改革的推进，中国作为表演艺术大国，拥有了世界上最多的演员和演出团体，形成了丰厚的演艺资源基础。当前，现场演出已成为除影视、出版外，中华文化"走出去"的另一重要战略通道。从集团公司的前身中国对外演出公司算起，60 多年来，集团公司一直是中国表演艺术对外交流与国际市场推广的排头兵。在新的历史时期，财政部积极支持集团公司抓住文化体制改革试点的大好机遇，加快发展，成为推动我国对外文化交流和国际文化贸易的新型市场主体。与此同时，财政部充分发挥集团公司作为文化央企的引

领示范作用，使其有效拉动了数以百计的国内合作院团踏上了向国际制作标准看齐的艺术创新与改革发展之路，为提升国家整体文化软实力做出了积极贡献。

近年来，集团公司针对西方主流社会策划推出"中华风韵"品牌文化活动，以表演艺术为主要内容，向境外主流社会观众全方位、多角度地介绍中国传统文化和当代艺术精品，同时有效拓展了国际文化市场。集团公司以公开竞标方式，获得了"第61届法兰克福书展中国主宾国开幕式演出"、"第40届伦敦书展中国主宾国开幕式演出"等国家重大海外演出项目的承办权，并以优秀的综合创意制作和良好的承办服务，获得了主办方与中央领导的高度好评。李长春同志在观看完伦敦书展中国主宾国开幕式演出后，充分肯定了演出的精彩创意策划和节目编排。

目前，集团公司平均每年在全球近50个国家和地区的100余座城市举办各类演出5 000余场，并将中国的演艺产品带入了纽约林肯中心和卡耐基音乐厅、华盛顿肯尼迪中心等世界高端主流演出场所。海外演出业务呈现出了三大发展趋势：一是产品升级换代，逐步走向中高端；二是艺术品种多样化，跳出了杂技、歌舞的老套路；三是交响乐、芭蕾舞等高雅艺术取得实质性突破，商业性巡演初具规模。在此过程中，集团公司开创了"借船出海"、"造船出海"和"出口不出国"3种模式。《龙狮》、《武林时空》和《时空之旅》分别是这3种模式典型代表。李长春、刘延东同志肯定了《龙狮》"借船出海"的经验和模式，提出了打造国际商演市场的品牌产品和知名企业，构建与我国国际地位相适应的演艺产业影响力的殷切期望。

财政部还引导集团公司实现从文化产品和服务出口向跨国经营、海外投资的战略转型，支持集团公司在维也纳、纽约建立面向西欧、北美地区的海外推广平台和营销网络，进一步增强中华文化"走出去"的自主运营能力。2011年10月30日，在胡锦涛主席和费舍尔总统的见证下，集团公司与奥地利维也纳控股集团正式签约，共同组建合资公司"中欧创意工场"，在世界音乐之都、国际演艺资源汇集的维也纳注册成立，建立中国文化艺术精品走向欧洲大陆的制作和营销的国际平台。同时，集团公司正与全球顶级的艺术管理公司——美国国际管理艺术集团洽谈组建中美合资公司，在国际演艺之都纽约打造自己的"桥头堡"，为我国演艺产品进入北美主流市场建立畅通渠道。

四、支持建设全国性文化市场渠道，充分发挥示范带动作用

没有渠道，再好的产品也无法通达消费者的面前。在文化市场体系中，渠道既具有产品的传输功能，更起到拉动消费、创造市场、创造需求的作用。在国务院颁布《文化产业振兴规划》后，财政部针对集团公司所处行业发展现状进行调研后，对于集团公司所建设的中演票务通"全国票务网络系统"和中演院线的"全国演出院线"两大全国性的文化市场渠道网络给予了积极支持。

中演票务通不仅是北京市场的三大票务网络系统之一，而且在全国票务网络系统建设中居于领先地位，是国内最大的文化体育综合票务销售系统。2011年，中演票务通总代场次近万场，售票流水达到726万张，实现了销售额的连年增长。目前，中演票务通以北京为总部，建立了全国四大区域中心，并在20个重点城市设立了分支机构，建成了标准化的电话呼叫中心和辅助物流配送体系，销售网点和服务遍及50余座城市。中演票务通还凭借其先进技术和优异服务，以公开竞标方式成为全运会以及国内多项重大体育赛事的票务系统服务商。中演票务通以广州大剧院为合作网点，与香港城市在线签署互相代理售票的战略合作协议，从而将票务网络系统服务延伸覆盖至香港地区。

集团公司组建的"中演院线"是文化产业理顺结构，实现规模化、集

约化发展的必然方向。它通过整合集团公司的整体优势、丰富的演艺资源和强大的营销能力，不仅为开拓市场、创造价值提供了良好的平台，也为合作伙伴带来巨大的品牌效应，实现了利益共享、双赢多赢的局面。目前，中演院线已拥有广州大剧院、上海大宁剧院、甘肃大剧院、青海大剧院等4家直营剧院和遍及15个省、市、自治区的34家加盟剧院，不仅初步形成了集团公司在北京、上海、广州三大演艺中心城市的市场战略布局，更将触角前瞻性地延伸到西部核心城市，基本形成贯穿东中西部的全国性演出院线体系。中演院线率先进入西北地区，将集团公司的优势文化资源注入西部地区，进一步增强西部地区与国内、国际的文化交流与产业合作，促进中国西部地区优秀文化艺术成果走出国门，从而拉动西部地区文化的发展与繁荣。

（供稿单位：中国对外文化集团公司）

依托强大后盾　勇当文改先锋

——江苏省演艺集团有限公司改革实例

　　江苏省演艺集团有限公司于 2004 年在全国率先由事业性质改为国有独资公司。按照建立现代企业制度的要求，集团完善了法人治理结构，实行了全员身份置换，现有 11 个院团、1 个舞美中心、1 个演艺学院、3 个剧场、6 家全资公司、5 家参股公司、员工 1 057 人。截至 2010 年底，有离退休人员 881 人。其中，离休人员 68 人，退休人员 815 人。

　　作为全国文化体制改革试点单位，以建设骨干文化强企为目标，在江苏省委省政府的正确领导和省财政的大力支持下，江苏演艺集团依托强大后盾，深化改革、不断创新、面向市场、面向观众，勇当文改先锋，始终走在全国文化体制改革的前列，切实做好试点工作，发挥标杆效应，用实实在在的业绩在中国文化改革与发展历程中写下了浓墨重彩的一笔。

一、高举改革旗帜，发展硕果累累

　　江苏演艺集团自整体转企改制以来，受到中央和江苏省委省政府的高度重视，在省财政的大力支持下，全面贯彻落实党的十七大精神和文化强省建设的指导思想，针对文化大发展大繁荣赋予的新机遇和中央、江苏省委的新要求，以及社会公众的新期待，高举改革旗帜，找准自己的历史方位，审视自己的市场定位。集团以引领行业标准为追求，致力成为全国演艺文化标杆企业；以深化改革为动力，致力成为文化体制改革先导企业；

以做大做强为目标，致力成为演艺文化龙头企业。江苏演艺集团先后三度蝉联"全国文化企业30强"；三度获得"国家文化出口重点企业"称号；荣膺"全国文化体制改革优秀企业"；荣获"全国文化体制改革先进企业"称号。

2010年，江苏省演艺集团实现演职员工的人均年收入持续增长，全年完成演出5 320场次。相比改革前，经营收入增长448%，演职员工收入增长250%，演出场次增长157%。

二、创新财政投入机制，彻底解放艺术生产力

江苏演艺集团公司转企改制后，江苏省财政的投入方式发生了质的变化，以政府采购、演出补贴、贷款贴息等多种形式并存，从养人为主向支持艺术创作、生产、演出为主转变，鼓励集团公司增强市场竞争能力，多创作新剧目、精品剧目，多演出。

通过体制机制的改革与创新，艺术生产力获得了极大地解放，演职员工的积极性与创业热情也被有效地调动起来，改变了以往干多干少一个样，干好干坏一个样的"大锅饭"格局，充分激活了艺术生产的各要素。集团公司的经营收入、演职员工的收入、演出场次发生了质的飞跃，取得社会效益和经济效益双丰收。

三、以政府扶持为后盾，艺术作品佳作迭出

在省财政的大力保障下，江苏演艺集团以"主流化、时尚化、国际化"为目标，努力探索把精品推向市场的新途径，创作了大量的艺术作品。这批精品通过长期市场打磨，取得了经济效益和社会效益的双丰收。转企改制以来，集团秉承艺术创作不断创新的发展理念，开发了昆剧《1699·桃花扇》、新创京剧《西施归越》、大型广场歌舞剧《三国志·吴》、歌舞音画《茉莉花》、现代京剧《飘逸的红纱巾》、锡剧《桃花村》、扬剧《丹凤

湖畔》等一大批具有核心竞争力和较高市场占有率的艺术产品。其中，《1699·桃花扇》荣获全国第十届精神文明建设"五个一工程奖"；无伴奏合唱昆曲清唱版荣获第十三届中国文化艺术政府奖"文华大奖特别奖"；《飘逸的红纱巾》荣获第五届中国京剧艺术节金奖榜首、全国第十一届精神文明建设"五个一工程奖"；爱之旅合唱团在第七届中国音乐金钟奖合唱比赛中大放异彩，荣获银奖，作为唯一的中国合唱团，一举在欧洲斩获 5 项金奖；话剧《书香茶楼》获得全国戏剧文化奖·话剧"金狮奖"优秀小剧场剧目奖；《茉莉花》、《桃花村》、《丹凤湖畔》等作品进入江苏省舞台艺术精品工程之列。

四、塑造品牌以公益为主体，培育观众以市场为导向

江苏演艺集团公司转企改制后，省财政创新投入方式，加大文艺惠民扶持力度。自 2009 年起，每年增加惠民演出补贴，尝试政府主导与市场运作相结合，文化输血与文化造血相结合，使文化服务基层焕发出崭新的活力和持久的生命力，为江苏的文艺惠民谱就了一曲温暖而感动的交响乐。

作为文化企业，文艺惠民工程始终是江苏演艺集团艺术生产工作的重要抓手和载体。集团以创新的理念和举措，开创了文艺惠民的新模式，将文艺惠民从一项政绩工程变为业绩工程、民心工程。企业强调以演出市场的需求来进行艺术创作，从而使惠民演出真正面向市场，面向百姓。在市场空间布局上，强调以农村为龙头，以社区和学校为两翼，以大学生为新受众，通过"高雅艺术进校园"活动传播民族文化精髓。"十一五"期间，集团每年的各类惠民演出场次达 3 000 余场，每年惠民演出的观众总人次达数百万人。

为了进一步探索改制后的文化企业文艺惠民的全新模式，进一步培育及开辟演出市场，打响集团品牌、剧目品牌、剧种品牌、人才品牌，江苏

演艺集团每年定期举办数个系列"演出季"。2009 年以来，集团已先后成功举办了以"文化暖心"、"祝福祖国"、"欢歌迎新春"、"春之畅想"、"秋之韵"、"给力新年"、"激情如歌"、"光辉的历程"为主题的系列演出季，一经推出便引起了强烈的社会反响，在不断的摸索与总结中，走出了一条富有集团特色的"演出季"之路。

除了坚持举办公益性"演出季"外，江苏演艺集团还积极响应江苏省委、省政府的号召，配合江苏省委宣传部承办了一系列深入农村、基层的文艺惠民活动。在省委宣传部组织的文化、科教、卫生"三下乡"活动中，演艺集团依然扮演着主力军的角色，为农民群众送去丰富的精神食粮，深受欢迎，被授予江苏省文化科技卫生"三下乡"组织奖。在省委宣传部的指导下，集团积极响应江苏沿海开发和老工业基地开发战略，策划承办了2009 年、2010 年"沿海行"大型慰问演出等一系列颇具影响力的惠民活动，在连云港、盐城和南通、徐州等地举行巡回演出，慰问建设一线的干部群众，好评如潮，掌声经久不息，真正做到政府搭台、企业唱戏，惠民行动深入人心。

五、变体制优势为人才优势，人才高峰迅速崛起

江苏演艺集团转企改制以来，始终将人才培养的重点放在青年一代身上。省财政每年投入"艺术研究与人才培养专项资金"，举办"优秀青年演员专场演出"等活动。经过多年来不懈的努力，集团高层次人才群体快速聚集，青年人才作用充分发挥，发展优势明显增强。

（一）汇贤聚能，充分发挥领军人才的集群优势。根据改革发展的需要，集团设立了艺术指导委员会，以"海纳百川、汇贤聚能"的宗旨，汇聚集团各门类艺术领军人才和吸纳全球精英人才，已逐渐成为人才队伍建设的特色和品牌。集团充分发挥"人才高峰"的重要作用，在专业人才选

拔、青年人才培养、艺术生产创作等多个方面充分发挥高层次人才的专业优势。

（二）变体制优势为人才优势，成功走出了一条富有特色的青春路线。转企改制后，江苏演艺集团在进一步打造好各门类艺术领军人物品牌的同时，挖掘潜力，充分利用集团近年来推出的"青春品牌"，一直倡导"机会给青年，荣誉给青年，资源给青年，平台给青年"的"四给"方针，为青年演员发展搭建广阔空间，将舞台最大限度地留给青年演员，使年轻人也逐步成为集团的品牌，以集团、剧目、剧种和人才等各种品牌优势，创造出更多的社会效益和经济效益。

六、延伸文化产业链条，培育新型文化业态

为支持文化产业发展，实施重大文化产业项目带动战略，把文化产业培育成国民经济支柱产业，中央和江苏省政府分别设立了中央文化产业发展专项资金和江苏省省级文化产业发展专项引导资金。江苏演艺集团紧抓机遇，通过不断进行跨地域、跨行业的资源整合，坚持培育新的文化业态，将重大文化产业项目作为企业发展的脊梁、跨越发展的支撑，文化产业建设步伐不断加快。"十一五"期间，演艺集团的多个文化产业发展项目得到了中央和省政府专项扶持资金的大力支持。

一方面，集团以产业基地建设为重点，创新文化产业经营模式，立足中国，放眼全球，面向国内、国际两大市场，打造绝对优势的核心业务，并向多元化的文化产业进行纵向和横向延伸，以核心业务和核心产品为纽带，构建新的艺术产业链，形成全新的盈利模式，以规模经营获取规模效益，以整合求共赢，以多元促繁荣，力求尽快进入文化无处不在的新领域。"江苏创意文化产业基地"项目分别获得 2008 年度、2009 年度中央文化产业发展专项资金补贴。另一方面，集团以上下游产业链的整合为抓手，以

小资金撬动大资源，将终端市场、营销渠道、生产制作 3 个环节紧握手中，投资建设了新型演艺文化连锁体系苏演院线。苏演院线是全国第一家以建立剧院行业标准为先导优势，并由国有文艺院团创办、以内容提供为主的文艺演出院线。它以全新的体制机制和自身独特的产品特色，吸引各地剧院加盟，实行统一的标准化管理和市场化的节目配给，形成强而有力的品牌优势，入选了 2010 年度"国家十大文化创新工程"，分别获得 2010 年度中央文化产业发展专项资金和 2010 年江苏省文化引导资金的支持。该项目计划 3 年实现 100 家的连锁规模，形成独特的产业经营模式。

同时，集团还在不断地培育新的文化业态和经营实体，通过"产、研、营、销，及后舞台衍生产业开发"等一体化的开发模式，打造完善的文化产业链，综合挖掘和利用该产品的商业价值，促使产业立体化。大型民间歌舞集《茉莉飘香的地方》获得 2008 年中央文化产业发展专项资金补贴；歌舞《茉莉飘香的地方》市场化推广项目获得 2008 年江苏省文化产业引导资金补贴；《1699·桃花扇》衍生产品开发项目获得 2009 年度江苏省文化产业引导资金补贴。集团所属的江苏文化音像出版社依托江苏丰厚的文化资源策划的《江苏舞台艺术精品、名家系列》获得 2010 年度江苏省文化产业引导资金补贴。

产业的不断转型升级让江苏省演艺集团走出传统的兴衰周期律，大踏步融入时代潮流。一个以演艺业为主、多业态经营的龙头企业雏形凸显。目前，集团公司用高度的文化自觉和文化自信，履行着文化工作者的责任和使命，以改革求活力，以创新谋发展，以品牌创效益，为把江苏建设成为文化强省奋发图强。

（供稿单位：江苏省财政厅）

海阔凭鱼跃　天高任鸟飞

——河南歌舞演艺集团创新发展实例

十六大以来，特别是转企改制以来，河南歌舞演艺集团在河南省委省政府及社会各界的关心支持下，以体制改革为重点，以创新发展为主题，激活艺术活力，面向市场，面向群众，以全新的思路开拓艺术发展的新天地，形成了充满生机与活力的发展态势，艺术生产和演出工作均取得了显著成效，在社会效益和经济效益统一上取得了实质性的突破。

一、以政府投入和社会支持为源泉，不断破解集团发展困阻

近年来，集团在快速发展的过程中取得了一个又一个可喜的成绩，奏响了一段又一段华丽的乐章。饮水思源，集团取得的成绩离不开省委省政府的重视和支持，离不开社会各界的关心和帮助。特别是省财政厅近年来对集团发展的鼎力扶持，从改制期间注册事宜的帮助指导，到集团发展政策资金的批复划拨，为集团的顺利改制、更好发展提供了坚实的后盾和保障。

2009 年改制前期，省委省政府通过省文化产业投资有限责任公司为河南交响乐团拨付专项支持资金，其中包括 2009 年 9 月 23 日举办大型交响音乐会《黄河交响诗》的演出经费。此外，按照李长春同志 11 月 12 日在河南调研时的重要指示，中央财政向集团拨付资金用于支持大型原创舞剧《太极》的项目运作。自 2010 年起，省委省政府每年给予河南交响乐团、河南民族乐团发展专项资金。特别是省委卢展工书记于 2010 年 7 月 22 日

在省直文化系统调研以后，解决了长期困扰集团发展的诸如演职员工资待遇、演出车辆等一系列难题。在卢书记的关心和号召下，社会各界积极响应，宇通、天瑞等一批极具社会责任感的龙头企业纷纷解囊相助，对省直文艺院团的发展给予了大力支持。2010 年，集团收到社会捐赠资金和一台豪华大巴，2011 年再度收到社会捐赠。

一次次的关心、一笔笔的资金，迅速解除了集团改制发展过程中的后顾之忧，极大激发了集团演职人员的创作和演出热情，为广大艺术工作者助力中原经济区建设、文化强省建设和中原崛起、河南振兴提供了不竭动力。

二、以体制机制创新为切入点，不断激发集团发展活力

企业的有效运转和发展壮大，必须以一套完善、科学的管理机制作为基础。改制以来，河南演艺集团严格按照企业运营的架构，并结合文艺团体的特殊要求，逐步探索建立了能够符合市场规律，促进集团发展的动态管理机制。特别是在人才管理机制方面，集团紧密联系工作实际，探索建立了人才引进、培训、考核、激励 4 项工作机制，形成了一条完整的人才队伍建设工作链。两年来，集团每年年底都会通过各大主流媒体面向全国发布艺术人才招聘信息，并于每年 3 月进行招聘考核。同时，每年 4 月对集团所有演职员进行业务考核。通过人才引进机制、培养机制和选用机制的创新，使集团艺术人才的专业水平进一步提高，艺术视野进一步拓宽，创排热情进一步高涨，给集团各项工作的开展注入了活力，带来了生机。通过机制创新，企业探索建立了按照"一团一策"，符合现代文艺院团发展的分配制度。

在此基础上，河南演艺集团充分解放思想，更新观念，形成了"以发展为主题，以市场为导向，以创作为中心，以服务为目的"的发展理念，

探索建立了遵循社会主义市场规律，符合现代演艺企业特点和自身实际的管理模式。其中，河南交响乐团聘请国际指挥大师汤沐海先生为河南交响乐团音乐总监，河南民族乐团聘请中国广播民族乐团首席常任指挥张列先生担任民族乐团首任艺术总监。通过引入国内外职业乐团的现代管理理念和管理经营模式，两个乐团在朝着国内一流、中部第一，具有高艺术水准的职业化乐团的发展目标而不懈努力。

此外，集团还创新建立了符合艺术发展规律的艺术产品营销机制、新的艺术生产机制、多渠道融资筹资机制等与市场接轨的运行机制，进一步解放和发展了艺术生产力，确立了政府扶持、市场引导、集思创新、共赢发展的运营机制。

三、以市场需求为导向，努力增加演出收益

集团成为新型市场主体后，下属的各个表演团体充分运用市场机制，拓宽发展思路，积极发挥自身传统优势，逐渐在市场上赢得了一席之地，在艺术生产上实现了新解放、新跨越和新崛起。

以河南省木偶团为例，在实施改革之前，木偶团近乎常年处于"停业"状态，职员仅靠有限的工资生存。推向市场后，木偶团主动出击，借船出海，与国内有较强经济实力和较高制作水平的上海木偶剧团签订了长期战略合作协议。双方合作创作的大型木偶剧《牡丹仙子》于2009年在世界木偶大赛中获得塞尔维亚木偶艺术节最高奖——金火花奖，现已在全国各地演出100余场。此外，木偶团再次与上海木偶剧团携手创作的《小木偶历险记》，于2010年成功加盟保利院线，并先后在全国10余个城市巡演，获得了广大观众的热烈欢迎。木偶团运用市场机制，合理利用市场资源，拓宽生存发展空间，闯出了一条崭新的生存发展之路。

近年来，河南民族乐团积极推出了《红楼梦》全版民族音乐会，并连

续 6 年在"高雅艺术进校园"活动中进行演奏,极大地推动了国乐艺术的普及和发展。此外,乐团充分利用节庆活动推出了元宵节民族音乐会、端午节民族音乐会、中秋节民族音乐会等一系列专场音乐会。这些已经成为固定品牌的专场音乐会在社会上产生了积极的影响,并已顺利加盟保利院线的全国巡演活动,取得了良好的社会和经济效益。

河南交响乐团也积极面向市场、面向群众,不断为观众呈现了一场场艺术盛宴。乐团在精心完成新春音乐会、新年音乐会等系列品牌专场音乐会的同时,先后承办的世界华人作曲家经典音乐会、梁祝故乡行、"纪念莫扎特诞辰 250 周年"音乐会、"纪念肖斯塔科维奇诞辰 100 周年"交响音乐会、高雅艺术进校园、赴澳大利亚悉尼歌剧院演出、河南 2011 新春音乐会等演出均取得了较大的成功。上述演出不仅极大地丰富了人民群众的文化生活,普及了高雅艺术,也使河南交响乐团的发展迈上了一个新台阶。

按照"大胆闯市场、努力增效益"这一发展思路,集团在演出场次、社会和经济效益各个方面都得到了稳步提升。集团已完成各类演出 160 余场,取得了较好的经济收益,并提前 4 个月完成了与省文化厅签订的年度演出收益目标。

四、以大型活动为平台,不断扩大集团影响

2011 年 6 月,由河南省文化厅、中国交响音乐季组织委员会、北京保利剧院管理有限公司、河南歌舞演艺集团与河南省音乐家协会主办的中国交响乐团世纪回顾暨第三届中国交响音乐季——"助力中原"河南展演周在郑州成功举办。本次"助力中原"河南展演周是中国交响音乐季第一次在河南举办展演活动,也是河南有史以来第一次如此大规模举办的区域跨度大、连续性强的交响乐展演活动。为圆满完成本次展演周的主办任务,

集团多次讨论、研究包括食宿、车辆等在内的各种细节问题。最终，来自中国国家交响乐团，以及河南、河北、安徽、湖南、青岛等省市交响乐团的600余名艺术家顺利结束了本次河南之行，集团工作人员也得到了外省嘉宾的一致赞许。

2011年7月10日，河南民族乐团精心编排的"豫风豫韵·河南民族乐团音乐会"在国家大剧院隆重上演。本场音乐会不仅是河南民族乐团在国家大剧院的首次演出，也是河南民族音乐首次整体亮相国家大剧院。活动进一步提升了河南民族音乐在国内外的知名度与影响力，充分展示了河南民族音乐的内涵与魅力。

9月1~7日，应韩国"2011庆州世界文化博览会"组委会的邀请，由文化厅组派的文化交流访问团在团长的带领下，赴韩国参加"2011庆州世界文化博览会——世界舞蹈节"。集团下属的河南省舞蹈团的艺术家们为韩国观众表演了具有浓郁中原特色的《鼓舞声声》、《踏歌》、《爱莲说》、《庆丰收》等舞蹈。活动期间，舞蹈团共计演出10场，观众达1万余人次。精彩的演出赢得了韩国当地观众和各国游客的热烈掌声。

2011年中秋之际，受文化部委派，香港特区政府康乐及文化事务署邀请，由集团周虹董事长率团并派员参加的河南艺术团赴香港参加"2011香港中秋彩灯会文艺表演活动"，与香港市民共庆中秋佳节。其间，艺术团成功演出3场，为当地民众奉献了《节日欢歌》、《荷花舞》、《编花篮》、《我的大中原》等富有中原特色的歌舞节目，受到了国内外游客的热烈欢迎和一致好评。

五、以项目运作为抓手，精心打造优秀剧目

弘扬中原文化精神，打造文化艺术精品，开拓中原文化市场，促进河南文化创新，是集团承担的重要任务，也是集团的发展宗旨和既定方针。

河南歌舞演艺集团经过认真调研、精心组织，创作排演了集中展示中原地区民歌民舞以及民族风情的大型乐舞《风·情·河之南》，并被确定为2010年河南省文化厅重点剧目和文化产业发展重点项目，同时被确定为2010年上海世博会河南周演出剧目。该剧自2010年6月正式推出以来，受到了社会各界的广泛好评和热捧。特别是上海世博会河南活动周期间，在世博园"宝钢大舞台"连演4场，场场爆满，受到现场观众的热烈欢迎，被称为"自上海世博会开园以来最受欢迎的剧目、观众最多的演出"。中央人民广播电台、中央电视台、上海人民广播电台、上海东方卫视等多家媒体给予了专题报道。之后，在充分听取专家意见的基础上，集团又对该剧进行了数次的修改完善，并应邀参加了湖北省文化产业会议精品剧目演出，受到高度评价。由于该剧的精心编排，演出得到了广大观众的一致认可，最终被省文化强省建设和文化体制改革工作领导小组办公室授予2010年度河南省文化产业示范项目，周虹董事长也被授予2010年河南省文化产业十大领军人物。

此外，由河南省文化厅和中共焦作市委、焦作市人民政府共同立项，由集团和中共焦作市委宣传部共同出品的大型原创舞剧《太极》也已正式签约。该剧将以独特的叙述表现方式艺术地弘扬太极文化，展示太极文化的博大内涵，通过4个篇章的起承转合，使人们领略到一幅幅美轮美奂的艺术画卷。该剧由北京奥运会副总导演陈维亚担任导演，并由陈导牵头组成了强大的主创队伍。中央电视台著名策划撰稿人朱海担任编剧；著名学者余秋雨担任文化顾问；著名舞台美术师苗培如担任舞美设计。《太极》运用高科技的舞台手段，深刻反映太极文化的博大内涵和东方哲学思想之精髓。该剧必将成为集团继大型乐舞《汉风》和情景交响音乐剧《木兰诗篇》之后的又一精品力作，在河南乃至全国的艺术百花园中独树一帜，并获得良好的社会与经济效益。

海阔凭鱼跃，天高任鸟飞。河南歌舞演艺集团在社会各界的大力关心和支持下，凭借自身的拼搏与努力，迈着坚实有力的步伐，正在实现"省内一流、国内优秀"发展目标的道路上稳步前进。

（供稿单位：河南省财政厅）

政府保驾护航 "徽班"转企改制

——安徽演艺集团兼并重组实例

安徽演艺集团自成立以来，在省委省政府的坚强领导和保驾护航下，一手抓改革，一手抓发展，围绕"转体制、换机制，养精兵、出精品，闯市场、创效益"，顺利完成"徽班"的转企改制工作，大力推动各项工作快速发展，取得了良好的社会效益和经济效益。

一、企业兼并重组，政府保驾护航

2010 年 2 月 22 日，按照省文化体制改革领导小组的统一部署，安徽演艺集团有限责任公司在整合省属 5 个演艺院团和安徽大剧院、安徽省演出总公司的基础上正式组建成立。其中，安徽省黄梅戏剧院、安徽省歌舞剧院、安徽省杂技团、安徽省话剧院、安徽大剧院，由事业转制为企业，成为集团全资子公司。集团合并省歌舞剧院所属交响乐团、民乐团，组成安徽乐团。安徽省徽京剧院与安徽乐团保留事业性质，由集团公司代管。安徽省演出总公司为集团分公司，由集团公司直接管理运营。同时，成立事业性质的安徽文化艺术中心，由集团公司代管，用于吸纳院团转制前在编的正高职称人员。中心仅负责人员身份及档案管理，不从事生产经营活动，封闭运行。

在整个转制过程中，省财政不断加大政策保障力度，创新财政扶持方式，有力支持和推动了安徽演艺集团组建和省属演艺院团转企改制工作，切实为改革发挥了保驾护航的作用。

二、政府支持集团发展的具体做法

文化体制改革事关改革、发展、稳定的大局，政治性、政策性都很强，在改革过程中既要大胆探索，又要慎重考虑涉及群众切身利益的改革举措，做到平稳过渡。在安徽文化体制改革正式启动后，省财政就主动配合有关部门深入调研，参与了《关于继续支持文化事业促进文化产业发展若干经济政策的通知》、《关于支持文化体制改革，促进文化产业发展的若干规定》、《关于文化体制改革中经营性文化事业单位转制后企业的若干税收政策问题的通知》、《关于文化体制改革试点中支持文化产业发展若干税收政策问题的通知》、《关于省属经营服务性事业单位转企改制工作的意见》等一系列符合安徽实际改革配套文件的研究起草工作，充分发挥文化经济政策的宏观调控作用，深化文化体制改革。特别是《关于支持文化体制改革，促进文化产业发展的若干规定》文件明确提出，各级财政每年对公益性文化事业投入，增幅不低于同级财政经常性收入和增长幅度，为安徽文化体制改革提供了坚实保障。为确保省演艺集团改制组建，省财政坚持将强化政策保障放在首位，在确保"转企改制院团原有事业费总量不减，由省财政继续拨付"的基础上，每年安排专项资金，重点解决省属演艺院团设施更新、剧目创作、人才培养等问题。同时，大幅提高省直院团演出场次补贴标准，为省演艺院集团走向市场奠定了良好基础。

（一）切实保障广大演职员工权益。为了确保省演艺集团顺利组建，根据安徽出台的文化体制改革文件，按照"老人老办法、新人新办法"的原则，结合实际，大胆探索，制定更具操作性、更加优惠的地方性政策，采取灵活多样的办法，妥善解决转企改制院团人员安置问题。对已不适合继续从事艺术表演的人员，在艺术表演团体从艺30年以上（杂技和舞蹈演员从艺25年以上）或年龄满50周岁且在艺术表演团体从艺20年以上的人员，经本人自愿，组织批准，为其办理提前退休手续。离退休和提前退休人员的离退休金及相关福利待遇等由财政提供保障。成立事业性质的安徽文化艺术中心，吸纳院团转制前在编的正高职称人员，从根源上预防演艺高端人才的外流。

（二）全面改善省直演艺院团的硬件设施。省财政充分考虑省属演艺院团底子薄、包袱重、体量小的现状，加大对转企改制院团的扶持力度，对转企改制的院团给予政策倾斜，拨付省属院团发展专项资金，大力推动院团剧场等基础设备的改造，积极改善转企改制院团生产经营基本条件。

一是支持安徽大剧院舞台演出设施更新改造。省财政安排资金用于安徽大剧院舞台演出设施更新改造，对舞台设施进行全面升级改造，重点是室内外维修改造及装饰，增设空调系统和消防设施以及更换舞台设备和观众座椅等，改善了大剧院的舞台演出条件，完善了服务功能，极大地提升了安徽大剧院举办现代大型文艺演出的功能，为大剧院的成功转型，加快发展奠定了良好的基础。

二是支持安徽艺术剧场购置设备。剧场建成后，省财政及时为省歌舞剧院争取中央财政资金，购置剧场的舞台机械、幕布、座椅、灯光、音响设备，使剧场基本满足舞剧、歌剧及各类综艺晚会演出的需要，成为代表安徽演艺形象的新窗口。针对省徽京剧院、省话剧院硬件设施陈旧的问题，省财政及时安排经费，帮助省徽京剧院改造处于闲置状态的演出场所，增强其发展活力。省财政还安排经费帮助安徽省杂技团彻底维修改造演出排练场，购置必要的硬件设备，改善了排练条件，清除了安全隐患。目前，由省发改委立项的安徽"百戏城"项目已经全面启动。同时，省杂技团百戏城、天仙配茶戏楼大舞台等在建和拟建的文化基础设施，原有投资渠道不变，建成后交由演艺集团管理运营。

（三）加大对省演艺集团创作和演出的投入。在确保院团转企改制后原有正常事业费继续拨付，加大对院团设施改造的基础上，省财政还安排省级文化精品工程专项资金，重点扶持精品创作生产、文艺演出和人才培养，激活了省属演艺院团的生机和活力，催生好戏连台。如集团用最短时间自主创排话剧《魂系小岗》，使之立上舞台。该剧被誉为"学习沈浩精神的生动教材"，截至2011年年底，已在全省巡演101场。2011年，省黄梅戏剧院主动融入新兴业态，创排"3D全息黄梅戏"《牛郎织女》，开创了将3D全息科技手段运用于中国传统戏曲舞台的先河。省歌舞剧院采用了"先进市场，再入赛场"的运作模式，推出全新的民族舞剧《徽班》，该剧强化"安徽地域"特色，作为"2011年第九届北京国际戏剧、舞蹈演出季"开幕式剧目连续两晚亮相国家大剧院，引起广泛关注。省财政还补助了现代京剧《天地人心》的创排经费。受文化部之邀，《天地人心》于11月7日赴湖北武汉参加第六届中国京剧艺术节，在武汉剧院连续演出两场，并荣获全国京剧优秀剧目展演参演剧目奖。省财政专项支持话剧《万世根本》申报国家舞台艺术精品工程，及时拨付修改复排经费。该剧入选2008～2009年度重点资助剧目，集团正组织精兵强将，按文化部要求进行修改打磨，以进一步提升剧目的内涵及质量。

三、经济效益显著提升，排演节目屡次获奖

安徽演艺集团自组建以来，在省委省政府的正确领导下，在省财政的全力支持下，改制后面貌一新，经营收入发生了明显变化：

2009年演出新剧（节）目16台，2010年演出新剧（节）目22台，同比增长38%；2009年复排剧（节）目29台，2010年复排剧（节）目55台，同比增长90%；2010年资产总额较2009年同比增长14%；2010年净资产较2009年同比增长13%；2010年经营收入较2009年同比增长42%；2010年在岗职工平均工资较2009年同比增长11%；2009年演出场次1 638

场，2010 年演出场次 1 959 场，同比增长 20%；2010 年演出收入较 2009 年同比增长 71%。

同时，创作的剧目获得了多项全国性大奖。2010 年 5 月，《山里的泥鳅》参加第九届中国艺术节优秀剧目展演；2010 年 5 月 26 日，《万世根本》参加在广州举行的第九届中国艺术节并获得文化部颁发的第十三届文华优秀剧目奖；在文化部举办的第十三届文华奖的评比中，黄梅戏《风雨丽人行》获"文华优秀剧目奖"；话剧《万世根本》入选 2009~2010 年度国家舞台艺术精品工程项目；现代京剧《天地人心》受文化部之邀，于 11 月 7 日赴湖北武汉参加第六届中国京剧艺术节，并荣获全国京剧优秀剧目展演参演剧目奖。

2010 年，安徽演艺集团的资产总额、净资产、经营收入、演出收入、演出场次、演出及新剧目数、在岗职工平均工资等与改制前的 2009 年相比均取得了不同幅度的提高，排演的剧目获得了多项全国性奖项。这充分表明企业转企以来的整体资金运营状况良好，得到社会的充分肯定，取得了良好的社会效益和一定的经济效益，正步入良性的发展轨道，前途一片光明。

（供稿单位：安徽省财政厅）

天外有天　创意无限

—— 天创国际演艺制作交流有限公司文化"走出去"实例

天创国际演艺制作交流有限公司（以下简称"天创公司"）成立于1999年7月，是从事大型常态演出项目的策划与制作、国内外演艺剧目和艺术人才经纪业务的文化企业，是文化部首批命名的"国家文化产业（出口）示范基地"，是商务部、文化部、国家广播电影电视总局、新闻出版总署4部委连续两届4年评选的"2007～2010年度国家文化出口重点企业"。

一、健全管理制度，打造品牌剧目

天创公司隶属于国务院国资委管理的骨干企业中国港中旅集团公司。企业按照《公司法》及国资委相关规定，实行董事会领导下的总经理负责制，建立了科学规范的现代企业管理制度。天创公司在中国港中旅集团"强总部管控下的专业化经营"管理体系中，具有符合国际标准的、规范的财务、审计和监察系统，实行集团内财务一体化管理，设有专职财务总监对集团直接负责，并管理下属子公司的财务工作。天创公司运营多年来财务管理制度健全，会计核算规范，财务状况良好，照章纳税，历年审计无违法违规行为记录。

天创公司的宗旨是打造中国演艺产业的品牌剧目，参与国际演艺市场竞争，为中国与世界演艺产业的发展做出贡献。企业依靠自身的努力和政府产业资金的扶持，以"天外有天、创意无限"的精神先后打造了10台拥有自主知识产权的舞台演艺品牌剧目。其中，北京的《功夫传奇》（2004）和《新白蛇传》（2008）、桂林的《梦幻漓江》（2002）、珠海的《海边的梦》（2006）、拉萨的《喜马拉雅》（2007）和美国关岛的《梦想者》（2008）等6部剧目为每天上演的常态旅游演艺剧目。天创公司先后为北京市崇文区政府、新加坡旅游局、青岛啤酒集团，以及地产龙头企业珠江、万达、恒大等30多家单位和企业制作了文化产业项目的策划案和概念设计；先后派出包括杂技、舞蹈、音乐、魔术和武术在内的30余个演出团队，足迹遍及欧美；先后承接加拿大、匈牙利、巴西、爱尔兰等国家艺术院团来华巡演。

二、创新产业模式，创立多个第一

天创公司已发展成为我国文化产业中经营模式最新，掌握了旅游演艺产业链关键环节的企业，创立了"一个剧目、一个剧团、一个经营公司"的产业化模式。天创公司是中国唯一实现了百老汇演艺模式的公司，即同一品牌剧目长期在国内驻演，同时在国外驻场演出和巡演。天创公司国际化的运营模式，使其成为我国最早融入国际文化市场且最具品牌影响力的国有文化企业，为中国与世界演艺产业的发展做出了贡献，并在业界创立了数个第一，包括第一个打造了中国走向世界的主题杂技晚会《天幻》；第一个在中国将芭蕾与杂技融为一体，推出独立于景区和酒店之外的常态旅游演艺剧目《梦幻漓江》；第一个以《功夫传奇》剧目为依托，在中国实现"一个剧目国内驻演、同时国际巡演"的百老汇经营模式；第一个将中国优秀剧目《功夫传奇》带入国际高端演艺市场——英国伦敦西区伦敦大剧院商演；第一个在美国购买白宫剧院并上演自己编创的剧目；第一个联合国外大型国企在境外成立文化合资公司——维也纳北京天创演艺公司。

天创公司的大型舞台动作剧《功夫传奇》创造性地将武术同芭蕾、现代舞、杂技、魔术等艺术形式结合起来，加上别具匠心的舞美、灯光设计以及原创音乐，创造出瑰丽的舞台奇观。自 2004 年首演至 2011 年 8 月底，全球总演出场次已达到 4 660 场。其中，国内演出场次为 3 619 场，国外驻、巡演达 1 041 场，接待观众 240 多万人次。2012 年年初，演出将突破 5 000 场，是新中国成立以来连续演出场次最多的一台正剧。

三、大胆"走出去"　扎根美利坚

2007 年，为使大型舞台动作剧《功夫传奇》更好地适应国际市场，达到进军百老汇的目标，经过国际市场调研，在广泛征求国内外观众的意见后，天创公司邀请美国百老汇导演对《功夫传奇》进行国际化包装改版。改版后的《功夫传奇》有了质的飞跃，成功立足北京，走向海外，成为品牌产品。新版的《功夫传奇》已制成英、俄、日 3 国语言、7 个版本，以便于西方各国观众接受。该剧目无论在北京演出，还是在国际演出，均代表了中国当代较高水平。天创公司由此初步建立起了较为完整的文化产业链，即剧目创意设计、制作、市场推广、经营管理及海外落地一体化。

2009 年，天创公司与加拿大著名演出商合作，将《功夫传奇》推介到英国伦敦大剧院商业演出 27 场，为《功夫传奇》进入欧洲巡演"试水"。此举是中国演艺企业第一次进入英国国家歌剧院——伦敦大剧院的纯商业演出，是中国演艺文化产品"走出去"，进入西方主流演艺市场的一次重大尝试，是目前中国演艺界中屈指可数的商业行为。这次访英商演，对东方文化进入西方市场的途径、规则、方式等的尝试、摸索，将对全国演艺剧目进军国际市场起到示范性、经验性作用，对天创公司、北京以及国家文化产业的发展具有里程碑式的意义。

2009 年，公司抓住美国经济危机所导致的商业地产低迷，美国消费从奢侈消费逐步转向大众消费的经济走势，考虑我国政府为加强文化产品"走出去"给予的政策扶持措施等因素，派员多次考察，积极运作，于年底在美国密苏里州布兰森市贷款投资，一次性购买了白宫剧院及相关设施、设备，并注册成立了相应的物产和演出经营管理公司，为中国文化产品直销美国主流社会搭建平台。此举被外媒称为"中国资本进入美国的象征性事件"，标志着中国在国际文化产业运作上的重大突破，开创了中国文化企业在国外拥有自己演出剧场的先河，被视为中国文化企业"走出去"，积极参与国际演艺市场竞争的一个里程碑。2010 年，中央电视台、凤凰卫视、《人民日报》等中国主流媒体也对中国文化企业进入美国演艺市场的重大举措予以了专题报道。

在美国购买布兰森白宫剧院，经营《功夫传奇》等品牌剧目，将实现天创公司存量剧目落地美国，扩大存量资产市场价值，扩展公司市场规模，扩大市场占有率，提高自身抗风险能力，获取更大利润，从而使天创公司尽快成长为具备一定规模、市场化经营管理完备的中国优秀文化公司，成为国际演艺市场竞争中的优秀"淘金人"。

（供稿单位：北京市财政局）

破茧化蝶　翔舞当空

——宁波市歌舞团有限责任公司改革与创新实例

宁波市歌舞团有限责任公司成立于 2003 年 9 月，实行股份制经营。其中，宁波市艺术剧院控股 54.5%，经营者和员工持股 45.5%。公司现有演职员工 92 名，其中 47 名是原歌舞团委托公司管理的事业编制人员，另外还有 45 名是公司通过企业化用工招聘的演职人员。公司不仅拥有阵容整齐的演员队伍，而且还拥有一批经验丰富的主创人员，从而为企业的发展打下了坚实的基础。

公司成立 8 年来，始终坚持体制和机制的改革与创新，始终坚持精品剧目创作与演出市场开拓协调发展，成功走出了一条既能承担宁波文化大市建设重任，又能适应市场经济风浪搏击的发展道路。歌舞团不但成功创排了音乐舞蹈史诗《跨越》，而且舞剧《十里红妆·女儿梦》还荣获第十一届全国精神文明建设"五个一工程"优秀剧目奖。与此同时，公司每年赴欧洲、韩国等地开展"海外宁波文化周"交流活动，赴革命老区、厂矿、部队慰问演出，积极承担宁波市重大节庆文化活动，如中国第二届越剧节开幕式文艺晚会、宁波市庆祝中国共产党成立 90 周年文艺晚会、宁波国际服装节开幕式晚会等，为提升宁波城市文化品牌，扩大对外文化交流做出了积极贡献。

多年来，公司在全国各地积极开拓，每年演出场次均在 120 场以上，演出市场拓展至浙江全省各地及上海、广州、郑州、福州等城市，演出收入更是以每年百万的速度递增。2010 年以来，连续 6 年名列全省专业文艺院团之冠，取得了经济效益和社会效益双丰收，多次受到市政府和上级部门的表彰。公司 2007 年被评为宁波市服务行业新星企业，2008 年被评为宁波市首批文化产业示范基地，2009 年被评为宁波市服务行业成长之星。

在我国文化体制改革中，艺术院团的改革不仅起步较晚，而且难题很多，直到现在，依然处于探索之中。宁波市歌舞团有限责任公司通过大胆实践，在文化体制改革的道路上成功地实现了突破。企业在改制后健康运行，取得了良好的经济和社会效益，在全国艺术院团改革中具有示范意义。

一、改制——"破茧化蝶"的动力

宁波市歌舞团初创于 1991 年，是宁波市唯一一家主营歌舞演出的国办文化团体。歌舞团成立后，曾经创造过不少辉煌的业绩，例如 2000 年大型舞剧《满江红》获得了第二届中国舞蹈荷花奖银奖。但是，由于文化体制的制约，经济效益长期低下，员工人心涣散，到 2001 年年初已陷入困境。

严峻的现实迫使宁波歌舞团进行文化体制改革。原文化局党委及时对歌舞团领导班子做出调整，并要求歌舞团解放思想，摆脱对政府的过度依赖，向市场要效益。宁波市歌舞团"破茧化蝶"的改革历程，正是从转变思路起步的。歌舞团根据社会需求，更新剧目的内容与形式，决心在市场中闯出一条生路。广阔的演艺市场从一开始就显示了特有的魅力。2001～2002 年，歌舞团的演出收入翻了两番，职工收入也翻了一番，还购买了一套常规演出设备。通过初闯市场，歌舞团也强烈地感受到，要想在市场中大显身手，仅仅转变思路是不够的，必须进行体制上的改革。

2002 年 9 月，为了改变艺术院团规模小、实力弱、效益差的状况，原市文化局对下属的越剧团、甬剧团和歌舞团 3 个剧团进行归并，在整合资源的基础上组建了宁波市艺术剧院。作为全省文化体制改革的试点单位，宁波艺术剧院成立后，初步实现了出人、出戏、出效益的目标，有 3 人陆续获得中国戏剧"梅花奖"。宁波艺术剧院推出的甬剧《典妻》、越剧《阿育王》和主题晚会《乡音乡情》等作品，也获得了较好经济效益和社会效益。但是，将不同类型的艺术形式归并在同一个艺术院团中，也带来了不少问题。实际上，每一种艺术形式都有自身的特殊性，不同剧团之间的差异不仅体现在演出内容及形式上，更体现在观众选择、市场定位、发展目标等各个方面，所以不能采取单一的管理模式。在这样的背景下，宁波歌舞团有限责任公司应运而生。

2003年9月，宁波市歌舞团有限责任公司正式注册成立。宁波市艺术剧院按照"委托经营、自主管理、政府扶持"的总体思路，将宁波市歌舞团整体委托给宁波市歌舞团有限责任公司经营。宁波市艺术剧院受政府委托拥有股权，以股东的方式行使出资人权利，履行出资人职责，但不直接参与具体的经营活动，不越权干预宁波歌舞团有限责任公司的内部管理。宁波歌舞团有限责任公司在公司治理的框架下，自主经营、自负盈亏，成为独立的市场主体。双方权责明确，各司其职，实现国家所有权和企业经营权的分离。市财政局和文化广电新闻出版局在经费划拨上，对宁波歌舞团实行增人不增资、减人不减资的管理办法，仍然坚持每年拨给公司日常经费，并按8%的比例逐年递增，不再直接下达指令性文化产品生产计划，也不再无偿使用各类歌舞文化产品，而是改为政府采购的形式。

至此，宁波市歌舞团破茧化蝶，成功地实现了在文化体制改革上的突破，为今后的"翔舞当空"创造了广阔的舞台。

二、翔舞当空——广阔天空中的辉煌

全新的体制带来了全新的活力。公司组建8年多以来，通过不断摸索，找到了一条既符合市场规律，又具有自身特色的发展之路。从规模上来讲，宁波市歌舞团有限责任公司是全省在编职工人数最少的一个艺术院团，但是，企业在繁荣舞台艺术、提高文化层次、扩大演出市场、创建剧团品牌、壮大演员队伍、增加设备投入等方面都取得了喜人的成绩，真正实现了演出场次增加、国有资产增值、演员收入增加的预期目标。公司演出场次从改革前的年均60场，增至现在的年均120余场，演出收入和职工收入逐年递增，在国内同类院团中居于前列。通过8年的市场化运作，公司发展成为宁波，乃至全省、长三角文化市场中具有较大影响的歌舞演出团体。

（一）这一系列辉煌成就的取得，关键在于公司坚持以市场为导向，不断创新经营模式和管理机制，具体表现在以下几个方面：

1. 在政策支持下创新公司模式。新成立的股份制公司采取多渠道、多形式的投融资方式，注册资金除政府投入外，还吸收企业经营者、员工和社会股参与。政府持股54.5%，经营者持股22.2%，企业员工持股16.03%，社会股为7.27%。公司实行自主经营、自负盈亏的企业化经营模式，同时对原宁波市歌舞团歌队、舞蹈队的40多名事业编制人员进行委托管理，政府在政策允许的范围内继续加以扶持和推动发展。一是在经费划拨上，变人头经费为事业经费，原拨给市歌舞团的年度日常经费不变。二是采取政府购买精品剧目创作和各项节庆演出活动的方式扶持公司发展。2009~2011年，市财政分别划拨了精品创作经费和大型政府性公益活动经费。三是实行税收减免政策。公司成立8年来，享受了减免企业所得税政策。四是强化绩效考核，对公司进行国有资产保值增值和演出收入两项指标考核，年初确定考核指标，年底委托专业审计部门进行审计，审计考核结果与总经理年度收入直接挂钩。五是以"零租金"形式为公司提供固定工作场所。体制盘活以后，公司更好地适应了演出市场发展需求，并在参与市场竞争中逐步发展壮大，成为一个有活力、有实力、有竞争力的文化市场主体。

2. 在保障职工权益的前提下创新内部机制。公司成立后，在保障职工基本权益的前提下，按照现代企业制度的要求，对内部人事、分配等制度进行了全面改革，激发广大演职员工的积极性、主动性、创造性，使大家共同分享改革发展的成果。一是实行"老人老办法、新人新办法"，把政府委托管理的歌舞团40多名事业编制身份保留起来，既解决了"老职工"的后顾之忧，又节约了全部转企改制后的改革成本。二是推行全员聘任制，不管是事业编制身份，还是企业编制身份，一律采取正式工、合同工、临时工等多种聘用方式，统一聘用、统一工资，完全打破身份管理。三是实行评聘分离的分配制度，彻底打破事业单位的工资结构，实行减少基础工资，放大效益工资的办法，管理者的收入与公司效益挂钩，演员的收入与演出业务水平、演出场次挂钩，真正做到了"绩效挂钩、多劳多得、优劳优酬"，同时，引入"高评低聘、低评高聘"的竞争机制，真正搭建了一个面向全社会开放的人才引进、培养的平台。2009～2011年，市财政投入人才经费、创新团队建设等经费。四是妥善安置退下来的演员，部分转岗，按新岗位发放工资，另外一部分送到大专院校进修，毕业后重新安排工作岗位。公司鼓励退下来的演员成立个人工作室，实行独立经济核算，采取项目制合作形式，公司有演出业务优先考虑合作。通过以人为本的人性化方式，有效化解了改革中可能出现的矛盾，变阻力为动力。公司全体演职人员同舟共济，"心往一处想，劲往一处使"，公司的良好发展成为全体员工共同努力的目标。

3. 在转变经营理念的前提下创新经营模式。一是面向市场创作演出，做到"你点我演"，市场需要什么就创作什么、演什么，把产业链从政府文化活动延伸到各大企业及乡镇的节庆活动，在使观众享受到丰富多彩的精神文化产品的同时，借机培育市场。二是创新经营模式，针对自身人数少、规模小的实际，在盘活自身的人力和财力资源的基础上，着眼盘活全市的艺术资源和全省、全国的创作演出资源，实现了从"养人"到"养事"的转变，真正做到策划在北京、制作在宁波、市场在全国。三是强化品牌建设，公司通过市场化运作，在经济、队伍、设备等方面有了一定积累之后，着力打造精品佳作，成功创排了音乐舞蹈史诗《跨越》和舞剧《十里红妆·女儿梦》，以品牌拓展市场，推动公司快速发展。

（二）新体制新机制的运作使宁波市歌舞团有限责任公司在繁荣舞台艺术、提高专业文化档次、扩大演出市场、创建剧团品牌、壮大演员队伍、增加设备投入等方面都取得了一定成绩，真正实现了演出场次增加，国有资产增值，演员收入增加的预期目标。成效主要体现在以下几个方面：

1. 文艺创作亮点频闪。8年来，公司成功策划演出了5届宁波国际服装节、5届中国塑料博览会、"乡音乡情"世界宁波人大会、"阿拉宁波"第99届广交会开幕式、浙江省运动会开幕式与闭幕式、中国海洋文化节祭海仪式等大型文化活动。特别是2008年，文艺创作更是进入了高峰期，相继创排了3台剧目——讴歌杭州湾跨海大桥建设者的音乐舞蹈史诗《跨越》、反映浙东民俗风情的舞剧《十里红妆·女儿梦》和宁波市纪念改革开放30周年暨计划单列20年主题文艺晚会《东方告诉你》。其中，《十里红妆·女儿梦》荣获第十一届全国精神文明建设"五个一工程"奖。

2. 文艺人才脱颖而出。通过"引进来"、"送出去"和与国内一些知名艺术院团的有效合作，公司在人才资源上实现了优势互补，同时依靠在市场的多年打拼，为文艺人才脱颖而出创造了良好的工作环境，优秀演职人员和管理人才不断涌现。8年来，公司新增高级职称艺术人才8名，公司总经理邹建红还被评为全国宣传文化系统"四个一批"优秀文化经营管理人才，成为浙江省获此殊荣的第一人。公司副总经理严肖平、沙日娜等多次担任《东方告诉你》、《永恒的誓言》等重大晚会总导演，极大地提升了策划创作主题晚会的能力。同时，公司通过公开招聘，择优录取了舞美设计、电脑灯操作、音响操作等一批优秀艺术人才，使公司的综合实力有了较为明显的提高。

3. 经济效益大幅攀升。8 年来，公司演出场次从改革前的年均 70 场增至现在的年均 120 余场，演出收入大幅攀升，可支配的纯收入和固定资产都有所增加。职工年收入逐年递增，和国内同类院团相比居于前列。

三、从暮霭沉沉到朝气蓬勃——化蝶翔舞之后的思考

2000 年，党的第十五届五中全会第一次明确提出"文化产业"的概念，承认文化产品的商业属性。这是我国文化体制改革过程中的一个重要转折点，宁波歌舞团有限责任公司的改制也是在这样的宏观政策背景下进行的。

承认文化的产业性、商品性，就必然要让文化产品的经营者从文化事业单位转变为文化企业，通过建立现代产权制度和现代企业制度，使它们成为自主经营、自负盈亏、自担风险、自主创新的市场主体。宁波市歌舞团有限责任公司率先进行体制改革，实现了机制上的创新，成功地迈上了市场化的道路，为国内众多的同类艺术团体提供了一个可资借鉴的样板。

在宁波歌舞团有限责任公司的改革过程中，市委市政府始终高度关注，不仅指导改制，而且要求相关部门制定出配套政策，从而保证了改革的顺利进行。从这个意义上说，宁波市歌舞团有限责任公司的改制过程，也是政府管理方式的改革实践；宁波市歌舞团有限责任公司的成功改制，也是政府管理方式改革的成果。

中共中央、国务院在 2006 年发布的《关于深化文化体制改革的若干意见》中指出，文化建设要"坚持把社会效益放在首位，努力实现社会效益和经济效益的统一"。宁波歌舞团有限责任公司在改革过程中，一方面瞄准市场，努力实现利润的最大化；另一方面，对市场并没有采取媚俗迎合的态度，而是坚持以高质量、高水平的节目引领市场、引导消费，把自身定

位在"高雅、专业、创新"上，致力于打造文化品牌，并且积极参加赈灾义演、高雅艺术进广场、进社区等公益活动。企业在获得经济效益的同时，也十分重视对社会的回报。

从宁波歌舞团到宁波歌舞团有限责任公司，从文化事业单位到文化企业，从暮霭沉沉到朝气蓬勃，在这个转型过程中，体现出的是体制改革的巨大力量。但是，时代在快速变化，社会在快速变化，文化产业在快速发展，因此，任何一个文化企业都不能停留在已有的改革成果上，而是要锐意改革，不断进取。在这个意义上，宁波歌舞团有限责任公司只完成了一次成功的尝试，未来的路依然很长。

（供稿单位：宁波市财政局）

演艺为主　多元发展

——中国东方演艺集团有限公司升级改造演出设备实例

中国东方演艺集团有限公司（以下简称"东方演艺集团"）成功转企改制后，大力发展文化产业，做大做优做强"东方"这个文化品牌。其中，对多媒体数字轨道灯这个专业演出设备进行升级改造的项目，喜获中央文化产业发展专项资金的支持，产生了很好的经济效益和社会效益，实现了艺术作品和收益双丰收。

一、改制解放思想，设备制约发展

东方演艺集团转企改制的成功实现了文化体制改革进程中的一次跨越式发展，形成以东方歌舞团、中国歌舞团、东方民乐团、东方流行乐团、东方爱之旅声乐艺术团等5个艺术表演团体和舞美中心、培训中心、演出公司、出版影视公司、东方熔盛股份公司等5个子公司为主体的集团化、规模化的经营体系；拥有一大批具有深厚艺术造诣、在国内外有着巨大影响力的艺术家；创作、演绎了大量国人喜闻乐见的文化艺术精品，留下不可磨灭的印象。东方演艺集团在深厚的实力基础上发掘东方文化品牌的市场潜力，实现"中国东方"的再次辉煌，现已具备了可能。

东方演艺集团遵照中央领导指示精神，继续解放思想，继承和弘扬中华民族音乐舞蹈艺术的优秀传统，吸收和借鉴世界各国音乐舞蹈艺术的精华，努力探索适应社会主义市场经济和演艺业发展规律的体制机制，积极

进行艺术创新，探索新样式、形成新风格、研发新品种、拓展新领域，做大做优做强，实现"演艺为主、多元发展，演艺产业化、产业立体化"的发展目标。改制后成立的 5 个艺术表演团体和 5 个子公司均要面向社会、面向市场、开拓市场，开发优秀作品，服务于国家、服务于社会，换取价值以保生计，支持和贯彻党中央的改革指示精神，和谐发展、平衡发展，让新组建成立的各演出团体能够在市场上尽快运转起来。原来有限的资源已远远不能满足实际需要，舞美器材的落后与不足已成为严酷的现实问题，特别是高科技舞台光影设备方面的缺乏，在一定程度上制约着集团演艺事业的发展，同时也失去了一定的市场竞争力。

现有舞台光影设备从数量到质量都无法体现集团作为中央级文化演艺企业对舞美设备的需求。当下许多演出表演场地之大之高近乎是以往普通剧场的一倍有余，要达到舞美及视觉效果的要求，充分展现晚会的精彩、灯光变化的美轮美奂和演员婀娜多姿的表演，让观者能够有一种意犹未尽的感觉，起到让观者流连忘返的效果，就需要拥有一大批更先进的高科技舞台光影设备作支撑。转企改制以来，集团的每一名员工都切身感受到了改革带来的收获和希望，为了更好地给集团的利益发展做出更大的贡献，也为了使演出效果能够领先国内演出市场的水平，并与世界接轨，集团迫切希望能够及时升级现有的舞台光影设备。

二、财政慷慨解囊，集团大显身手

正在这时，东方演艺集团得到了财政部的大力支持，申请到了文化产业发展专项资金，用于多媒体数字轨道灯这一专业演出设备的升级改造。集团即刻与巴可、科视等世界著名品牌公司进行了接洽，最终通过竞价招标的方式购买了科视公司的多媒体数字轨道灯及相关设备 20 套。科视公司长期专注于高亮大屏投影和拼接工程解决方案，在业内极具声望。在过去

80 多年中，科视一直是为世界级的组织提供视觉解决方案的领先厂商，提供适用于商用、娱乐和行业的各种应用。自从 1979 年涉足专业投影系统以来，科视凭借其专业技术，在全球范围内赢得了提供各种显示技术和解决方案的世界最佳厂商的声誉。其解决方案适用于电影、大型观众环境、控制室、商务演出、培训设施、3D 和虚拟现实、模拟仿真、教育、媒体和政府等领域。科视已经在世界各地安装了 75 000 多个投影解决方案。

此次选择的 3 500K 数字视频投影机为知名品牌，信誉优良、价格优惠，售后服务有保障，性价比相对较高，根据各演出团体自身发展需求定为立项，多渠道询价、报价，专家评估论证，无投资风险。有了这批高科技多媒体影像设备，集团在未来 5 ~ 8 年的演出市场上，可具备与其他院团在硬件上的竞争优势以及进入社会竞争的基本条件。

2012 年 1 ~ 3 月，东方演艺集团就将这批高科技多媒体影像设备应用到了人民大会堂、海口、西安、东营、重庆等 23 场的实际演出现场当中。在演出中，多台多媒体数字轨道灯所呈现出的无缝拼接的大尺寸屏幕画面显示所带来的视觉冲击，光与影的结合为演出留下了难以磨灭的瞬间，形成了新的视觉模式，把有限的空间形态变成无限的虚拟时空。现代化的舞台设计运用信息技术把各种信息资料进行重构，也就是把符号、图形、文字、图像、声音、光影进行各种技术手段的处理，重新组合，使多种信息资料能够互动、传递、转换，使舞台空间充满神奇、玄妙的色彩。让观众从图像变换的世界里了解到更多舞台空间的形态语言，从而更好地服务于舞台表演，提升了集团演出的品牌影响力，在人民大会堂、海口、西安、东营、重庆等地的演出场场爆满，产生很好的经济效益和社会效益，实现了艺术作品和收益双丰收。

三、年轻产业弱小，财政资金滋养

财政资金在转企改制及企业发展中具有不可替代的作用。国家"十二五"规划纲要提出了深化文化体制机制改革的内容，包括深入推进经营性文化单位转企改制，建立现代企业制度，加快推进文化管理体制改革，建立健全符合文化企业特点的国有文化资产管理体制和运行机制等。

随着中央出台深化文化体制改革的文件，文化领域的改革有望加快，文化体制改革涉入深水区，文化产业有望获得更多的发展空间。让文化产业成为国民经济支柱性产业，与其他产业相同，其发展繁荣的最佳生长环境，无外乎政策、法规、人才、资金、市场、品牌等优质要素的充分支持和有效整合，有赖于从体制机制入手，以文化创新为动力源泉，以市场需求为导向，以打造文化品牌为核心竞争力的全方位产业建设。

这其中资金是产业发展的"血液"。文化产业发展需要大量资金投入。从长远来看，我国文化产业发展应坚持以市场为导向，充分发挥市场资源配置的基础性作用。但从目前情况看，文化产业在我国还是一个弱势产业，规模总量小，与人民群众的精神文化需求相比存在较大的缺口。同时，文化产业又是一个高投入、高回报、高风险的产业，对资本具有较强的需求和依赖性。目前，由于种种原因，金融介入文化产业的力度明显不足。

针对我国文化产业发展面临的市场活力不足、企业融资困难、投资渠道不畅等问题，迫切需要国家财政从资金和政策方面对文化产业进行扶持，迫切需要国家财政发挥示范性和导向性作用，帮助弥补市场失灵和市场缺陷，推动文化产业实现跨越式发展；支持一批战略意义大、有市场发展前景的文化资源项目产业化；支持一批有实力、有活力、有竞争力的大型骨干文化企业，进一步深化文化体制改革，推动演艺等文化产业的发展和繁荣。

（供稿单位：中国东方演艺集团有限公司）

唱响"两台大戏"　助力文化产业

——承德打造演艺精品实例

2010 年以来，承德市以地域文化为基础，邀请国内一流团队精心创作，打造了大型实景演出《鼎盛王朝·康熙大典》和大型原创风情歌舞诗《帝苑梦华》两台"文化大戏"。通过唱响"两台大戏"，助力文化产业发展。

一、历史文化传统悠久，产业发展条件发展成熟

承德作为国家首批历史文化名城，近代史上 200 年的陪都，汇集过各民族王公大臣的朝王之所，现存有中国三大古建筑群之一的避暑山庄和外八庙，集中了皇家文化、古建筑文化、佛教文化和中原儒家文化。它所具有的特殊价值在中国具有无与伦比的地位。

2002 年以来，承德的文化产业发展经历了从小到大、从弱到强、从单一到多元的发展历程。经过多年实践，承德逐渐摸索出一条符合自身发展实际的文化产业发展思路，即以"大区域谋划、大产业构建、大集团引领、大项目支撑"为引领，以"区位、资源、生态、文化"四大优势为基础，突出文化休闲特色，建设国际旅游城市。围绕这一思路，承德市委市政府先后制定下发了《承德市建设文化大市实施纲要》、《2006 年～2010 年承德市文化产业发展规划》，提出了全市文化产业发展方向和工作重点，使文化产业发展思路更加清晰，措施更加明确。2010 年 9 月，京承高速承德段三期工程正式竣工通车。这标志着全长 209 公里的京承高速公路全线贯通，

意味着拥有世界文化遗产的承德真正进入了环京津唐的文化产业带。

二、唱响"两台大戏",实现经济效益

《鼎盛王朝·康熙大典》是"中国·承德·《鼎盛王朝》文化产业园区"的核心项目。该园区占地面积 3 000 亩,规划建筑总面积 33 万平方米。园区内共有 11 个子项目,分 3 期建设,3~5 年内完工。该项目以挖掘、彰显满清文化精髓,整合承德丰富的历史文化旅游资源为目标,将演艺、影视、鉴赏、娱乐、养生、餐饮、购物、商住、展示、交流、体验等功能融为一体,力求打造承德所特有的皇家文化品牌,形成地域文化的核心竞争力。《鼎盛王朝·康熙大典》由中国大型实景演出创始人梅帅元先生担任总制作、总导演,突出强调的是康乾盛世对中国历史发展和世界文明进步所具有的丰功伟绩。演出现场能容纳 3 000~5 000 名观众,于 2011 年 6 月 18 日正式公演。截至 2012 年 9 月,大典共演出 220 场,实现收入近 4 000 万元。

大型原创风情歌舞诗《帝苑梦华》是承德热河展演基地的重要组成部分。项目主体为承德市文化广电新闻出版局,投资方为河北畅达集团。热河展演基地位于承德市双桥区德汇门外小热河广场,由原承德体育馆改建而成,展演中心建筑面积 1 万余平米,广场占地 12 亩,坐席 1 093 个。《帝苑梦华》运用舞蹈、歌曲、杂技、魔术等艺术表演形式,表现出承德、避暑山庄以及皇家文化的历史风貌特色。自 2011 年 7 月 6 日上演以来,共演出 300 余场,实现综合收入 2 100 多万元。

大型实景演出《鼎盛王朝·康熙大典》和大型原创多媒体风情歌舞《帝苑梦华》两台演艺精品正式对外演出以来,不仅在短短 5 个月内,就带动就业千余人,也成为承德市将传统文化资源、文化积累转化成产业元素,转化成文化创造力的一次成功探索。

三、扶持"两台大戏",助力产业发展

针对文化产业一次性投资规模大、建设周期长、收益见效慢的实际,承德坚持以政府为主导,把文化产业放在战略支撑的高度,营造有利于加快文化产业大发展、大繁荣的浓厚氛围。

(一)为项目建设创造良好环境。在宏观政策上研究制定出台了《深入推动文化大发展大繁荣的实施意见》,充分发挥政府投入的杠杆作用,积极培育优秀文化市场主体,扶持其向大集团、龙头型方向迈进。同时,坚持把支持文化产业发展作为财政工作重点,通过设立文化、与文化紧密相关行业的发展引导资金,撬动社会资本向以文化产业为主体的第三产业聚集,大力发展具有皇家特色、满族特色、避暑山庄文化特色的文化产业,并以此带动服务、交通运输和房地产业等其他第三产业的发展。实现以支出结构的调整促进产业结构的调整,以产业结构的调整促进财政收入结构的优化,最终提高文化产业发展对财政收入的贡献率,把资源优势转化为财政优势。

(二)充分发挥文化专项资金的带动效应。通过贴息、补助、无息借款等方式,以文化产业发展引导资金为主体,以其他文化类专项资金为补充,重点支持大型实景演出《鼎盛王朝·康熙大典》和大型原创风情歌舞诗《帝苑梦华》两台"文化大戏"。2011 年,承德先后补助了《帝苑梦华》项目与《康熙大典》实景演出。

(三)加大财税政策的扶持力度。在鼎盛王朝文化产业园区建设方面,全力推进星级酒店项目建设。用宾馆饭店项目土地出让净收益(扣除其建设用地征迁补偿和国家规定提取的专项费用),通过贴息方式支持新建星级饭店项目。在拓宽企业筹资渠道方面,进一步完善中小企业融资担保体系建设。通过为市中小企业信用担保服务有限公司增加资本金,

充分利用财政间歇性资金，促使其做大做强，放大可担保贷款数额，解决中小企业，特别是中小文化企业融资难、贷款难的问题。在财政体制政策方面，对"鼎盛王朝"项目实行省级增值税、营业税、企业所得税超基数全返的优惠政策，同时减免两个项目市政府有权减免的行政事业性收费市级收入部分。

通过唱响"两台大戏"，承德向着文化产业大发展、大繁荣的目标不断迈进。

（供稿单位：河北省财政厅）

发挥文化优势　打造《丽水金沙》

——云南打造大型歌舞《丽水金沙》实例

在世界文化遗产丽江古城，神秘的东巴文化、典雅的纳西古乐、奇特的摩梭风情、傈僳族的民族歌舞等绚丽多姿的民族文化与瑰丽奇异的自然风光交相辉映，每年吸引着许多海内外游客。然而，文化资源优势如何转化为经济优势，是地处边疆、经济欠发达的丽江面临的一大难题。面对机遇与挑战并存的局面，2001年，当时的丽江市民族歌舞团发挥文化优势，吸取了民营文化项目的市场运作模式，走上了打造《丽水金沙》文化演艺项目的改革与发展之路。

一、改革与发展的主要做法

2001年，当时的丽江市民族歌舞团已面临着严峻的生存挑战。全团一年的演出仅集中在"文化下乡"期间，且总共只有10多场。绝大部分演员每月拿到工资便无所事事，全团人心涣散，面临着生存的困境，举步维艰。与此同时，《纳西古乐》等民营文化项目按照市场模式运作，已取得了较好的经济效益。体制性障碍带来的种种弊端日益明显，新旧两种体制形成的现实反差愈益强烈，改革势在必行。市委市政府经过充分调研，大胆决策，选取歌舞团做试点，尝试把具有经营属性的文化事业单位推向市场，并主动出击，寻求合作者。在多方共同努力下，深圳能量公司与丽江市民族歌舞团共同组建了丽水金沙演艺有限责任公司。能量公司投入资金进行演出场地改造、舞美、灯光、布景及节目排练。丽江市把政府投资建设的丽江国际民族文化交流中心租借给演出团作为演出场地。此举不仅每年为政府节约了管理成本，政府每年还获得租金收入，同时减轻了新公司的固定资产投资压力。通过4个月的努力，2002年5月1日，一台全景展示丽江民族文化和民族精神的大型歌舞《丽水金沙》正式公演，并最终通过市场的检验，得到了广大市民及游客的认可。演出场次由每天1场增加到每天2场，旅游旺季达到每天4场。

在此过程中，丽江市民族歌舞团通过改制对人员实行分流使用。符合条件的按优惠政策提前退休；部分人员自愿转换身份后自谋职业；不再适宜演出的人员被安排从事相关文化工作；其余的年轻演职人员成为演艺公司的职工和股东。整个改革期间，没有一人下岗，没有一起上访，良好的改革效果受到了全国业界的瞩目。同时，《丽水金沙》建立了一套庸者下、能者上的竞争管理机制。无论是台上的演员还是台下的舞美工作者，都以技能的高低作为录用、上岗及演出角色的先决条件。因此，《丽水金沙》从推出之日起，节目就不断得到完善。每个角色的表演也日臻成熟，演职人员通过自己的辛勤劳动获得了应有的报酬，月收入提高。新的身份、新的岗位、新的机制，激发了他们新的活力，创造并实现了其新的人生价值。

《丽水金沙》及其演艺公司建立了有利于产业化发展的管理运作体制、人才战略及约束与激励机制，改变了"等靠要"的思想，带来了演职人员行为和价值取向上的重大变革，激发了企业发展的活力，演艺水平不断提高，影响日益扩大。全国文化产业示范基地、全国百家优秀文艺团体、中国文化产业十佳成长型企业、中国创意产业100强、中国文化企业30强、全国文化体制改革优秀企业……诸多荣誉接踵而来，并先后收到联合国教科文组织、日本国家文化机构、泰国王室以及中国台湾、香港特区等地的演出邀请。去年年末，公司作为云南唯一的代表，在全国文艺演出院团改革创新经验现场交流会上，与一批在体制机制创新方面卓有成效的演出团体共同分享了改革成功的喜悦。

不断创新、实现可持续发展是巩固和扩大改革成果的必由之路。为了解决退役演员的出路，消除改制人员的顾虑，2006 年 7 月，公司创办了丽水金沙艺术培训中心，通过举办各种艺术培训班，让退役演员担任教学或管理人员，仅半年时间培训中心就招收学员 274 人次，实现当年投资，当年收益。《丽水金沙》还开始着眼于实施品牌化、连锁化的发展战略，并在文化产业链上不断涌现出新的元素和业态。2006 年，公司将业务拓展到会展、休闲等领域，正在昆明投资打造一个集会展、休闲、演艺为一体的大型文化产业项目。为了扩大演出的影响力，更好地宣传云南文化品牌，公司加强与旅游联动对接，有效拓展文化产业的市场空间，积极推动《丽水金沙》文化产品和文化品牌的"走出去"战略。目前，《丽水金沙》苏州版的项目正在紧张有序地推进之中。随着《丽水金沙》苏州版的正式开演，绚丽多彩的云南民族歌舞将与灵秀多姿的江南风情交相辉映，共同呈现在世人面前。届时，《丽水金沙》这一品牌将被更有力地推向更加广阔的舞台，为世人所知。

二、改革与发展的主要成效

丽江市民族歌舞团的改革，改出了生机，改出了效益，改出了无限的前景。《丽水金沙》已经成为绝大多数来丽江的游客必看的节目，成为丽江市文化旅游市场的一个"亮点"，成为丽江重要的文化品牌之一，成为丽水金沙演艺有限公司进一步发展的资源和平台。

（一）文化旅游品位提升。丽江是个山清水秀的旅游城市，是多民族聚居地，有深厚的文化资源，有众多的艺术人才，有丰富的客源市场，具备搞旅游演出的优势。通过民族歌舞的形式，再现了多民族人民的生活，具有浓郁的地方特色，为丽江的旅游市场提供了难得的艺术精品。《丽水金沙》已成为丽江一个重要的具有一定竞争力的文化品牌，对丽江城市品牌的巩固和提升，对丽江旅游业的提质增效发挥了重要的作用。

（二）改革示范作用凸显。丽水金沙演艺公司作为丽江市文化体制改革的排头兵和先遣队，其成功实践使得那些原来对文化体制改革存在担忧的人消除了顾虑，使那些想改愿改的人坚定了信心，找到了学习目标，为丽江文化体制改革综合性试点工作的推开，创造了有利条件，打下了工作基础。同时，也为文化与旅游有机结合提供了一种成功的模式，为其他地方相关院团的改革发展，提供了一定的借鉴，发挥了示范带动作用。

（三）企业经济效益提高。《丽水金沙》从2002年5月开演到现在，已累计演出5 700多场，接待观众300万人次。演职人员的月收入增加。参与剧目销售、推介、宣传的旅行社、导游等单位和人员，也都获得了良好的经济回报。

（四）企业国有资产盘活。丽江国际文化交流中心是政府投资修建的多功能文化设施，经常性文艺演出少，利用率较低，财政每年还需投入养护费。此次改制后，国际文化交流中心及其设施以租赁的方式交由公司经营管理，原管理人员编制和交流中心机构依法注销。不仅解除了财政负担，还带来了场租收益。

（五）实现多方共赢。丽江歌舞团的股份制改造构建了共赢的格局。一是政府满意。《丽水金沙》打造了城市名片，提高了地方综合竞争力，繁荣了文化市场，也减轻了财政负担，增加了税收。10年来，仅财政负担的人员工资就减少了很多。二是职工满意。职工收入成倍增加，没有了社保等后顾之忧，更带来了自信心和成就感，实现了作为文艺工作者的自身价值。三是社会满意。公司不仅通过职业高中专业舞蹈班为社会提供了更多新的就业渠道和岗位，还积极利用"三下乡"等为人民群众提供优质公益性文化服务。四是游客满意。这道旅游文化大餐的好评如潮，经观众口口相传，观看人数像滚雪球似的扩大。观众遍及 30 多个国家和地区，先后收到联合国教科文组织、日本国家文化机构、泰国王室、中国台湾、中国香港以及国内其他省市的演出邀请。

三、改革与发展的成功经验

丽江民族歌舞团的改制是民族地区、旅游地区和边远地区结合实际所进行的成功探索，是一项复杂的系统工程，凝聚了方方面面所付出的勇气、智慧和汗水。

（一）以体制改革为动力，焕发企业活力。体制不变时，丽江歌舞团历经多次合并、撤销、改建、扩建，仍不能真正使歌舞团成为独立的市场主体。只有当完成了由事业单位到股份制企业的一步到位的转制，才打破了多年的体制束缚，按照现代企业制度的要求，逐步建立了有利于产业化发展的管理运作体制、人才战略及约束与激励机制，改变了"等靠要"的思想惰性，带来了干部职工行为和价值取向上的重大变革，激发了企业发展的活力。

（二）以尊重艺术规律为基础，注重文艺创新。当时在《丽水金沙》的创排过程中，市委市政府强调，必须尊重文艺规律，突出文化创新。为此，项目集合了国内一流专家，并从北京、上海请来了最好的舞美灯光设计师、作曲家、服装设计师等，也请到了云南省内最好的民族歌舞编导。在表现内容上，《丽水金沙》加入傣族歌舞、摩梭族走婚等全新元素。为保持节目常演常新，公司每天坚持安排专人向游客了解对节目的看法和意见，随时修改，使广大观众也成为演出的创作参与者，整台节目充分表现了丽江的风土人情，令人耳目一新。

（三）以市场为导向，坚持市场运作。《丽水金沙》以游客和观众需求为根本，从策划、创作、宣传到营销，探索出一整套行之有效的市场化运作办法，与旅游联动对接，建立风险共担、利益共享的机制，发展旅游为文化产业提供市场空间，并依托文化扩展旅游的内涵、提升旅游的品位，实现了两者的良性互动、协调发展。

（四）以现代企业制度为基础，实现规范的企业管理。公司按照现代企业制度的要求，不断加强内部管理，建立完善的激励、约束和监督机制。通过竞争上岗、绩效挂钩、录像考评等制度严格管理，使《丽水金沙》的演出质量日益提高，创造了国内同一台节目上演场次最多而经久不衰的奇迹。

（五）以人为本，把职工放在改革发展的中心地位。在改制过程中，按照市委市政府的要求，公司始终注意把职工利益放在首位，更好地给职工创造展示才艺的舞台。通过一系列措施增强了职工对企业的归属感，使职工群众从怀疑、抵制改革，变为认同、支持改革，同时也成为了改革的真正受益者。

2003 年 4 月，中共中央政治局常委李长春同志视察丽江时，对《丽水金沙》给予了高度评价，指出"丽水金沙模式"是目前国内艺术院团最好的改革模式。据统计，2001 年云南六大省属艺术院团全年演出总收入仍不及《丽水金沙》，这无疑是对改革成效的最佳注解。经过 10 年的市场历练，《丽水金沙》已走上了一条成熟、稳健的文化产业发展道路。

（供稿单位：云南省财政厅）

艺术与市场结合　刮起多彩贵州风

——贵州运营和推广《多彩贵州风》实例

2006 年年初，为推进贵州省文化体制改革与文化产业发展，在中共贵州省委宣传部、省文化厅的支持和关心下，按照国家和省文化体制改革的有关精神，成立了多彩贵州文化艺术有限公司。公司主要运营、推广大型民族歌舞《多彩贵州风》及经营相关的文化艺术产业，通过艺术与市场结合，提升了经济效益，刮起一股"多彩贵州风"。

一、《多彩贵州风》的主要做法

（一）渲染浓郁而神秘的少数民族风情。顾名思义，"风"取自于《诗经》风雅颂中的风，就是贵州的民俗民风。《多彩贵州风》吸纳和采撷了贵州少数民族中优秀的民间文化艺术瑰宝，让多彩而神秘的民族民间文化在舞台上得到更加亮丽、鲜明的展现。其独特浓郁的民族风情，吸引着全球的眼光，因为越是民族的就越是世界的，越能得到观众的喜爱与认可。贵州是一个多民族聚居的省份，有着丰富的民间文化资源。特别是苗族、侗族，他们的孩子会走路就会跳舞，会发声就会唱歌。这样的民间文化传统孕育了蜚声中外的侗族大歌、苗族飞歌。水族、布依族、瑶族等许多少数民族都形成了独特的民族文化和习俗。《多彩贵州风》就是吸取了这些民间文化的养料，成为众多中国民族歌舞节目中的一朵奇葩，曾获得"中国少数民族第三届文艺汇演大奖"。其中，有的节目还获得"荷花舞蹈大赛"金奖。

（二）采用高科技的手段，使民族元素更加突出，更加绚丽多姿。《多彩贵州风》的演出舞美大量运用了目前国际领先的 LED 技术和 3D 效果视频内容，大容量、多角度地展示贵州民族文化资源和自然资源，使演出效果更具视觉冲击力和震撼力。艺术家们通过深入的民间采风，收集了大量的视频资料。在此基础上，他们再将其精心地整理、修饰、夸张，在短短的一个半小时的演出中，让贵州的民间文化元素鲜明而淋漓尽致地一一呈现在观众眼前，给观众带来崭新而强烈的视觉享受。同时，为宣传贵州的旅游和自然风光，节目还将贵州瑰丽的山水自然风光一一采撷，在演出中通过视频展示给观众，让观众坐在剧院中一览贵州的美丽风光，心旷神怡。

（三）在表演形式上融入娱乐元素，深受观众的欢迎与喜爱。《多彩贵州风》的演出在晚上 8 点钟开始，而观众大部分是来自省外的游客，让观众在一天跋山涉水的辛苦旅游后，能消除疲劳开开心心看节目，享受快乐，是其演出的宗旨之一。因此，节目在表演形式上下功夫，改变传统民族民间歌舞晚会的形式，演出中大量和观众互动的环节以及节目主持人的风格都融入了娱乐元素，营造一个在快乐中欣赏节目的氛围。每一场演出，剧院内的掌声都一浪高过一浪，如同欢乐的海洋；每一场演出，都让观众忘掉所有的疲劳，乐不思蜀。

（四）吸引来自全国各地的优秀演艺人才，拥有高质量稳定的演出团队。为落实王富玉副书记提出的"多彩贵州风"要打造两个演出团队，一个在省内省外，一个在省外国外，形成一定规模的演出态势，宣传贵州，推介贵州的指示精神，2008 年，经省委宣传部领导和省文化厅领导同意，该公司以"多彩贵州艺术团"的名义，在省内外招聘演员演出《多彩贵州风》。公司自主经营、自负盈亏，不要政府分文补贴，组建了具有 100 余人规模的民营剧团，吸引了来自湖南、山东等全国各地的优秀演艺人才，演出队伍稳定。该团不仅承担了《多彩贵州风》的驻场演出，还参与了许多省委省政府的大型演出。从这个意义上讲，一方面，《多彩贵州风》培养了文艺人才，壮大了演出伍培；另一方面，为深化文化体制改革，促进国有院团转企改制摸索出一条有益的经验。

二、《多彩贵州风》的社会和经济效益

（一）坚持不懈宣传贵州，社会效益显著。自 2005 年 10 月 1 日至今，《多彩贵州风》作为贵州定点旅游演出节目，演出 1 800 余场，深受海内外游客欢迎，并多次巡演美国、加拿大、英国、俄罗斯及国内北京、中国香港地区、上海 20 余个省、市、特区。从"相约北京"到"上海世博"，从奥运盛会到国庆献礼，国内外各种大型文化活动都留下过《多彩贵州风》绚丽多姿的身影。多彩贵州文化艺术有限公司被国家文化部评为"国家文化产业示范基地"、"国家文化出口重点企业"。《多彩贵州风》荣获第三届少数民族文艺汇演大奖，并于 2010 年荣登国家文化部、旅游局颁布的《国家文化旅游重点项目名录——旅游演出类》名录，与《云南印象》、《印象刘三姐》共享"西南三部曲"的美誉，已成为宣传贵州文化旅游的一个标志性品牌和一张文化名片。

（二）艺术与市场相结合，经济效益提升。《多彩贵州风》演出 6 年来，已经历了 4 个版本的升级、改版。从汇演版到经典版、从民俗版到综艺版，一直在探求艺术与市场的完美结合，力争达到既叫好又叫座的效果。2011 年年初，遵照省委王富玉副书记"把《多彩贵州风》进行再次更新打造，学习《宋城千古情》经验，推动《多彩贵州风》做得更精美、更强大、更有影响力、更有效益"的指示精神，在省文化厅的大力支持下，公司对《多彩贵州风》进行了再次提升，并广泛征集游客、旅行社的意见，吸纳贵州瑰丽的自然风光、神秘的民间绝活，推出了旅游版《多彩贵州风》。该版一上演就获得了市场的认可与欢迎，从 3 月 1 日推出至今演出

300 余场，上座率达 90% 以上。

三、《多彩贵州风》的发展目标

（一）计划 3 年内再增添两个演出基地。为贯彻党的十七届六中全会精神，大力发展文化产业，深化文化体制改革，多彩贵州公司与贵州省北京路影剧院合作成立新公司，共同推广《多彩贵州风》，共同发展文化产业。鉴于贵州的旅游业发展迅猛，特别是随着贵州高铁的开通，贵州的旅游将出现井喷的可喜前景，为旅游量身定做的《多彩贵州风》的前景和效益将越来越明显。2011 年，贵阳大剧院已出现一天演出 2 到 3 场的情况，预测明年就已不能满足市场的需求，因此公司的发展思路是再增添两个演出基地。一是在贵州的主要景点增添一个演出基地，目前已对黄果树景区的黄果树演艺中心进行了考察和论证，有了较为成熟的实施方案；二是对位于贵阳市中心的北京路影剧院进行装修改造，量身打造一个情景式的富有民族风情的《多彩贵州风》大舞台，梦想使《多彩贵州风》宛若法国的《红磨坊》一样历经百年，常演不衰，成为贵州一个新的文化旅游景点。目前已与北京路影剧院协商，合作成立新公司，共同发展文化产业，做大做强。

（二）建立真正的"国家文化产业示范基地"。6 年多来，公司虽然被国家文化部命名为"国家文化产业示范基地"，但一直没有建成文化产业示范基地的实体。在如何做大做强《多彩贵州风》文化产业链方面，公司拟发挥《多彩贵州风》演出平台的影响力，建立多彩贵州艺术教育培训基地，让成立 4 年之久的多彩贵州艺术学校能有自己的教学场地，培养更多的少数民族学生。借鉴世界著名的太阳马戏团、《红磨坊》等团体与节目的经验，开发《多彩贵州风》剧目的衍生产品，有自己的创意团队和产品加工基地。同时，吸取贵州丰富的非物质文化遗产和民族民间文化精华，建立非物质文化保护及传承基地。

（三）积极创造条件，力争上市。党的十七届六中全会精神及相关政策的出台，给我国文化大发展大繁荣提供了千载难逢的好时机。2011 年 12 月 6 日，中国证监会表示，积极创造条件，支持符合条件的文化企业发行上市。作为贵州旅游文化演艺行业的先行者，多彩贵州公司将在做大做强上做文章。随着杭州"宋城"的上市，长沙"琴岛"的即将上市，公司对争取《多彩贵州风》的上市充满了信心。公司希望通过 3 年多的努力，再建两个演出基地、扩大演出份额，并通过与景区与旅行社合作重组，在省委宣传部、省文化厅与省证监会的大力支持下，争取上市。

（供稿单位：贵州省财政厅）

舞动在拉萨　幸福在路上

——西藏创作运营原生态歌舞诗《幸福在路上》实例

西藏大型唐卡式原生态歌舞诗《幸福在路上》自2006年正式推出后，于2008年代表西藏参加北京奥运会献礼展演，取得圆满成功，并被国家文化部和旅游局联合选入首批"国家文化旅游重点项目——旅游演出类"名录。《幸福在路上》自2006年开始常态性演出以来，为西藏文化旅游产业的发展做出了突出贡献，在宣传社会主义新西藏方面做出了新的成绩。

一、组建艺术团，创排精品剧

2006年底，珠穆朗玛集团打造大型唐卡式原生态歌舞诗《幸福在路上》。项目组特邀国家一级编导苏时进、杨笑影担任总导演和编剧，特邀周正平、张继文、崔炳华、何训友、美朗多吉、卫东、沙丁等区内外舞台艺术界知名专家组成创作团队，深度挖掘并系统整理了西藏各地区民间优秀传统文化艺术资源，精选了西藏各地艺术团体中的优秀人才，组建成立了《幸福在路上》艺术团，经过半年时间形成了剧目的整体框架。

2007年，剧目先后耗时3年时间，历经4次重大修改成型，并最终于次年5月30日通过了自治区精品文艺领导小组的审查，圆满完成了创作。

《幸福在路上》全剧以绿、黄、白、红、蓝5色对应藏民族传统文化之"水、土、风、火、空"五行元素，以藏戏说唱贯穿全剧，以祈福、寻福、育福、纳福、辩福、创福、祝福的递进关系，集中呈现"幸福"这一永恒的生活主题，充分阐述"和谐就是幸福"的理念和时代主旋律，向世界展示西藏悠久、灿烂的文化艺术，展示社会主义新西藏的新发展、新变化、新生活！

二、财政拨付启动资金，企业实施常态演出

珠穆朗玛集团于 2006 年启动项目，开始打造大型唐卡式原生态歌舞诗《幸福在路上》。前期由自治区财政厅通过文化产业发展资金拨付启动资金。项目启动后，珠穆朗玛集团又自筹资金用于组建团队、舞美设计、音乐创作、购买设备、剧场装修、设计制作服装、市场宣传推广和营销活动。

《幸福在路上》于 2006 年投资启动，2007 年面世首演，2008 年代表西藏向北京奥运会献礼展演，2009 年起在拉萨藏戏艺术中心剧场面向广大进藏游客开展常态性演出，逐步成为西藏文化旅游的新名片。

常态化演出以来，《幸福在路上》逐步迈上了市场化演出的道路，与拉萨各大旅行社及企事业单位展开广泛合作，通过各种渠道和途径吸引境内外的进藏游客，上座率和观众接待量逐年递增。2009 年接待观众 4 万余人；2010 年接待观众 6 万余人；2011 年接待观众 7.5 万余人。2009～2011 年，均收到了较好的票房收入。

为了更好地传承西藏文化，宣传在党和国家正确领导下社会主义新西藏各族人民幸福和谐的生活，西藏珠穆朗玛集团始终坚持社会主义先进文化前进方向，坚持思想性、艺术性、观赏性相统一，突出体现民族特色和地方特色，不断改进《幸福在路上》的运营方式和营销策略，在区内通过在飞机场、火车站及市中心投放大型户外广告等方式加大宣传力度，在区外通过借助旅游交易会、文化博览会等平台，积极开拓内地大中城市客源市场。同时，根据西藏旅游市场特点，集团于每年 3 月开始重新排练节目，创新演出内容和形式，并从 4 月起面向进藏游客开始

恢复常态化演出，高峰期演出期限定为每年 7～10 月，全年共演出 200 场左右。

三、经济社会效益双丰收，文化旅游产业大发展

《幸福在路上》的创作运营顺应了国家和自治区有关旅游文化产业的政策和方针，传承并弘扬了西藏民间传统文化，向世界展现了西藏幸福和谐的迷人魅力，对宣传西藏起到了良好的桥梁与纽带作用，为发展西藏旅游文化产业探索了一条全新的路子。

《幸福在路上》自打造运营以来，填补了西藏没有全面体现风俗民情的文化演艺产品这一空白，为旅游产业带来了可观的经济收入。首演至今，《幸福在路上》已累计演出 650 余场次，接待观众逾 22 万人次之多，为西藏旅游业创造了可观的经济效益。

《幸福在路上》正式推出以来，在西藏重大节庆活动中多次进行公益性演出，受到了西藏各族人民的普遍欢迎。2008 年 6 月，奥运圣火在拉萨传递期间，剧目面向中外 70 多家媒体举办了大型新闻发布会并隆重举行了答谢演出。70 多家新闻媒体对剧目的成功打造及深厚的藏文化给予大力宣传报道和高度评价。同年，《幸福在路上》被北京奥组委和国家文化部指定为唯一向北京奥运会献礼展演的西藏舞台艺术精品，并于当年 7 月在北京天桥剧场献礼展演，受到党和国家领导人和广大观众的一致好评。献礼演出圆满成功后，中央电视台、《人民日报》（海外版）、《光明日报》、《China Daily》、《环球时报》、《中国青年报》等 50 多家驻京中外媒体做了大量的宣传报道，进一步引发了人们对西藏灿烂文化的关注，引发了人们对雪域西藏的向往。2010 年年底，《幸福在路上》受西藏自治区文化厅和自治区旅游局的联合重点推荐，被国家文化部和国家旅游局联合选入首批"国家文化旅游重点项目——旅游演出类"名录。

　　《幸福在路上》自成功打造运营以来，已成为展示西藏传统民间文化的典型代表，成为展示社会主义新西藏各族人民幸福生活的新窗口。而今，珠穆朗玛集团舞动在拉萨，幸福在路上。

（供稿单位：西藏自治区财政厅）

文化出口海外　剧目不断创新

——大连杂技团文化"走出去"实例

大连杂技团成立于 1951 年，是我国成立最早，有一定影响的艺术团体之一。半个多世纪以来，大连杂技团以其淳朴豪放的表演风格、新颖健美的艺术格调、幽默亲切的生活气息誉满中外，在继承传统节目的基础上，敢于大胆改革与创新，创作并演出了众多深受国内外观众喜爱的杂技节目，先后在英、美、法、德、韩等 40 多个国家演出。近年来，大连杂技团在不断推出精品节目的同时，坚持尝试大型杂技剧创作，已发展成为我国极具实力、充满激情和活力的杂技表演团体。

一、精品节目屡摘金奖，优秀团体频获表彰

大连杂技团拥有一支由一流的演员、创作人员、编导和教师所组成的规模近 500 人的演艺队伍，其创作和表演的许多杂技精品节目，在海内外重大杂技赛事中累计荣获奖项 240 多个。其中，《大连女孩——车技》、《大连男孩——腾飞》、《男女现代软功——情》、《蹬伞》、《流星飞旋》等杂技节目在摩纳哥蒙特卡罗国际马戏节、意大利罗马国际金色马戏节、法国巴黎玛希国际马戏节和中国武汉国际杂技艺术节等海内外重大杂技赛事中屡摘金奖。

剧团先后与法国合作推出大型杂技剧《木兰传奇》；与沙特莱歌剧院合作推出歌剧杂技剧《猴·西游记》；独立创作中国杂技版童话剧《胡桃夹子》等。杂技团多次接受中宣部、文化部和外交部邀请，代表国家、省、

市和地区出访，先后参加了胡锦涛主席宴请美国布什总统的国宴演出、为温家宝总理欢迎欧盟主席及世行行长举行的国宾演出、国际欧佩克会议等国内外重大外事活动以及各类型公益演出。杂技团多次受国家、省、市的表彰，曾被文化部授予"文化部先进集体"和"精神文明奖"等称号，被省、市政府授予"文明剧团"和"外事工作先进集体"等称号。2009 年，大连杂技团被国家商务部、文化部、广电总局和新闻出版总署联合授予"国家文化出口重点企业"称号。

二、加强体制机制创新，多方开辟国际市场

（一）加强体制机制创新，文化产品出口大幅增加。大连杂技团走出国门的脚步从未间断。多年来，各演出团队凭借不俗的演出实力取得了较好的经济收益，并在世界各地为剧团赢得了良好声誉。特别是 2009 年以来，按照中央关于深化国有文艺演出院团体制改革的总体要求，大连杂技团首当其冲，一手抓改革，一手抓创作，积极培育新型市场主体，建立现代企业制度，完善法人治理结构，创新收入分配机制，激发企业发展活力，以艺术创作生产、演出为主业，积极开拓和发展国内外演艺市场，提高综合实力和市场竞争力，努力打造新型骨干文化企业，做大做强演艺产业，提高大连文化的影响力和竞争力，促进文化的大发展大繁荣。

（二）改变单一出口模式，多方开辟国际市场。针对中国文化企业在国际文化市场进多出少、业务单一的状况，大连杂技团注重多元文化产品的输出，在以往对外派出演艺项目和输出演艺人员的传统做法的基础上，采取多种措施精心铸造国际文化市场的"中国品牌"，从单纯的产品输出向全方位的国际合作转型。大连市委市政府对此给予大力支持，从 2010 年大连市文化产业发展专项资金中拨出专门款项，用于扶持大连杂技团实施"走

出去"的发展战略。

1. 歌剧杂技剧《猴·西游记》双赢合作结硕果。2006年，大连杂技团与法国巴黎沙特莱歌剧院合作编排歌剧杂技剧《猴·西游记》。2007年6月28日至7月8日，该剧正式亮相英国曼彻斯特国际艺术节。在12天近20场的演出中，场场爆满，观众近5万人。英国文化大臣亲临现场观看，并给予高度评价。《泰晤士报》给该剧的制作和表演打了5星满分。同年，该剧在法国巴黎沙特莱歌剧院演出19场。继2008年在美国演出20多场后，在英国演出7场，观众总计约11万人次。从2009年至今，该剧一直在世界各地巡演。

2. 杂技版童话剧《胡桃夹子》打造自主知识产权。大连杂技团于2006年开始着手创作具有独立知识产权的杂技版童话剧《胡桃夹子》。大连杂技团在遵循原著内容的基础上，使用柴科夫斯基音乐原作，以中国杂技艺术全新演绎西方经典芭蕾舞剧，以全新的现代艺术视角打造世界第一部杂技版童话剧《胡桃夹子》。该剧自2006年开始进入创作、排练，2008年正式推出，在大连首演3场，2009年作为"大连市旅游文艺专场"在人民文化俱乐部上演近50场，成为"大连文化旅游标签"。随后，受邀赴上海大舞台演出5场，得到上海观众的热烈欢迎和高度评价。该剧首演至今，已在国内外巡演近300场，观众十几万人次，得到了新华社、《人民日报》（海外版）和法国第一电视台等诸多国内外新闻媒体一致的高度评价。2009年，《胡桃夹子》被商务部、文化部、广电总局、新闻出版总署联合授予"国家文化出口重点项目"。2010年9月，该剧参加辽宁省第八届艺术节，荣获辽宁省第二届文化艺术政府奖文华奖"优秀演出奖"。10月，大连与友好城市德国不莱梅市在上海世博会联合举办友好城市互动主题活动。经过层层遴选，该剧一次性通过国家文化部的审核，于10月10日进驻上海世博园演艺中心进行专场演出。此次演出得到两地政府领导、国际友人和国内外新闻媒体的肯定与好评。该剧已连续 4 年，相继 4 次赴欧洲进行为期 3 个月的巡演，在法国、瑞士和西班牙等多个国家上演百余场，观众超过十万人次。2011 年，该剧受邀参加第 40 届法兰西堡国际艺术节，获唯一剧目金奖，团长齐春生被法兰西堡市长亲自授予"法兰西堡荣誉勋章"。

三、继续转变观念，生产精品剧目

下一步，大连杂技团将继续转变观念，依据市场需求开展对外文化交流，始终坚持市场导向，为观众"量身定做"精品剧目，实现与国内外演艺市场和广大观众间的强烈共鸣。其具体表现有：

（一）杂技版舞剧《霸王别姬》成功首演。2009 年，大连杂技团反其道而行之，首开先河创作世界第一部杂技悲剧《霸王别姬》。全剧时长约 1 小时 30 分钟，集杂技和舞蹈于一体。剧团不仅仅满足于将该剧打造成精品剧目，让观众觉得"好看、想看、耐看"，还将市场开发与国际艺术评奖有机地结合起来，力争在获奖的基础上，提高该剧在国外演出市场的竞争力，推动剧目走向更广阔的国际舞台。目前，该剧已吸引到多家外商来团接洽演出事宜，并于 2011 年 5 月在大连人民文化俱乐部进行了首演。

（二）杂技版音乐剧《不莱梅的四个音乐家》成为上海世博会明星剧目。2010 年，大连杂技团根据德国不莱梅市的特点，选取《格林童话》故事《不莱梅的音乐家》，为大连的友好城市——不莱梅量身打造原创音乐剧《不莱梅的四个音乐家》。2010 年 5 月至 10 月，该剧在上海世博会连续上演 184 天，演出 523 场，观众约 20 万人次，期间还参加了欢迎德国总统专场演出、玉树和汶川专场演出和明星慈善专场演出等世博会重大演出活动，得到世博会主办方、国内外新闻媒体和观众的一致好评。大连杂技团因此被誉为"世博会驻场演出团体之最"和"世博会明星演出团体"。2010年11月,世博会演出结束后,大连杂技团拟在原作基础上进一步修改完善,打造针对青少年市场的全新同名杂技版儿童音乐剧。该剧将有别于普通儿童剧演出模式,使用时尚、现代的艺术手法,把一个"好看"的童话故事、一部"好听"的音乐剧、一场"好玩"的杂技盛会呈现在小观众面前。

(供稿单位:大连市财政局)

积极双管齐下　续写敦煌传奇

——甘肃省杂技团转企改制实例

甘肃省杂技团始建于1960年，是该省唯一的国有杂技艺术表演团体，杂技团创作编排40多个节目，获得文华奖、金菊奖、敦煌文艺奖等众多奖项，赴德国、新西兰等40多个国家和地区演出，为中国人民的对外友好架设了艺术桥梁。经过50多年的不懈努力，该团已成长为西部地区一流的杂技艺术表演团队。

2009年8月，甘肃省杂技团被文化部列为全国文化体制改革42家试点单位，也是甘肃省文艺院团唯一一家转企改制的试点单位。全团上下认真学习、借鉴国内外好的经验和做法，解放思想，勇于探索，走出了一条改革发展的新路子，双管齐下，续写敦煌传奇。

一、双管齐下，转企改制

（一）瞄准目标，果断出击，主动拓展演出市场。甘肃文化底蕴深厚，尤其是敦煌文化世界闻名。杂技团先后赴敦煌多次考察，决定走旅游与演艺相结合的路子，开发敦煌的旅游演艺市场。2007年，经过与敦煌市委市政府多次协商，双方决定共同开发敦煌的旅游演艺市场。以省杂技团为主体，将敦煌艺术团、敦煌电影院整合登记注册，成立了敦煌杂技艺术歌舞剧院。同年，又成立了敦煌飞天文化产业发展有限公司。杂技团创排了以敦煌莫高窟壁画故事为题材的大型杂技剧《敦煌神女》，将原敦煌电影院改

造为敦煌大剧院，每年的旅游旺季在这里组织演出，现已成为敦煌旅游市场的一大亮点，得到中外游客的认可和好评。

（二）转变观念，大胆改革，迈上跨越式发展的道路。2010年4月28日，甘肃省杂技团有限责任公司正式挂牌。按照现代企业法人治理结构要求，公司成立了董事会、监事会，制定和完善了绩效考核、收入分配等企业管理制度。通过改革，公司改变了以前"大锅饭"的分配制度，人员能进能出，职务能上能下，收入能高能低，为企业注入了活力。一批优秀的年轻演员走上舞台，担当主角。一线演职人员收入大幅度提高，全团齐心协力闯市场、谋发展、图壮大，迈上了跨越式发展的道路。

二、社会效益与经济效益双丰收，续写敦煌传奇

2008～2011年，省杂技团各项演出多达2 000余场，取得了较好的经济效益，开创了该团演出市场新的辉煌。经过几年的市场培育，《敦煌神女》已成为在全国有影响力的精品剧目，先后获得全国金菊奖杂技大赛优秀剧目奖、首届中国国际文化旅游节影响中国旅游的演出10强优秀剧目，也是西北唯一一部入选10强的演出剧目，被文化部授予第4批国家旅游演出文化产业示范基地称号。

市场化的运作极大地改变了甘肃省杂技团的生存环境，全体职工从中感受到解放思想、改革发展带来的巨大变化。大家工作热情高涨，团结一心在市场商海中打拼的劲头更足了。数年间，通过引进、培训及不间断地演出，人才队伍已改变了过去青黄不接的窘境。灵活的用人机制营造了奋发有为的工作氛围，持续不断的演出使青年演员有了一方成长的舞台。如今，老、中、青相结合的人才梯队已初步形成，使杂技团的发展有了人才保障。

三、总结改革经验，续写敦煌传奇

（一）体制机制改革是文艺院团发展的必由之路。通过改革，杂技团转

换了机制，找到了市场，提高了收入。近年来的改革实践，让全团尝到了甜头，看到了希望。通过新政策的落实，杂技团上下深深感到，艺术产品的市场化运作，就是要针对市场和观众的需求出产品，亲自考察市场和观众层面。实践表明，体制机制改革是文艺院团发展的必由之路。

（二）拓展市场是文艺院团发展的重中之重。在转企改制的过程中，杂技团深深体会到，通过不断深化改革，建立既符合市场经济规律，又符合艺术生产规律的生产机制、管理机制、投入机制、用人机制和分配机制，把握好政治、艺术、市场的关系，是艺术院团在改革发展中的重中之重。深化国有文艺演出院团的体制改革，就是要使艺术通过健康充分的市场化途径回归其本位，发挥应有的更大的效应。

（三）创新剧目是文艺院团发展的基础。艺术院团要搞好，主要是出人出戏。常言道："名剧出名演，名演带名团。"文艺院团要发展，就要在坚持传统艺术的基础上大胆创新，打造面向群众、面向市场的精品剧目。要把有生命力和市场潜力的剧目精打细磨，成为本团一个叫得响的品牌，在演出市场才会有一定的影响，这样院团的发展才会更有生命力和活力。杂技剧《敦煌神女》首演时，是西北首部杂技剧，和观众一见面，令人感觉耳目一新。经过几年锤炼后，如今票房持续飘红，久演不衰。这充分证明，文艺创作的繁荣关键在于创新，要立足剧目题材、表现形式、艺术手法上的创新，形成"针对市场出产品、针对产品搭平台"的稳定模式。应力求演出的剧目适应时代发展的新要求，适应社会主义市场经济发展的新变化，适应人民群众对精神生活的新期望和新需求，就一定能在新时期创造新的辉煌。

（四）政策扶持是文艺院团发展的重要保障。长久以来，国有文艺院团欠账多、底子薄、包袱重、发展后劲不足。因此，在文化体制改革过程中，国家一直强调对转制文艺院团要"扶上马"，更要"送一程"。国家相继制定了一系列长期的、符合演艺企业特点的扶持政策。尤其是 2010 年在杂技团改企困难时期，中央和省级财政提供了大力的支持，使该团的改革有保障，发展有实力。

（五）创新文化产业新思路，拓宽经营范围和市场。根据省委文化体制改革小组给予省杂技团改革方案的批复，要求将省杂技团现有土地科学合理的整体重新规划，建设成为甘肃省杂技团有限责任公司文化产业综合基地，形成集商贸、娱乐、餐饮、住宿、艺术培训、影视、剧场演出等于一体的产业链，不断增强市场竞争意识，壮大自身实力。

甘肃杂技团借鉴外省有益的经验和做法，进行跨地区、跨行业经营，兼并和重组了敦煌市艺术团、敦煌市电影院，实现文化产业生产要素的有效配置和合理统筹。4 年来，企业的生产经营推动了敦煌旅游业的增长，拉动了敦煌旅游业和社会各行各业的发展，起到了有效作用。敦煌演出基地的建设形成，4 年来打拼的过程，积累了成功的经验，也吸取了不少教训，伴随着艰苦创业的心酸，也分享着成功的喜悦，将为创建文化大省，续写敦煌传奇，为甘肃文化的大繁荣大发展做出更多、更大的贡献。

（供稿单位：甘肃省财政厅）

打造"两个平台"　　促进产业发展

——霸州打造中华戏曲大观园和华夏民间收藏馆实例

　　文化创造财富，产业支撑发展。在全球经济一体化的今天，市场的竞争在表象上是经济之争，在深层次上已是文化之争。近年来，霸州把"建设文化名城"同"争创经济强市"、"打造品质霸州"并列为三大目标。尤其是"十一五"以来，文化发展取得重大成就，人民群众文化权益得到有效保障。文化事业的不断发展，催生文化产业崭露头角。霸州打造中华戏曲大观园和华夏民间收藏馆两个平台，由此形成的文化产业日渐显现其后劲与活力，促进了产业发展，即将成为霸州市新一轮经济发展的"财富之树"。

一、中华戏曲大观园和华夏民间收藏馆的基本情况

　　中华戏曲大观园位于河北霸州经济技术开发区国际温泉公园，毗邻大广高速出口，交通便捷，距北京、天津、保定均为70余公里，仅40分钟车程。中华戏曲大观园是我国戏曲艺术建筑的集大成者，园区占地面积150亩，一期工程建筑面积15 000平方米。中华戏曲大观园是李少春大剧院（纪念馆）的派生项目，也是霸州戏曲之乡建设的又一主打品牌。中华戏曲大观园建筑布局主体分为3部分，即大观楼、国粹苑和高档梨园会馆馆舍区。建筑群以明清故宫建筑格局为范本，中间护城河环绕，中南北三海区划环路，层次分明，清幽别致。整个园区以展示和表现中华传统戏曲艺术为主旨，以中华民族传统建筑艺术为依托，融入现代高科技手段，既庄重

大气、典雅古朴，又精巧别致，巧妙地把戏曲和建筑两大国粹的精华融为一体，用最美的形式来展示戏曲最美的神韵。中华戏曲大观园自 2010 年 10 月落成以来，已接待各地参观团体 650 余个，参观人数近 40 000 人。同时，作为霸州戏曲文化产业的平台，它在文化产业发展上进行了积极有益的探索。为进一步提高中华戏曲大观园的知名度和影响力，霸州还建设了中华戏曲大观园网站，及时发布戏曲演出等相关信息及全市建设动态，增加与游客的交流方式（如微博等）。到 2012 年 9 月份，网站访问量近 70 万人次。

华夏民间收藏馆位于 106 国道与霸州市区迎宾东道交会处，建筑用地面积 5.5 公顷，建筑面积 38 887 平方米，广场面积 9 890 平方米，是全国最大的县级博物馆，被评为国家 3A 级旅游景区。收藏馆分为历史博物馆、民俗风情馆、陶瓷收藏馆、自行车博物馆、书画收藏馆 5 个展馆。其中，民俗风情馆多角度、全方位展示了霸州的特色工艺品、风土人情、生活习俗等。自行车博物馆是最负盛名的展馆——是国内乃至世界规模最大、收藏最多的自行车博物馆，被国务院命名为"中国自行车博物馆"。华夏民间收藏馆是霸州十大文化精品工程之一，历经多年的完善和发展，现已成为国内知名、具有国际影响的集休闲、收藏、文博、教育等职能于一体的综合性文化场馆。收藏馆面向国内及国际民间收藏界，为他们提供陈展空间和灵活多样的合作方式。作为展示民间历史文化与民间藏品交流、陈展及贸易的平台，收藏馆充分利用区位优势和场馆优势，打造一流的民间收藏平台，着力打造以文化博览与文化旅游为基点，具有国际影响的一流文化品牌。它不仅作为霸州特色文化产业的推广平台，在文化产业发展上也进行了积极有益的探索。收藏馆自 2008 年 10 月落成以来，接待各地参观团体 4 200 余个，接待社会各界参观者 141 万余人次。

二、中华戏曲大观园的"四个结合"

在建设管理运营上，中华戏曲大观园采取的是"政企联姻、功能叠加、互利多赢"的模式。在具体操作中，坚持"四个结合"：

（一）坚持政府主导与市场开发相结合。一是政府做规划、定政策，城市建设投资公司筹资金、抓建设。政府不拿钱，以其他形式对投资商予以适当补偿。二是组建大观园经营管理公司，政府、建投公司各派代表参加经营管理，将来收益按比例分成。

（二）坚持文化服务平台建设与城市功能完善相结合。以中华戏曲大观园为基点，搞好周边相关区域规划，建设以戏曲知识普及、戏曲艺术欣赏、戏曲文化博览、戏曲流派体验、戏曲根脉传承为主，对市民免费开放的文化主题公园，使之成为完善霸州城市功能的重要节点。

（三）坚持繁荣文化事业与壮大文化产业相结合。纵深拓展中华戏曲大观园的产业引领功能，围绕发展戏曲艺术产业，积极规划引进艺术品开发经营、戏曲艺术培训、戏曲演出、影视拍摄、文化旅游体验等文化产业项目，全力打造国粹艺术产业链，加快形成推进霸州经济结构战略转型的新支点。

（四）坚持文化主题打造与城市品牌提升相结合。整合国际温泉公园地热、景观、农业、水体、民俗等存量资源，连接中华戏曲大观园，搞好名人街区规划建设，推进城市创意房地产开发和创意产业发展，吸引京津文化艺术界名流到霸州投资置业，用居民结构的优化和产业结构的升级，全力打造具有国际品牌影响力的生活品质之城。

三、华夏民间收藏馆的"政府主导、服务多元"模式

华夏民间收藏馆是霸州公共文化服务体系的基础平台之一，在建设、管理与经营上，采用的是"政府主导、完善机制、积极拓展、服务多元"的模式。

（一）政府主导。一是主导建设，在硬件上，政府周密策划、科学规

划、多方论证，高规格、高标准地进行场馆建设，并对产品层层把关，务求精益求精。二是主导管理，市领导牵头，对收藏馆工作人员定编、定岗、定责，列入财政事业编，实行"多位一体"管理，实现"统一管理、各有侧重、资源共享、一馆多能"。三是主导发展运营，政府每年拨出专项经费作为收藏馆长远发展的资金。同时，将部分功能推向市场，将知名赛展冠名权、广告权推向市场，打响"高雅艺术进霸州"品牌，使其营业收入用于补贴公益文化服务。

（二）服务多元。一是服务群众，全年免费对市民开放，市民可凭身份证参观，享受文化熏陶，得到群众支持。二是服务市场，通过组织迎奥运自行车预展、韩文来书画艺术展、紫砂壶展、红色瓷器展等为收藏馆赢得广泛的好评，拓展了生存空间。场场爆满，一票难求。三是服务企业，通过经营冠名权和广告权，在解决部分运转经费的同时，也为赞助商提供了廉价、高效的宣传平台。

通过打造中华戏曲大观园和华夏民间收藏馆两个平台，霸州促进了自身文化产业的发展。

（供稿单位：河北省财政厅）

巧用补助资金 制造"恐龙危机"

——深圳华强集团科技创新实例

"跟踪式立体电影《恐龙危机》"项目总投资达数百万元。其中,市级财政资金资助数十万元,企业自筹资金几百万元。市财政补助资金主要用于研发人员经费、差旅费、展会费。企业巧用补助资金,从 2009 年 9 月 1 日至 2011 年 6 月 30 日,比原定计划提前半年圆满完成任务,制造出一场"恐龙危机"。2011 年 7 月,公司已提交资金验收申请,绩效评价合格。

一、借助科技创新,营造立体电影

跟踪式立体电影《恐龙危机》将 RIDE 游览方式、立体影像画面与实景布置相结合,并加入大量机械、灯光、动感平台等特技,营造出一个宏大场面景象。项目以恐龙危机的故事为线索,游客乘坐动感游览车,沿着一定的轨道,观看沿途发生的故事,并经历 20 个特技点。12 处主要场景装饰与特技装置完全按照真实比例制作和银幕画面保持统一的透视关系，结合得浑然一体。电影画面结合3D制作立体影像，游客戴上偏振眼睛后就可以获得具有强烈纵深感的立体仿真画面效果。

项目以科幻故事为背景，讲述了地球文明已经进入高度发达的年代，某城市博物馆中保存的恐龙蛋经过放射物质照射以后，已经变成化石的恐龙复活，破壳而出，逃离博物馆。经过放射物质照射后的恐龙以惊人的速度成长、繁殖，并大批地出现在城市的各个角落。此时，游客以被营救者的身份带上立体眼镜乘坐可载8人的动感游览车，由计算机自动控制，采用无线网络调度运行，沿着指定的轨道（长约330米）运行到各个场景，通过观看周围的各种场景特技和三维立体电影，模拟在大厦间穿梭、坠落、躲避恐龙追击，游览过程处处充满惊险刺激的感受。项目场面宏大壮观，情节环环相扣，特技生动逼真，立体画面极具视觉冲击性。

二、各项技术精准，技术指标过硬

项目实现的技术指标如下：

（一）立体影片动态跟踪准确：速度精度＜0.01米/秒，位移精度＜0.5米/秒。

（二）游览车闭环控制技术精确，软件精确控制游览车与立体影片画面同步，实现动态跟踪。在游览车的运动过程中，立体影片、特技的触发时间＜0.1秒，精度进一步提高。

（三）虚实结合技术的实际运用，即把立体影片中的虚景与现场中的实景结合为一体，虚实场景具有正确的透视关系。

（四）12个银幕（包括巨幕、环幕）符合设计要求，电脑制作的立体影片标准化输出在游览车的运动过程中，不断变化的影片场景透视关系正确。

（五）将无线网络技术引入控制领域，摆脱现场环境总线束缚，实现系统无人调度。

（六）用电脑制作的三维影片运动透视的还原关系符合设计要求。

三、自主知识产权，坐镇主题公园

跟踪式立体电影《恐龙危机》的项目执行期为 2009 年 9 月 1 日至 2011 年 6 月 30 日，项目比原定计划提前半年圆满完成。

（一）获得知识产权情况。华强数码电影有限公司已建立自有的知识产权保护体系，通过申请专利、商标，著作权、软件产品登记等手段来保护自己的技术成果。跟踪式立体电影《恐龙危机》已经递交 10 项专利申请，并已取得"跟踪视场及二次渲染制作立体电影的方法" 1 项发明专利，先后完成 3 项深圳市软件产品登记、3 项计算机软件著作权登记，以及 1 项作品著作权登记。

该项目主要发明"跟踪视场及二次渲染制作立体电影的方法"，是国内首创技术，填补了国内该领域的空白，在技术内涵和实现方式方面均达到国际领先水平。作为一种新型数字呈现技术，"跟踪视场及二次渲染制作立体电影的方法"根本解决了立体影像运动透视还原的问题。随着游览车运动位置的不断变化，模拟小车在虚拟场景中的运动轨迹，还原透视变换，使游客随着小车的运动看到具有正确透视关系的影片画面。为我国发展巨幕、环幕等特种数字影视提供了技术保证。

（二）市场情况。跟踪式立体电影《恐龙危机》的成功研发，使主题公园中影视主题项目研发实现一次大的飞跃，为我国发展大型高科技主题公园项目提供了技术保证。该项特种影视技术成功地运用到 4D－RIDE 大型动感仿真项目——《恐龙危机》中，极大提高了《恐龙危机》的高科技含量，实现了我国制作国际一流的主题公园项目的梦想，使国内大型主题公园在自主品牌项目发展上站稳根基，继而打造中国自主强大的主题公园旅游产业。

跟踪式立体电影《恐龙危机》已在重庆金源方特科幻公园、芜湖方特欢乐世界主题公园、汕头蓝水星方特欢乐世界主题公园、泰安方特欢乐世界主题公园、株洲方特欢乐世界主题公园、沈阳方特欢乐世界主题公园建成并投入运营，并迅速成为当地游客的必玩项目，年接待游客量呈井喷态势，对拉动当地经济，带动消费，繁荣当地旅游市场，促进旅游经济发展，及当地旅游规模化、系统化建设做出了较大贡献。2010年，跟踪式立体电影《恐龙危机》项目还出口至意大利等国，实现出口创汇。未来2~3年内，该项目还将在河南郑州、福建厦门、天津等地陆续建成的华强文化科技主题公园中投入运营。

此外，基于该种互动形式，公司对相关技术进行升级改造，衍生研发了第二个跟踪立体电影项目——《魔幻城堡》，并已成功在芜湖方特梦幻王国主题公园、青岛方特梦幻王国主题公园建成并投入运营，具有极佳的经济效益。

（供稿单位：深圳市财政委员会）

"三台合并" 独辟蹊径

——辽宁广播电视台资源整合实例

辽宁广播电视台是由原辽宁人民广播电台、辽宁电视台、辽宁教育电视台3家媒体在2009年年底整合后,组建成立的综合性传媒机构。"三台合并"后共有职工3 600余人,开办了8套模拟电视节目、8套模拟广播节目、6套向全国传送的付费电视节目、18套省内数字视频点播节目、10套数字音乐节目和1个网站。辽宁广播电视台的成功组建,是按照中央文化体制改革的相关指示精神,在省委省政府的正确领导下,独辟蹊径,在辽宁广播电视领域深化文化体制改革的具体举措。

一、实施全国独有的"三台合并",优化组织机构和职能

按照"实质合并、有机整合、化学反应"的要求,新组建的辽宁广播电视台实现了"五个统一":一是统一机构建制,撤销"三台"机构,组建一套领导班子;二是统一频率频道资源;三是统一服务管理,合并党群、行政、技术等部门,建立高效精干的服务保障管理体系;四是统一产业经营;五是统一规划投入,统筹规划事业发展,合理配置技术设备。因此,辽宁广播电视台既不同于附带产业属性的"集团",也不同于兼容广电行政管理职能的"总台"。经过合并重组,全台组织机构面貌焕然一新。原"三台"内设机构从过去的91个整合为40个,功能区划更加合理,机构精简、务实高效。在整合机构的同时,迅速、平稳完成原"三台"180余名

中层干部的定岗、定员、安置工作，2 757 名员工按照自主报名、双向选择、归口管理、统一调配的原则，全部完成了整合、重组、定岗、安置工作，坚持专业对口、部门对应、岗位对接，实现了平稳过渡、有序推进。在这个过程中，没有出现一人下岗、一人上访，从班子成员到一线员工思想平稳、士气高昂。

二、整合广电新闻、文艺资源，实现优势互补和"能量聚变"

辽宁广播电视台成立了融合广播电视制作人员、节目资源为一体的大新闻中心和大文艺中心。

新闻中心实现了宣传统一管理、资源统一使用、组织策划统一安排、记者队伍统一调动、考核考评统一标准，取得了新闻资源优化配置和广播电视优势互补的效果，确保了更充分地服务于省委省政府的中心工作，更有效地发挥舆论引导功能，更有力地提升辽宁广播电视台的公信力和影响力。开播专业化的新闻广播是辽宁广播人多年的梦想，但在原有的体制下，苦于记者数量有限，本地新闻资源少，支撑保障平台不完善等原因迟迟无法实现。"三台合并"后，依托大新闻中心的平台，于 2010 年 1 月 1 日推出了东北地区首家省级新闻广播频率，收听率居高不下。

文艺中心成立后，原有文艺资源在广播、电视两个平台播出，互为支撑，发挥了最大效益。如名牌电视节目《王刚讲故事》制作了广播版，收听率屡创新高。电视节目《新笑林》与广播节目《说说唱唱斗秀场》资源共享，互动融合，极大地节省了成本，提高了效益。根据节目和艺术创作规律需要，整合后的文艺节目中心把一些创作能力强又具有编剧优势的电视编导和广播编导加以整合，打造了一个全新的创作团队——"文学工作室"。他们为广播电视两个平台出点子、出本子，两个平台都切实感到了策划能力的显著增强。

通过文艺资源整合，文艺广播全天收听率已经从原来的第 10 名左右提高到前 5 名，电视文艺节目创新能力也得到了有效提升。

三、重新整合频率频道资源，突出自身优势和特色

在合并和整合资源的过程中，以"品相工程"为抓手，推出了一系列定位明晰、内容贴近、制作精湛、特色鲜明、影响深远的广播电视节目。根据自身所处地域特征和拥有的核心优势，辽宁卫视重新梳理并进一步明确了频道定位，确立了"向北方"的全新频道理念，凸显幽默、豪爽、热情、活力、振兴、精彩等北方文化特征，树立独特而鲜明的个性。

辽宁教育青少频道是由原辽宁教育电视台与原辽宁电视台青少频道的全体员工全新打造的电视频道，在保留原教育电视台节目框架的基础上，把教育青少频道的定位进一步细分，定位为以青少年健康成长及良好习惯养成为核心的家庭教育频道，成为日益被广大青少年以及家长重点关注的特色化专业频道。

北方频道是使用原辽宁教育电视台空出的资源打造的全新电视频道，将目光更多地投向人文历史、社会民生，是贯彻"三贴近"指示，坚决反对"三俗"的代表性频道。

其他频率频道也都根据自身定位，撤销了同质化节目，从而极大地丰富了声屏节目内容，扩大了辽宁广播电视台的影响力。

四、探索制播分离，发展壮大内容生产能力

在"三台合并"的基础上，辽宁广播电视台出资组建的辽宁北方广电传媒（集团）有限公司于 2009 年 12 月 18 日正式挂牌成立。按照事业与产业分开的原则，将政策允许可分离的内容制作从事业体制里剥离出来，与其他可经营性资产进行整合，将原来属于事业体制的娱乐、体育、青少等节目制作部门适时转型，成立娱乐、体育、青少等节目制作中心，使其能

够以明确的市场主体地位参与到市场竞争中去，积极开展对外合作，开发新业务、拓展新市场，改变广播电视台以往自制自播、自产自销的模式，发展壮大节目内容生产能力，以产业繁荣促进事业发展。

五、突破传统盈利模式的局限，打造跨区域、跨业态、全媒体的现代传媒产业集团

北方广电传媒集团以资产为纽带、项目为依托、市场为手段，鼓励、引导、带动各子公司积极探索新领域，开发新项目，拓展文化创意等新兴产业。辽宁广播电视台与中国联通公司合资成立的广联视通新媒体有限公司是全国最早致力于手机电视和IPTV业务的企业之一，成为省直9大文化企业之一。七星影业公司则投拍了《中国地》、《女人当官》等一系列优秀电视剧。北方新媒体公司的户外电视媒体平台也已经建成播出。

依托广播、电视资源整合的优势，一个全媒体的文化产业集群正在辽宁形成规模，蓄势待发。

（供稿单位：辽宁省财政厅）

五大板块四面出击　加速发展广电产业

——黑龙江广电产业改革与发展实例

黑龙江省努力推进广播电视产业全面协调可持续发展，基本形成了广告产业、网络产业、内容产业、新媒体产业以及关联产业等五大产业板块，多元化发展的产业格局初步形成。2010 年，全省广播电视经营收入比 2005 年增加了 85%。

一、五大板块基本形成

（一）以制播分离改革为牵动，推进节目内容产业发展。黑龙江人民广播电台（以下简称"龙广"）依托人才、声音、品牌等方面的优势，投入资金在广播艺术中心的基础上成立了龙脉影艺公司。作为全国唯一一家队伍完整且具有相当规模的声音制品生产单位，龙脉影艺经过几年来的发展，在动漫、影视、声音产业等领域取得了较大发展。成立至今，公司已累计完成动漫配音及后期制作 30 000 分钟。其中，《山猫与吉咪》获美国纽约国际独立电影电视节最佳动画影片奖；《三字经》在央视动漫频道播出；《金螺号》获第七届中国国际动漫节美猴奖组委会特别奖。《叶文有话要说》、《心事了无痕》等节目已在全国 23 个省市落地。在做好传统声音节目的同时，龙脉影艺还积极进军影视剧制作领域，投资拍摄了《文化站长》、《大院总管》等电视连续剧。其中，《文化站长》于十七大期间在央视黄金时间热播，并获得"五个一工程"奖，结束了黑龙江电视剧作品没有"五个一工程"奖的

历史。特别是 2011 年黑龙江安排文化产业资金，支持龙脉影艺公司联合拍摄电影《萧红》，为弘扬黑龙江特色历史文化提供了新的平台。

（二）以活动为载体，深度拓展旅游业发展。龙广于 2008 年成立龙广之声有限公司，在"4 + 2"运营理念（即"活动打造品牌，品牌扩大影响力，影响力拉动广告经营，又通过活动、品牌、影响力、广告这 4 项主体助力产业链的构建，助力全省中心工作发展"）的引领下，龙广之声依托龙广强大的品牌扩张力和社会影响力，策划举办了龙广爱心节、哈尔滨国际啤酒节等大型活动数百场，在充分发挥媒体服务大局、助力发展、服务民生、促进和谐的重要作用的同时，通过积极探索文化、旅游、会展、演艺等新的文化产业发展业态，走出了一条媒体发展文化产业的新路。如龙广之声连续举办 5 届哈尔滨国际啤酒节，间接带动各业收入过亿元。2011 年，龙广之声举办的"大庆雪地温泉体验之旅"和"中国·大庆湿地旅游文化节"活动，通过多媒体传播，全面推介旅游资源的方式，深度撬动旅游市场，使大庆市 7、8 月份旅游收入同比增长 35%，带动相关产业实现收入 30 亿元。2011 年，公司还组织策划了牡丹江"金秋镜泊湖印象五花山五彩之旅"活动，使景区迎来了新的旅游高潮，经济效益较上年同比增长 110%。龙广之声在开展文化旅游活动的同时，也实现了社会效益和经济效益的双赢。2011 年，实现产业收入比 2008 年增长近百倍。

（三）以服务外包为支点，探索文化产业模式。2008 年，龙广以制播分离改革为前提，以提供文化服务外包为支点，与海南三亚广播电视台全面合作，创办了天涯之声广播，率先在国内媒体中走出发展文化服务外包的探索之路。创办天涯之声广播，就是通过跨界运营，龙广以优质节目内容融入对方，为三亚当地听众提供伴随性服务，从而释放品牌影响力，开拓南北两地资源优势，在地产、旅游、商务等诸多方面实施深度合作与营销。此举打破了三亚台原有的节目框架，引进龙广精干的节目策划、包装、推广、编辑、制作、播出团队，与三亚台原有的人员重新整合，构架了全新的节目运行管理机制。龙广天涯之声广播的创办和相关产业的拓展，首创了全国广播媒体跨区域、跨行业经营的先河。2010年，龙广创办了全国首家高校广播，为大学生思想教育工作提供了新阵地；2011年，又在跨系统合作上进行积极探索，与黑龙江农垦总局合作创办了"北大荒之声广播联盟"。这些举措既是广播实施制播分离的一次成功尝试，也是广播媒体跨地域产业拓展的一个有益探索，为龙广文化产业的发展开辟一个崭新的领域。

（四）新媒体产业全面升级转型，新媒体业务标识初步形成。互联网的快速发展，三网融合的发展趋势，都使传统媒体向全媒体时代转型。2007年，电台开始进军新媒体。目前拥有龙广在线网站、手机广播、短信平台、手机报、手机视频直播、手机wap网站、龙广影音客户端、黑龙江打折网、音品工程、手机经营项目及全媒体营销支撑服务等业务。几年来，龙广对新媒体产业结构、内容服务以及技术资源进行全方位改造升级，不断完善网站、手机广播的全面服务功能，提高整体运营水平。龙广在线网站着力打造网站的资讯采集和发布平台，日点击量达550万。手机广播则成为全国6家唯一盈利的手机广播。龙广积极探索电子商务产业项目，利用先进的垂直互动电子商务服务平台，为用户提供网上订货、网上支付、物流配送、售后服务等一条龙服务，实现传统广播向网络新媒体的延伸。2011年，龙广开始从媒体文化领域跨界进入到农业食品行业，全力打造绿色有机放心食品供销平台、有机生态系列产品、全产业链的电子商务运营平台，构建全新的产业经营体系。"基于绿色农产品的电子商务平台"建设项目，在哈尔滨市发改委的大力支持和指导下，申报了国家发改委立项。

（五）整合产业资源，做大做强文化产业。黑龙江电视台为了贯彻落实《国务院办公厅关于印发文化体制改革中经营性文化事业单位转制为企业和支持文化企业发展两个规定的通知》（国办发〔2008〕114号），进一步促进黑龙江文化产业发展，决定投资，以发起设立的方式创建黑龙江龙视文化传媒集团有限公司（以下简称"龙视传媒集团"），成为"台属、台控、台管"的控股企业集团。其重大事项的决策权、资产配置的控制权、主要领导干部的任免权仍由局台党组决定。通过逐步整合黑龙江电视台下属企业的方式，使投资及管理归口，扩大了产业规模，增强了黑龙江电视台文化产业的整体实力和竞争力。

二、四面出击整合广电产业

（一）股权资本组成。为增强龙视传媒集团的资本实力，推动黑龙江广播电视企业的改制和重组，省电视台以货币资金和股权的形成向龙视传媒集团增资。省电视台用于增资的股权包括龙视通移动公司的股权、龙视通信公司的股权、黑龙江亚布力国际广电中心有限责任公司（以下简称"亚布力广电中心"）的股权等多家公司股权。增资和重组完成后，省电视台持有集团100%的股权。龙视通移动公司、龙视通信公司、亚布力广电中心、龙视演艺经纪公司变为龙视传媒集团的全资子公司。

（二）整合后的运营措施及成效。龙视传媒集团成立之初，首要一点就是打破了原有的各自自由式发展的经营模式。首先，落实目标责任制。龙视传媒集团成立后便与各子公司的管理团队签订责任状，将公司的效益与责任人的利益全面挂钩，实现公司与职工的利益双赢。其次，招聘优秀人才。通过台内委派和外部招聘，充实龙视传媒集团的人力资源配备，使集团员工100%为专科及以上学历。其中，70%的员工为本科学历，12%的员工为硕士学历。再次，保障机构运行。集团完成了包括集团总经理办公室、计划财务部、人力资源部、运营管理部、投资发展部等部门职能与责权的划分，明确了相应岗位的说明，为各项工作的规范有序开展提供了保障。

最后，完善了涉及绩效、考核、财务审批、人力培养等多方面内容的企业制度汇编。通过采取以上的措施，集团完善了预算管理、成本控制、质量控制等多方面的管控制度，健全了内部决策程序，有效提升了公司经营管理水平，保障了企业发展战略的有效实施。

（三）黑龙江省广播电视网络的整合。在全国"三网融合"的大背景下，黑龙江广电网络面临着前所未有的机遇和挑战，面临着前所未有的竞争和压力，实现广电网络整合成为广播电视发展的必然。国家广电总局提出各省必须在2011年底前实现"一省一网"，继而国家组建全国广播电视网的目标要求。黑龙江高度重视网络整合。2009年，时任省委常委、宣传部长的衣俊卿同志在全省文化体制改革工作会议上首先提出，要按照中央要求推进全省广播电视网络的整合工作。2010年，省政府第四十一次常务会议、省委常委会议分别审议通过了《黑龙江省广播电视网络整合和转企改制实施方案》（下称《方案》）及相关子方案，并以省委办公厅、省政府办公厅的名义下发实施。《方案》明确提出：全省所有广播电视网络资产（含省直企事业单位的网络）均纳入整合范围，做到统一规划、统一建设、统一管理、统一运营，实现"全程全网、全省一网"。按照《方案》的要求，2010年6月，黑龙江广播电视网络股份有限公司创立大会召开。全省12个市（地）和54个县（市）及黑龙江电视台共67家出资单位共同发起设立黑龙江广播电视网络股份有限公司。省级财政部门负责省公司的国有资产监管职责；省级宣传部门负责对省公司实施政治领导；省级广电行政部门对省公司实施行业管理；省政府授权省电视台行使省本级出资人职责。作为具有独立法人资格的企业，省公司设立股东会、董事会和监事会，在市（地）、县（市）设立分公司。主营广播电视综合信息传输，数据业务，互联网业务开发、运营，广播电视网络规划、开发、建设、维护和经营管理，广播电视网络信息服务、咨询，广播电视信息网络工程设计、施工，新媒体内容制作、发布、运营，电子产品销售，设计、制作、代理、发布国内外各类广告，会议展览服务等。

（四）网络整合的主要做法和经验。一是政策支持，市场运作。省委宣传部、省财政厅、省人保厅、省编办、省建设厅、省国税局、省地税局等部门相继出台了一系列支持全省整合的政策规定，明确省网络公司及所属各分公司为全省唯一收费主体，规范了广电网络市场的经济秩序，促进省网络公司成为全国首批"三网融合"试点企业、文化体制改革试点单位，享受所得税减免等相关政策。在良好的政策环境下，省网络公司以"集约经营、多业繁荣、品牌服务、跨越发展"为基本经营方针，坚持市场化运作，全面启动有线电视数字化整转工程，陆续统一了全省数字电视平台，进一步扩大了全省广电网络规模经营、集约经营的优势，促进广电网络的效益稳步提升。二是先统一运营，后清产核资。在全国"三网融合"浪潮风起云涌的大背景下，黑龙江广播电视网络的整合刻不容缓，但按照常规方式推进（即先派驻资产评估组和财务审计组到各市县广电局进行财务审计，将局、台、网的财务进行剥离分账后进行资产评估），至少需要2至5年时间。为克服这一困难，黑龙江创造性地提出"边转企改制、边审计评估、边运营发展"的工作思路。按照该思路，省公司在实现统一运营、统收统支的同时，同步推进财务审计和资产评估，把网络整合中最难解决的增资扩股工作放到后面，并通过后期与股东单位的不断磨合，逐步消化，从实际出发，探索出符合黑龙江实际的整合模式。实践证明，这种整合模式效果非常好，成为黑龙江网络整合得以顺利推进的制胜法宝，被业内人士称为"先统一运营，后清产核资"的"黑龙江模式"。

黑龙江省网络公司成立以来，按照"边转企改制、边审计评估、边运营发展"的原则，创造性地开展工作，实现了广电网络体制、机制和经营方式的根本转变。仅用一年多的时间就完成了全省各市（地）、县（市）的广播电视网络整合，成为全国整合时间较短、效果较好的广电省网之一。全省已成立 64 家分公司、1 家子公司，分公司已全部实现统收统支。今年 1 至 11 月份，企业拥有职工 6 000 余人，有线数字电视用户数近 400 万户。有线电视干线联网光缆线路全长 10 634 公里，并已建设成运营商级别的 SDH 传输网，基本形成"东西双环"的全省光缆网络总体架构。（以上数据均不含哈尔滨元申子公司）

三、梳理发展思路，明确前进方向

结合黑龙江现状，广电产业发展思路要坚持政府引导和市场运作相结合；坚持自主创新和引进品牌相结合；坚持理顺体制和转换机制相结合；坚持抓好主业与拓展辅业相结合。

（一）强化主导产业经营，提升对广播电视产业的支撑力。把确保广告创收、节目制作销售和有线电视网络收入作为支撑广播电视产业收入大幅度增长的基本保障。继续强化广告创收，转变节目生产方式，加快有线电视网络整合和数字转换。在基本完成"全省广播电视网络整合"任务的基础上，重点从整合网络单位转向深化体制机制改革、创新管理、加快发展上来。按照现代企业制度，建立健全法人治理结构，打造合格规范的网络产业市场主体，整合资源，全力开发运营网络新业务。

（二）强化延伸产业发展，提升对广播电视产业的助推力。发挥广播电视品牌效应，拓宽广播电视产业的发展领域，进一步延伸广播电视产业链条，扩大广播电视产业效益。积极开展招商引资，加快完成黑龙江省广播影视产业园区和黑龙江省国际新闻文化创意中心等重大文化产业项目规划设计，尽早开工建设。组建黑龙江移动多媒体广播电视产业运营主体，实现产业化目标。结合电影管理职能划转工作，以市场化方式组建农村电影院线公司。在提高龙塔、亚布力广电中心、月亮湾电视城等已有产业项目经营业绩的同时，积极向文化娱乐、庆典礼仪、艺术教育、汽车销售、餐饮，甚至医疗、保健品生产销售等产业领域拓展。

（三）积极进入资本市场，提升对广播电视产业的推动力。进入资本市场，寻求外部资本对广播电视产业发展的推动力，提高广播电视产业的市场化程度和市场竞争力。

（四）深化体制机制改革，激发产业发展活力。在省电台、电视台人事制度改革成功经验的基础上，大胆创新，探索一条适应制播分离和产业发展要求的管理体制和运行机制。在"三网融合"的背景下，继续探索完善适应省网络公司发展的体制机制。

（供稿单位：黑龙江省财政厅）

整合电视网络　整转数字电视

——河南有线构建全省一网，推进三网融合实例

河南有线电视网络集团有限公司（以下简称"河南有线"）是河南省委省政府确定的全省有线电视网络整合和数字化整体转换的实施主体，是河南省重点扶持的文化企业集团。从 2005 年开始，河南有线坚持市场运作，完成全省网络整合，高标准推进数字化整体转换。经过艰苦努力，构建起全省一网，实现真整实合，不断创新发展，积极推进三网融合，努力实现从小网到大网、从模拟到数字、从单向到双向、从看电视到用电视的转变。目前，河南有线拥有光缆网络 3 万多公里，覆盖全省 18 个省辖市和 108 个县（市）近 600 万户。2009 年 11 月，中共中央政治局常委李长春同志视察河南有线，肯定了河南整合模式，对河南下一步数字化整体转换，推进三网融合提出了殷切希望。

一、全省有线电视网络的整合

根据党中央、国务院关于深化文化体制改革、推动有线电视网络发展的战略部署，在省委省政府的正确领导下，河南在 2005～2009 年，以河南有线为整合主体，采取现金收购方式，投资完成了全省 18 个省辖市 300 多万户有线电视网络资产的收购。

（一）组织领导。2005 年 5 月，省委办公厅、省政府办公厅联合下发了《关于印发〈河南省有线广播电视网络整合方案〉的通知》（豫办

[2005] 17 号），将全省网络整合工作纳入省文化体制改革领导小组的工作范围。有线电视网络整合工作办公室设在省广播电影电视局，负责处理全省有线电视网络整合的具体工作。

（二）整合原则。一是讲政治、守阵地，确保安全传输；二是实现统一管理、规范运营；三是充分照顾地方利益；四是按照统筹规划、分步实施的原则整体推进。

（三）整合方式。以现金收购方式整合全省省辖市有线电视网络资源，按照资产评估价加收益补偿价确定收购价格，原则上全部接收安置各省辖市有线网络现正式工作人员。

（四）主要措施。

一是行政强力推动。省委省政府高度重视有线电视网络整合工作。如前所述，2005 年 5 月，省委办公厅、省政府办公厅联合下发了豫办 [2005] 17 号文件。省委省政府还将有线电视网络整合及其数字化列入《河南省建设文化强省规划纲要（2005~2020 年)》，纳入省文化体制改革、文化产业发展重点项目。2007 年和 2008 年的省《政府工作报告》都明确要求，要加快有线电视网络整合和数字化改造。这些为河南有线电视网络整合提供了有力支持，创造了良好条件。

二是现金全资收购。河南有线参照通行的企业兼并重组的办法，按照国有资产的交易规则和法定程序确定资产范围，充分考虑网络用户资源和业务拓展能力进行资产评估，遵循平等公正、自愿协商、互利共赢的市场原则，以优惠的价格收购省辖市有线电视网络资产，构建了一张一个法人代表的全省性有线电视网，实现了小网变大网，真整实合。

三是坚持资本运作。作为全省网络整合的市场主体，河南有线是资本运作的产物。企业从融资租赁起步，不断引进资金，由省干线网络公司发展到网络集团。2006 年，河南有线引进战略合作伙伴——中信集团。中信投资后，持有网络集团近半数的股权，搭建起可靠的融资平台，继而于2008年取得了建设银行河南省分行网络整合和数字化项目银团贷款。

四是利益倾斜地方。河南有线坚持以优惠的价格收购，收购资金用于当地广播电视发展。省辖市分公司实行本地化管理，在当地完税，不减少地方财政收入，免费安全传输省辖市电视台开办的经国家广电总局批准的电视节目。网络整合方案中明确，河南有线的整合成本和数字化投入回收后，省广电部门所得利润的70%返还省辖市及县广电部门，用于支持当地广播电视发展，其余30%用于开发有线电视网络新业务。

五是整合贯穿改革。坚持网络整合与省辖市分公司的转企改制相结合，边整合边改制。按照现代企业制度和现代产权制度的要求，理顺产权关系，建立法人治理结构。网络集团设立一级法人，各省辖市设立分公司。总分公司垂直管理，授权经营。各分公司统一机构设置；统一财务管理；统一物资采购；统一规划建设；统一服务标准，形成了统一、规范、有效的经营管理体制。

六是全面整合业务。河南有线在整合省辖市有线电视网络资源的同时，对全省音视频传输、数据专网、卫视落地入网、互联网等广电全业务进行了整合，并开发了移动车载电视、户外大屏幕电视等新媒体业务，建立了较为完整的全业务体系，通过集约经营，不断拓展市场空间。

二、数字化整体转换

网络整合不是目的，通过全省数字化整体转换，推进三网融合，真正使电视机成为多媒体信息终端，巩固舆论宣传阵地，满足广大人民群众的精神文化需求，才是目的所在。河南有线坚持市场运营和广播电视公共服务体系建设相结合，广播电视业态创新与服务创新相结合，建设技术先进、功能完善、内容丰富、业务开放的电视平台，积极打造云电视，努力实现云服务，着力培育云电视市场品牌。

（一）坚持业态创新，打造云电视。在三网融合的大趋势下，河南有线站在云计算等高新技术的前沿，统筹传统媒体和现代媒体融合发展，立足于用电视、用好电视，提出云电视的发展理念，为广大人民群众提供更好的广播电视公共服务和数字电视应用服务。一是高标准建设电视平台。按照面向三网融合的要求，河南有线投资建设了全省统一技术规范的数字电视节目平台、传输平台、客户服务平台、新媒体集成播控平台。平台具备播出256套广播电视节目系统的能力，包括100套公共服务类节目、80套付费节目、13套高清数字电视节目，具备频道回放、节目回看功能，提供阳光政务、生活资讯等信息服务和家居银行、游戏娱乐、实时股市等20多项应用服务。系统平台开放包容，具备数字电视、互联网、IPTV、手机电视等新媒体支撑传输能力。二是积极构建云电视业务体系。河南有线整合上下游产业链技术研发能力，依托开放的电视平台，实现网页浏览、短信、微博、资讯搜索、生活工具、QQ等近20项互联网应用服务；推出近百种电视报刊、电视杂志业务；实现总容量4万小时，日均节目更新能力60小时的网络电视运营；基于现有网络平台，引进安卓操作系统，努力实现三网融合、四屏合一，信息化、智能化发展。

（二）完善服务体系，实现云服务。河南有线逐步建立实体营业厅、网上营业厅、客户服务中心、社区服务队等有机结合的多渠道、多层次、全方位服务体系。一是启用统一的客户服务热线电话96266，建设全省客户服务中心，最终实现600个坐席，150路自动语音通道，向用户提供业务咨询、节目定购、资费查询、报修等全方位服务。二是按照5万用户1座营业厅的规划，在18个省辖市建设完成60座营业大厅，向用户提供综合营业服务。三是按照3万用户配备1台维护车辆、1名销售人员、3名维修员的标准，在全省成立200多个社区服务队，向用户提供便捷、高效、优质的贴近式服务。

（三）实现绿色上网，确保信息安全。河南有线始终坚持有线电视网络的政治属性，完善广播电视信息内容安全保障措施，投入资金，采用物理隔离、虚拟专网技术、防火墙以及入侵检测、流量控制系统、用户身份认证系统、7×24小时的网络运营监控等多种技术手段，实现绿色上网，确保信息安全。

三、借力财政支持，促进企业健康良性发展

2008年，河南有线获得省级文化产业贴息资金的支持。2010年，河南有线又获得中央文化产业发展专项资金的支持。河南有线自经营性文化事业单位转制为文化企业后，从2010~2013年，连续数年免交企业所得税。

上述各项财政支持，对于正处于企业关键发展期的河南有线来说，可谓雪中送炭。正是借力财政支持，才推动了河南省有线电视产业的发展，才促进了企业的健康发展。

（供稿单位：河南省财政厅）

"三改并进" 成效显著

——贵州省广电网络公司转企改制实例

近年来，在省委省政府的高度重视和大力推动下，贵州广电有线网络整合改制工作取得了显著的成绩。贵州省广电网络公司于2008年3月成立，2009年被中宣部、文化部、国家广电总局、新闻出版总署评为全国文化体制改革先进企业。2010年，国家广电总局印发通知，将贵州省广电网络改革发展的主要做法和经验向全国推荐。全国先后有20多个省（区、市）宣传、广电系统组织人员到贵州进行考察。《人民日报》、《光明日报》、新华社、中央电视台、贵州电视台、中国数字电视杂志社等近20家中央、地方的新闻媒体报道了贵州的做法。

一、主动改、真正改

贵州广电有线网络行业分散经营20多年，实行整合改制，确是一件难事。为使贵州广电有线网络的改革和发展取得实实在在的成效，贵州省委省政府成立了强有力的领导机构和工作机构，在充分调查研究的基础上，精心筹划，强力推进。

（一）主动改。"人的因素第一"。解决思想和认识问题是改革发展的首要任务，贵州在启动广电网络改革前，首先把提高认识，统一思想，充分调动全行业思改革、谋发展的积极性作为重点加以安排。贵州采取了调研座谈、发放问卷、专家讲座等多种方式，充分解剖旧体制的诸多弊端，在系统上下形成了不改不行、假改不行、乱改更不行的普遍共识，抛弃了行业内存在的守旧、盲目、内耗、单干、封闭、不思进取等落后观念、不良习气和行为，破除了"等、靠、要"的依赖思想，激发了行业广大干部职工深化改革，加快发展的责任感、使命感和紧迫感。

（二）真正改。广电网络改革必须是"伤筋动骨、脱胎换骨"的真改革。贵州广电认识到，一定要通过改制，达到广电生产关系适应生产力发展的要求。因此，在坚持一级法人股份公司制度，坚持资产评估尺度统一、资产大小实事求是的大原则下，贵州广电对改革中的债务处置、人员转制、利益平衡、干部任命等敏感问题，采取了兼顾历史、设立过渡期、债务分担、干部推选尊重地方党委和政府意见等一些灵活的办法，化解了改革中的矛盾和障碍，实现了国家《公司法》规定的公司化制度安排。贵州广电不搞翻牌公司，不搞多级法人的子公司、业务项目合作公司等松散型的"变通"改制，在公司制度安排上，坚持了真正改，做到了少留"后遗症"。

二、科学改

贵州广电网络的改革和发展以科学性原则为基础，强调政治性、规范性、包容性的操作原则，采用了一系列科学有效的做法，体现了科学改革、科学发展的许多"亮点"。

（一）忠实执行整合方案。在此前提下，贵州广电提出并成功实践了"先整合运营，后资产重组"。既抢抓了发展，又确保了整个行业在改制中队伍不散、管理不乱和全省广播电视节目的安全播出。

（二）改革与发展齐头并进，以改革促发展，用发展推改革，牢牢把握住了改革、发展、和谐、稳定的辩证关系。贵州广电发扬了攻坚克难的改革勇气，充分利用政策、投资、技术、队伍、体制、机制和市场的规模化等优势，谋求各要素科学聚集的"裂变"效应。贵州广电周密安排各项复杂、具体的工作，采取多管齐下、交叉作业、倒排工期、严格督查等措施和办法，全力推进改革发展，让各级党委、政府、广大人民群众和行业上下真正看到改革带来的好处，体会到新体制产生的新能量和新变化，凝聚了人心，使改革和发展收到了稳中求快的效果。

（三）兼顾历史，正确对待各自为政体制下人们思想中存在的思维定势；正确对待人们对改革存在的一些担心、不解甚至抱怨；正确对待改革导致产权单位和转制人员现实利益、预期利益重新分配的适应性过程。在"吃透"国家和省文化体制改革有关政策的基础上，分别采取了"五年过渡期"保现实利益，过渡期结束保"股东权益"和转制人员退休时"档案工资、企业工资就高不就低"等办法，较好地解决了利益障碍制约改革发展的问题。

三、贵州广电网络改革发展取得的成绩

3 年多来，贵州省广电网络公司完成了全省各级广电网络的全面改制和整合运营，实现了主动改、真正改和科学改，结束了 20 多年来各自为政、低层次运营、小规模发展、体制机制严重制约广电网络生产力发展的历史。

（一）通过改革，全省广电网络完成了资产重组。贵州广电形成了省、地、县 88 个国有广电网络机构资产入股，共有 84 个分公司、3 600 多名员工组成的大型国有广电网络企业，基本形成了现代法人治理结构下的一整套管理体制和机制，为全行业科学发展、跨越式发展打下了良好的基础。

（二）在广电网络改革中牢牢抓住发展这一主线。贵州广电依托新体制，抢抓国家相关政策以及各级各有关部门大力支持改革发展的机遇，将巨额资金（相当于全省广电网络近 20 年的投入总和）投向各地，加大网络基础设施建设改造力度，利用广播电视新技术，实施全省范围的城镇有线

电视数字化，将全省广电网络提升为一张数字化的全程全网，为实施国家和省"三网融合"的战略部署奠定了必要的物质基础。

（三）伴随着投资的拉动，广电网络"服务宣传、服务社会、服务大众"的功能明显加强。全省已完成280万城镇有线电视用户的数字化转换。依托全省有线数字电视网，省广电网络公司的各级网络传送的广播电视节目总量已突破了250套，是过去各自为政的"区域网"传送广播电视节目的6倍多。节目、信息传收的内容大大丰富，质量大大提高，安全性、稳定性也大大加强，行业的管理、服务水平得到了明显改善。中央、省、地、县的实时"新闻荟萃"、地方信息平台、互联网接入等新兴宣传和信息化服务业态开始在广电网络上出现，赢得了各级党委、政府、社会各界和人民群众的交口称赞。

（四）广电网络改革发展的规模经济效益明显。改革前4年间，全省广电网络仅完成不到1万户的数字电视用户转换。2008～2009年，随着改革发展的大力推进，全省数字电视用户不到两年就突破了200万户，是全省整合网络前的200倍，广大群众参与数字化转换的热情高涨。依托政府听证确定的省、地、县、乡镇、农村梯次性定价，贵州城乡有线电视用户按每月缴纳25元、24元、23元、21元和17元的网络基本维护费标准，接受广电网络公司每天提供80多套标准清晰度的公共广播电视节目和地方信息服务，城乡每户每天看电视和享受有关信息服务的付费分别仅为0.83元、0.8元、0.7元和0.56元。同时，城乡低保户、部队营房、学生公寓、幼儿园、军烈属、下岗职工等10多类群体，还可享受减免收费的政策。贵州广电网络承担了重大的宣传和公益性服务的政治责任、社会责任，得到广大人民群众的普遍支持和信赖，实现了低收费、规模化、低成本的服务。按照国家要求，要把广电网络公司真正做强，还必须开辟更多的创收渠道。为此，省广电网络公司已确立了大力开发市场化网络信息产品和服务，反哺宣传和公共、公用服务收费不足，谋求企业合理利润的经营发展新思路。

（五）全行业通过改制加快发展和引入科学管理，实现了规模经济基础上收入增长、综合成本降低和服务水平的改善。仅全省广电网络器材统一招标采购、统一总前端机房建设这两个项目，就节约大笔资金，彰显了新体制下低成本扩张，规模化、集约化、科学化发展的新优势。

贵州广电有线网络通过整合改制和加快发展，实现了全行业产权与经营权的分离，完成了事业向企业的转变，"以块为主"向"以条为主"的转变，小网变大网的转变和模拟电视向数字电视的转变。网络功能正在由单向网络向智能化的双向网络转变；网络业态正在由单一业态向混合业态发展。全行业在新的公司体制下，通过强化科学管理，正在实现粗放变集约，规模型向效益型的历史性转变。贵州广电网络改革发展使得各级党委、政府满意，人民群众满意，企业职工满意和公司股东满意，收到了"科学发展上水平，人民群众得实惠"的实际效果。

3年多来，20多个省（区、市）到贵州考察调研广电网络改革发展的经验和做法。近20家中央、地方的新闻媒体报道了贵州经验。但是，成绩已属于过去，广电网络将马上面临"三网融合"的重大考验和挑战。省广电网络公司将继续发扬团结奋斗、开拓务实、优质高效、创新发展的企业精神，长期不懈地抓好公司的科学管理，致力于贵州广电网络事业、产业科学发展和跨越发展；努力承担好宣传的政治责任、社会责任、国有资产保值增值责任和全体股东托付的管理和经济责任，更好地发挥全省宣传、文化和信息化建设的重要作用，为贵州经济、政治、文化建设和社会信息化建设做出更大贡献。

（供稿单位：贵州省财政厅）

喜获专项资金　建设跨媒广电

——海南中广传播建设中国移动多媒体广播电视案例

海南中广传播有限公司是中广传播集团有限公司与海南广播电视总台、海口广播电视台、三亚广播电视台合作，以股份制形式成立的子公司。企业主要承担着海南中国移动多媒体广播电视（简称CMMB）项目的投资和运营、广播电视节目内容生产集成、内容分发及传输，为海南移动人群提供收听、收看广播电视节目提供服务。从2009年起，该公司已相继投入多笔资金，建成了27个大功率发射基站。截至2011年10月，CMMB信号已经覆盖全省18个市县和地区，覆盖500万人。海南CMMB手机电视用户量超6万户，GPS、MP5等单向终端用户估计约3万户，海南CMMB用户目前总计约10万用户。CMMB已逐步成为海南新媒体文化产业的重要组成部分。

海南中广传播有限公司在省委省政府的大力支持下，于2010年度喜获中央文化产业发展专项资金支持。该公司严格按照申报的项目（中国移动多媒体广播电视商用运营系统）使用专项资金，建设跨媒广电。

一、中国移动多媒体广播电视技术及其建设情况

CMMB是我国自主研发的一种新兴媒体技术，具有完全的自主知识产权，采用先进网络架构，在现在广播电视基础设施的基础上，通过增加部分发射设备，建设移动多媒体广播电视网络，向手机、MP4、车载电视、笔记本电脑等各类小屏幕、便携式接收终端，提供广播、电视、数据业务

和紧急广播等高质量的广播电视节目和信息服务。CMMB 商用运营系统包括节目制作、节目传输、客户服务支撑系统、信号覆盖网络、市场渠道开发建设等。

中广传播集团有限公司主要承担我国卫星移动多媒体广播 CMMB 项目的投资和运营、系统设计、广播卫星相关技术开发、内容集成与分发及信号传输服务。中广传播集团有限公司与各省广播电视主媒体成立省级子公司，负责各省 CMMB 项目的投资和运营。截至 2011 年 10 月，CMMB 已完成全国 335 个地级市和 421 个区、县域的覆盖，城区覆盖率已经达到了 90% 以上，成为全世界最大的移动广播电视网。CMMB 用户已发展到 2 000 多万。

二、资金投入项目情况

2010 年，省委宣传部、省财政厅下达该公司中央文化产业发展专项资金，为海南 CMMB 项目提供了强有力的支持。

公司领导十分重视对资金的使用，成立了项目领导小组，制定了具体的资金使用计划，并在上级的监督下组织实施。项目资金主要用于该公司 CMMB 节目改版的播出系统建设。主要设备均由海南省政府采购中心公开招标购置，包括非编系统、播出设备、信息存储系统设备、摄录设备、播出控制台、设备辅材及安装。2011 年 10 月，设备完成招标，同年底完成安装。2012 年 1 月，节目开始试播。

三、资金使用初显效益

该项文化产业发展专项资金加快了海南 CMMB 内容生产平台的建设速度，极大地丰富了海南 CMMB 的传播内容，对琼崖新兴文化产业的发展将起到重要促进作用。

平台建成后，海南将开通"睛彩旅游岛"频道，播出适合移动人群收视的电视节目和各种实用信息。全省 CMMB 的网络覆盖进度走在全国前列，但节目内容生产却相对滞后。原因在于，CMMB 的建设资金定向投入网络覆盖建设和运营维护，缺乏用于节目内容生产的资金。该项资金刚好填补这一项目资金缺口，使海南 CMMB 内容生产平台建设项目得以实施，并为以后 CMMB 新媒体的快速发展打下坚实的基础。CMMB 内容生产平台项目得到各市县广播电视台、各类文化传播企业以及包括中国移动海南公司等单位的关注，一些内容产品方面的合作项目正在洽谈中。

四、未来的建设计划

《中共中央关于深化文化体制改革 推动社会主义文化大发展大繁荣若干重大问题的决定》明确指出，要在重点领域实施一批重大项目，推进文化产业结构调整，发展壮大出版发行、影视制作、印刷、广告、演艺、娱乐、会展等传统文化产业，加快发展文化创意、数字出版、移动多媒体、动漫游戏等新兴文化产业。

为了进一步开发 CMMB 节目内容，做大做强海南 CMMB 节目内容产业，该公司在逐步完善网络覆盖建设的同时，计划陆续在 CMMB 内容产品的策划、制作、播出、市场渠道、客户服务支撑等系统建设增加投入，制作播出内容精、信息量大、娱乐性强，服务政府，惠及老百姓，而又适合移动多媒体广播收看的视频音频节目。同时，公司计划在未来的两年内，投资开通第二频点，增加 8 套视频节目及 4 套广播节目，以解决全省移动人群，特别是农村分散住户收听收看多套无线广播电视节目的需求。为了逐步完善公司视频音频节目的生产、无线传播及信息管理，2012 年，公司计划在节目生产和 CMMB 内容产品管理系统及节目交换系统的建设上增加投入，包括用于搭建媒资管理基础系统（主要设备包括媒资管理服务器，硬盘存储设备，目录检索、信号调度和分配系统设备，管理软件等相关设备）；用于拓展节目制作播出系统（主要包括录音、配音、采集及现场直播等设备）；用于搭建全省各市县的节目交换传输系统（主要包括各市县节目传输设备、光发射接收设备及传输光缆租用等）以及应急广播系统。

（供稿单位：海南省财政厅）

实施"一省一网" 泽被天山南北

——新疆广电网络有限责任公司整合广电网络实例

"一省一网"项目由新疆广电网络有限责任公司（以下简称"新疆广电网络公司"）负责实施。该公司成立于1998年9月30日，肩负确保全疆广播电视安全传输的神圣使命，主营全疆有线与无线、广播与电视的网络传输及设计、施工、安装，网络软件的开发及技术服务，同时在全疆开设有线电视、数字电视和数据业务，是新疆大型信息化企业之一。公司现有员工1500多人。其中，专业技术人员占30%。

一、整合网络，互联互通

从2003年起，自治区开始实施广电网络整合，除石河子（兵团）、克拉玛依（中石油）外，全疆所有地州首府和10多个重点县市的有线电视网络的资产、人员以行政整合的方式重组进入新疆广电网络公司，由后者统一运营。全疆其余各县按照自治区县级网络整合方案，以干线联网，提供数字电视信号和多业务共同运营的方式实现了业务整合。通过"一省一网"项目，自治区绝大部分县级有线电视网络实现了互联互通。

目前，全疆84个县市网络中有78个已实现行政整合或业务整合，基本实现了全疆一网、统一运营。已有63个县市网络通过干线联网实现了互联互通、数字电视节目覆盖和新业务开发，其余各县的联网工作正在紧张进行。

二、依托现有线路　多方筹措资金

根据国家广电总局关于网络整合的要求和自治区政府《关于批转全疆广电网络整合暨组建新疆维吾尔自治区广电传输网络总公司方案的通知》（新政发［2002］89号）的具体要求，全疆广电网络整合工作自2003年正式启动。截止到2007年，完成了全疆13个地州所在城市的网络整合，整合用户占全疆有线电视用户的80％以上。新疆广电网络公司作为整合后全疆有线电视网络的运营管理主体，对地州有线电视网络基本实现了统一规划、统一建设、统一管理、统一运营。新疆有线电视网络从此迈上了"一省一网、互联互通"的发展道路。

项目依托已建成的全疆广电光缆干线，部分租用其他运营商的光缆线路，通过在全疆60多个县架设数字电视1 550nm传输联网设备，实现全疆有线电视网络的"一省一网"整合联网；通过在各地州县市建立本地节目数字化平台，实现地州县市电视台本地节目的有线电视网络数字化传输；通过在地州各县搭建数字电视双向互动业务运营支撑数据传输系统，并与位于乌鲁木齐的全疆数字电视双向互动业务运营平台对接，实现全疆有线电视网络在"一省一网、双向互动、互联互通、统一运营"条件下的双向化、数字化多业务发展。为加快推进全疆有线电视网络"一省一网"整合工作，新疆广电网络公司于2005年向国家开发银行新疆分行申请专项贷款，主要用于乌鲁木齐市网络的整合收购和部分地州网络整合后节目费的集中支付。财政部对此寄予大力支持。2010年，中央财政安排文化产业发展专项资金，用于自治区新疆广电网络公司实施"一省一网"整合项目，有力地支持了该项目的顺利实施。

三、项目顺利实施　泽被天山南北

通过"一省一网"整合项目，新疆广电网络公司能够向自治区各县传送 160 多套数字电视节目及各类增值业务，并提供运营支撑系统。该项目扩大了新疆电视台节目的覆盖，开展了互动电视、宽带接入、数据传输等双向多功能信息业务，使新疆有线电视网络具备了大容量、双向互动的功能，成为自治区信息化的重要支撑平台。

"一省一网"项目的顺利实施，为自治区各族人民群众获取精神文化产品提供了主要渠道，泽被天山南北。双向数字化的新疆广电网络能够给广大用户提供多层次、多样化、个性化的广播电视信息服务，构建了一条各族人民群众精神文化产品的供给端口，对繁荣自治区各族人民群众文化生活，加强对党和政府各项政策的舆论宣传都具有积极推动的作用。

（供稿单位：新疆维吾尔自治区财政厅）

整合资源　跨越发展

——广西广播电视信息网络股份公司发展实例

广西广播电视信息网络股份有限公司是在整合全区广电网络资源、改革创新广电网络管理体制的基础上，于 2004 年 5 月成立的国有股份制企业。通过体制创新，广西全区广电网络事业的机构及人员整体转制为企业，依托干线网，将原来互不联通的市县城域网和大部分乡镇有线网整合为全国第一个省（区）、市、县、乡、村（屯）5 级贯通的有线电视网络，对全区广电网络实行统一规划、统一建设、统一管理、统一运营。公司实行一级法人治理结构，下设 90 个市、县分公司，拥有员工约 3 500 人。

一、从"孤岛"式网络到全区"一张网"

广西在整合广播电视网络以前，全区广电网络资产分属于各市、县，处于管理分散、条块分割、低层次运作的状况。各市县网络之间，甚至地级市与所辖县之间"不统、不通、不联"，资源效益十分低下。某些市县在建网和网络运营中还背上了债务包袱。因此，只有通过体制创新，将这些分散运营，"孤岛"式的网络整合成互联互通的全区"一张网"，才能抓住机遇，迎接挑战，真正把广电产业做大做强。

2003 年 9 月，在自治区党委、政府有力的主导和支持下，历时 9 个多月，全区 90 个分散的市县分配网与贯通全区的干线网整合在了一起，组建了广西广播电视信息网络股份有限公司。以公司作为执行主体，通过多途径、多方式、多手段的整合，完成了全区广电网络的市场化重组，形成了全区广电网络"统一规划、统一建设、统一管理、统一运营"的格局。

在此过程中，一是坚持市场运作，通过股份制方式进行网络整合。不搞无偿上划，坚持统一评估标准，重塑市场主体。二是推动政企分开，建立现代企业制度。明晰产权，创新体制，规范运营。三是以"存量不变、增量分成"的方式兼顾各方利益。合理界定存量，保证按期返还；扩大增量分成，适当倾斜市县；兼顾各方利益，形成"双赢"局面。四是构建一级法人、"四个统一"的运营机制。授权经营，调动基层的积极性；独立核算，强化基层的责任感；按网分利，不搞一平二调。五是按照"整体平移、平稳过渡"的要求，做好员工安置工作。人随事走，整体平移；自愿选择，妥善安置；新老有别，分类处理。

二、产生积极影响，创造多个第一

广西广播电视网络整合以后，盘活了僵化的网络资源，确保了中央、自治区和各市、县广播电视节目畅通无阻的传输。各省（区）、直辖市卫视节目在广西统一落地，扩大了广播电视的有效覆盖，提高了安全播出水平，对全区广播电视的发展产生了重要影响。

一是扩大了广播电视的有效覆盖。由于全区"一张网"，使公司在2005～2006年"村村通"建设中能够充分利用干线网资源，运用光缆开口引接技术，实现沿途各乡镇、村屯有线电视联网，一年就完成了两年的任务。二是安全播出更有保障。整合后，公司拥有连通自治区所有市、县及大部分乡（镇）的光缆干线网。中央和自治区广播电视各套节目，各省、自治区、直辖市卫星频道节目以及各市县广播电视节目通过干线网统一传输，安全性大大增强。三是整体优势、资源优势、规模优势得到充分发挥。整合实现了"四个统一"，资金筹措能力增强，更重要的是避免了重复建设可能造成的浪费，提高了投资效益。据测算，区、市、县3级数字电视平台统一建设比分散建设节省，大大降低了整体转换成本，也相对减轻了用户负担。四是各利益主体实现共赢。整合以来，首先是公司整体效益显著提高，而作为公司股东的市县广电部门，整合之后无需对网络进行再投入，也不再为网络运营、维护、管理分神，可以集中精力抓宣传工作、抓舆论导向、抓行业监管，但每年都能获得稳定的存量收入和增量分成收入。可以预期，将来还会有更多的增值业务利润分成。

多年来，广西广电公司通过坚持不懈地推进体制机制创新、科技创新和业态创新，实现又好又快的跨越式发展，公司曾荣获"全国文化体制改革优秀企业"称号，入选"首届全国文化企业30强"，同时创造了全国广电行业多个"第一"：第一个实现省（区）、市、县、乡、村（屯）有线广播电视网络5级贯通；第一个创新构建有线电视省（区）、市、县3级贯通技术新体系，成功探索出全国整省有线电视数字化整体转换模式；第一个按照国家要求提前实现整省（区）县级以上城市有线电视数字化，成为首个"全国有线数字电视示范省"；第一个用社会化方式创新建立全国广电系统最大规模的客服中心；第一个在全国广电系统研发了广播电视无线发射台远程智能化监控系统。

三、财政支持整合，参与制定方案

广播电视是一个特殊的行业，网络整合涉及意识形态问题。自治区财政部门按照自治区党委、自治区人民政府的工作部署，坚决支持通过市场运作、股份制方式进行网络整合。自治区财政积极做好自治区光缆干线及分配网资产连同债务划转工作，同时督促各市县财政部门做好市县广电行政部门原有的网络资产划属同级电视台工作，在进行资产评估的基础上作价入股，按照《公司法》组建股份制公司。

自治区财政加大经费投入，积极落实支持政策，促进广电网络发展壮大。2008～2011年，安排了公司贷款贴息和数字电视技术改造、有线电视网络双向数字化改造工程专项资金；积极落实税收优惠政策，免征企业所得税、有线数字电视收视费收入营业税、村村通收视费和安装费免营业税等税款；支持全区原有广电网络负债不带入公司，使企业轻装上阵，提高竞争力。

自治区财政参与研究制定整合方案，协调市县财政部门，妥善处理好各利益主体之间的关系是搞好网络整合和发展的重要前提。整合采取"老人老办法、新人新办法"的方式，即公司员工首先从全区广电系统从事网络传输业务的人员中选聘，受聘人员原有档案身份不变，退休待遇不变。新招聘员工则实行劳动合同制。新老划断，区别对待，打消了干部职工的思想顾虑，实现了人员的平稳过渡。

四、备战三网融合，再上新台阶

随着全区城市有线电视数字化，广西广电公司的经营重点和业务体系也正在发生战略性转变。下一步，公司将紧紧围绕"三网融合"全业务发展和打造具有核心竞争力的大型骨干文化企业的战略目标，按照"备战三网融合、创新增值业态、网络升级换代、服务再上台阶、全面深化改革"的工作思路，加快网络基础设施建设，大力发展增值业务，努力构建服务新体系，全面深化企业内部改革，实现公司改革发展再上新台阶。

（一）加快网络基础设施建设，提高网络支撑能力。大力推广双向互动业务是目前广西广电公司应对"三网融合"的最重要措施。公司将严格按照网络建设施工规范，高标准、严要求地全面完成全区双向网络建设、改造与调试任务，实现广播电视网络向具备全业务承载能力的双向网络的"脱胎换骨"，为开展各种新型增值业务打下坚实的技术基础。

（二）加大业态创新和新业务推广力度。广西广电公司将以高清互动业务为龙头，大力开发互联网、IP 电话、电视支付、电子商务、家居视频监控等适应"三网融合"要求的新型增值业务产品，不断满足用户的个性化需求。公司将创新营销工作思路，千方百计加大新业务，特别是双向互动业务的推广力度，提升互动用户在新增用户中的比例。

（三）加强农村网络规范化管理。一是要坚持落实农网长效机制，县、乡、村 3 级管理，保证网络畅通、长期通；二是要逐步完善农网用户资料，加强农网用户管理；三是要严格执行农网建设规范，合理规范施工，保证网络质量和信号传输质量；四是要严格控制农网建设和运营成本，切实提高效益。

（四）深化企业内部改革。一是积极推进企业 3 项制度改革，完善绩效考评、考核制度，全面推行以分级管理为重点的公司内部分配制度改革；二是总结完善报账中心试点运行经验，全面深化公司财务管理制度改革；三是进一步完善企业内控制度，提高企业风险控制能力；四是加强人才培养力度，加快人才结构调整，实现技术团队、服务团队、营销团队、管理团队适应"三网融合"下市场竞争的"脱胎换骨"式发展，努力为公司实现可持续发展培养一支高素质的人才队伍。

（供稿单位：广西壮族自治区财政厅）

建改双向网　福泽大草原

——内蒙古广电集团建设和改造双向网实例

为了加快公司业务的发展，提升网络运营能力，内蒙古广播电视网络集团有限公司于 2006 年开始，稳步实施内蒙古有线电视双向网建设和改造工程，福泽大草原。

一、双向网建设和改造的形势、任务及原则

按照《国务院办公厅转发发展改革委等部门关于鼓励数字电视产业发展若干政策的通知》（国办发〔2008〕1 号）精神，内蒙古广播电视网络集团有限公司加快推进城区有线电视双向网改造，促进数字电视产业发展。

（一）形势和任务

根据国务院关于推进三网融合的要求以及国家广电总局下发的《关于加快广播电视有线网络发展的若干意见》，要求加快推进电信网、广播电视网和互联网"三网融合"，提出了推进"三网融合"的阶段性目标。2010～2012 年，重点开展广电和电信业务双向进入试点。2013～2015 年，总结推广试点经验，全面实现"三网融合"，普及应用融合业务，基本形成适度竞争的网络产业格局，基本建立适应"三网融合"的体制机制和职责清晰、协调顺畅、决策科学、管理高效的新型监管体系。同时，国家将制定相关产业政策，支持"三网融合"共性技术、关键技术、基础技术和关

键软硬件的研发和产业化，为用户提供语音、数据和广播电视等多种服务，提高国民经济和社会信息化水平，满足人民群众日益多样的生产、生活服务需求。国家已明确了推进"三网融合"工作的重点，即加快网络建设和改造，全面推进有线电视网络数字化和双向化的升级改造，提高业务承载和支撑能力；整合有线电视网络，培育市场主体，加快产业发展，强化网络管理，加强政策扶持。

（二）双向网改造的总体原则

根据"三网融合"的发展趋势，内蒙古广电集团公司有计划、有步骤地对 HFC 网络进行双向改造工程，以提升在"三网融合"中的竞争力。公司充分利用现有的 HFC 网络资源，因地制宜地扩大光纤传输覆盖范围，发挥电视终端用户接入电缆的宽带优势，统筹安排全网的建设和改造，合理配置。总体原则如下：

1. 满足公司业务发展规划的要求。业务发展决定业务的种类、带宽、推广进度等；这些因素反过来决定了网络的功能、用户的带宽、网络双向化改造的速度。因此，必须合理规划公司近期业务的发展和需求。

2. 考虑资金的投入量。确保双向网改造资金的投入，同时也要考虑公司的资金周转，应根据市场需求和市场分析，合理安排资金的投入，把有限的资金投向高回报率的项目上，避免资金的浪费和重复建设。

3. 考虑现有网络的拓扑结构和质量。现有网络的拓扑结构和质量会影响网络双向化建设和改造技术方案的选择、投资额、工程难度和工程量，要合理规划，充分利用，杜绝盲目全拆新建。

4. 考虑为未来新业务的发展留有空间。随着技术的发展和市场的需求，新的业务会不断出现，双向化改造方案的规划要为未来一定时期内（至少5年）的新业务发展预留网络空间。

5. 考虑新技术的发展。在制订网络双向化建设和改造技术方案时，要采用有发展前景的技术，并为未来新技术的应用奠定良好基础，确保能在一定时期内平滑升级。

二、双向网改造的应对措施与技术方案的选定

（一）加强双向网改造的组织机构管理。内蒙古广电集团公司所属各级分公司建立了双向网改造的组织机构，成立双向网改造领导小组，领导小组下设项目组，并明确工作职责。各级分公司高度重视、积极配合，把网改工作作为各级分公司主要任务来完成。领导小组组长由各级分公司的总经理担任。副组长由各级分公司分管工程建设的副总经理担任，成员包括各级分公司技术、工程、维护、运营支撑、传输、市场、财务、审计等主管领导。项目组负责人由各级分公司主管工程建设的副总经理担任，成员由上述部门的相关负责人组成。

（二）双向网改造工程由自治区公司统一组织、统一安排，并列入公司专项工程，实行统一规划、统一建设、统一运营、统一管理的"四统一"模式。

（三）双向网改造的设计单位、施工单位及使用的主要器材、设备等供应商由区公司采取招标或议标的方式选定。

（四）分公司提出改造需求，区公司统一安排，采取先设计、后改造的方式进行。首先进行城域网的光网设计、改造，然后根据各分公司上报的市场可行性调研报告进行分配网的设计、改造。没有规划设计和市场分析报告，暂不考虑其改造项目。

（五）除阿拉善分公司本地网建设和改造技术方案继续按 EPON＋EOC 的形式外，其他分公司的技术方案全部采用 CMTS＋CM 的方式进行。按照现行的行业标准，二级光纤网（分前端至光节点）采用 1310nm 的传输技

术；电缆分配网按 862MHZ 进行设计；无源器件选用 1000MHZ。每个光节点接入 4 芯光纤，每个光节点覆盖 200 户用户左右，可带一级放大器，争取做到无源到户。如果用户有光纤到户需求，可利用每个光节点空余的二芯光纤直接实现光纤无源入户。

三、双向网改造的具体实施办法及成效

（一）加快规划设计进程，保证网络改造工程顺利进行。现已完成所有盟市以及部分旗县有线电视网络的规划设计，并同步进行网络改造。

（二）各级分公司成立双向网改造领导小组、项目组，明确相应的工作职责，同时规定设计单位、施工单位、器材供应单位的责任。

（三）网改工程需得到各级政府的支持，各分公司积极主动与地方政府取得联系，争取地方政府的支持配合，使之以政府文件的形式下发到相应的社区和物业小区，以便充分利用国家政策，加大网络改造宣传力度，确保网改工程顺利进行。

目前，全区已完成双向网建设和改造用户 50 万，开展了视频点播业务、宽带接入业务等。实施双向网改造，能够不断丰富数字电视服务内容，发挥数字电视的信息服务优势，使千家万户的电视机成为集广播电视、文化娱乐、科学教育、资讯信息、政务公开、商务服务于一体的多媒体信息终端，成为城市现代服务业和三网融合的重要支撑平台，建立起可持续发展的运营模式，推动有线电视网走本地化服务、规模化经营、产业化发展之路。

（供稿单位：内蒙古自治区财政厅）

做强广电网络　造福海河儿女

——天津广播电视网络有限公司发展实例

天津广播电视网络有限公司于 2000 年 4 月 29 日成立，是集广播电视网络运营商和节目集成商为一体的国有企业，承担着对天津市有线电视网络进行统一规划、建设、经营和管理的职责。历经 11 个春秋的发展，天津广播电视网络有限公司业已完成了网络整合、数字化整体转换，实现了"小网变大网、模拟变数字"，现正努力实现"单向变双向、标清变高清、看电视变用电视"的转变。该公司作为天津市重要的文化企业，在不断做大做强广电网络，提升经济效益的同时，更加注重社会效益，活跃群众文化生活，造福海河儿女，在促进文化大发展大繁荣工作中发挥着积极作用。

一、依托广电改革的契机，不断做大做强

天津广播电视网络有限公司是根据国务院对广播电视有线网络"以省、自治区、直辖市为单位组建网络公司，统一经营管理广播电视传输业务"的要求组建的。公司由天津广播电视电影集团控股，负责全市广播电视网络的规划、建设、经营和管理。目前，该公司已经快速成长为拥有 280 万用户，下设 16 个分公司、2 个子公司，员工 2 000 人的天津市最大的文化企业。2006 年 4 月 19 日和 2010 年 1 月 24 日，中共中央政治局常委李长春同志先后两次到公司视察，指出天津"小网变大网"、"模拟变数字"走在了全国前列，并指示要加快"单向变双向"、"标清变高清"、"看电视变用电视"的进程。

天津广播电视网络有限公司成立12年以来，不断发展壮大。2005年6月，公司完成全市广电网络整合，实现"一城一网"，成为全国较早完成实质性整合的单位。2006年7月，公司按照"又好又快、和谐推进"的指导思想和"依靠政府、服务百姓"的原则，启动全市数字电视整体转换，至2008年上半年基本完成，整转率在全国名列前茅。2009年，公司完成天津市民心工程——有线电视"村村通"，敷设光缆3 300余公里，累计覆盖3 800个自然村，让全市农村用户受益。同年，企业加快有线网络向下一代广播电视网的演进，加紧改造分配网，采用多种方式完善接入网。截至2011年5月，公司已完成全市150万户的网络双向化改造，城市双向覆盖率超过95%以上。与此同时，天津广电搭建互动平台，开展交互业务。7月1日，公司在全市范围正式商用高清互动电视业务，用户可收看不少于80套标清节目、12套高清节目，还可提供电视回看、时移电视、便民缴费、影视点播、电视杂志、卡拉OK、财经证券、唱片点播等高清交互业务。今后，公司还将丰富政府信息，开发公众应急信息发布、社区管理、远程医疗、远程教育、家庭防护、电视商城等多种应用和服务。

二、提升服务质量，积极解决用户诉求

在进行资产整合、整转的同时，天津广播电视网络有限公司高度重视用户满意度，不断提升服务水平，根据业务的发展建立并完善96596客户服务中心。

从呼叫中心成立至2011年9月底，其累计呼入量达1 107余万次，人工接听约559余万次，外拨90余万次。目前，大部分故障报修已通过来电由呼叫中心直接解决，平均业务解决率达80%，用户投诉解决率100%。呼叫中心先后获得用户来信、来电表扬近500次。96596客户服务中心多次荣获"全国用户满意服务单位"称号，连续4年获得由天津市质量管理协

会授予的"用户满意明星班组"称号。96596呼叫中心现已通过CCCS五星级认证，成为全国广电行业中第一家获得该认证的单位。该公司还不断加强服务站点建设，新建、扩建56个营业网点，开通了网上营业厅、短信营业厅、银行和邮政代收费等业务，打造全方位便捷的服务渠道，极大地方便了用户。

三、高效推进重点项目建设，提前完成改革目标

（一）打造"一城一网"，完成有线电视网络资源整合。2004年，按照天津市委市政府联合下发的《天津市广播电视网络整合方案》的部署，由天津电视台完成对17家区县全部股权的收购，天津广播电视网络有限公司则完成对17家区县的广播电视网络资产的收购。该公司及时通过自筹和银行贷款方式筹集收购资金，顺利完成资产收购，实现了"一城一网"的目标，为数字广播电视数字化整体转换打下了坚实的基础。

（二）财政专项支持，推进有线电视网络数字化整体转换。经国家广电总局批准，天津市成为国家有线广播电视首批试点地区，天津市广播电视数字化改造项目列入市委市政府改善人民生活20件实事之一。在资金的有力保障和多部门协同配合下，2006年7月，数字广播电视整体转换工作正式启动，到2008年6月先后完成了市中心区域、滨海新区及郊区县主城区内的有线电视接入网的数字化改造、市内管道建设、骨干网路优化和光缆扩容工程，完成远端机房建设、光节点扩容以及旧小区改造和数字广播电视平台、数字广播电视服务平台、客户服务系统平台及内容计征平台的建设并为符合条件的用户全部免费配置了机顶盒（含智能卡）。到2008年6月，已基本完成市区170万户（终端）的预期整体转换工作，比市委市政府的要求提前半年完成。数字渗透率在全国名列前茅。

四、财政支持助力天津广播电视网络公司发展

在天津市财政局专项资金及时拨付到位的情况下，天津广播电视网络有限公司顺利办理完成相应的贷款，及时支付前期网络整合资产收购款项和数字化整体转换项目的各相关款项，进而迅速推进有线广播电视网络数字化整体转换。通过财政资金的支持，该公司不仅落实了市委市政府的部署，完成了列入 2006 年天津市改善城乡人民生活 20 件实事的数字化改造项目，而且实现了国家数字整转的标准，数字化整转率在全国各省市中名列前茅。

为支持天津市广播电视网络建设、改造，2010 年，中央财政拨付天津市"有线电视网络'一省一网'整合及数字化改造银行贷款贴息"资金。2011 年，中央财政又拨付"有线电视网络数字化整体转换及双向化升级改造贷款贴息"资金。上述财政资金补贴有力地支持了该项目的建设，减少了巨额贷款资金产生利息所形成的巨大的财务成本压力，大大减轻了该公司的财务成本和资金压力，使天津市有线电视网络整合和数字化改造都走在全国各省市的前列，为天津市打好文化大繁荣大发展攻坚战做出了突出贡献。

2011 年，为了继续支持天津广播电视网络有限公司发展，推进"三网融合"，市财政将该公司高清互动电视业务平台建设项目列入年度文化产业发展专项资金资助范围。

五、未来的发展方向

天津市即将成为"三网融合"试点城市，广电网络也将抓住有利时机，按照国家"三网融合"政策的要求，加快网络改造和平台建设，提升有线电视网络的承载能力，并以此为基础大力发展高清电视、互动电视等业务，

加快建设电视商务平台、信息服务平台等平台，不断依靠技术创新、业态创新和服务创新，实现经济效益和社会效应的双丰收。财政部门也将在前期不断支持广电网络公司发展的基础上，探索通过财政贴息、补贴、注资、专项资金等多种有效资金管理方式加强对广播电视网络重大项目的支持，将促进文化产业发展与推进文化体制改革相结合，推动文化资产重组配置，支持大型国有和国有控股文化企业实施兼并、重组、联合，做大做强，充分激发文化产业相关企业的经营活力。

（供稿单位：天津市财政局）

总台牵头干工作　整合山城电视网

——重庆整合广电网络实例

根据国务院《关于推进重庆市统筹城乡改革和发展的若干意见》（国发［2009］3号），重庆市被确定为全国"三网融合"试点地区。《关于印发〈推进三网融合整体方案〉的通知》（国发［2010］5号）也明确要求，适应"三网融合"需要，按照网络规模化、产业化运营的要求，积极推进各地分散运营的有线电视网络整合。

一、总台牵头，整合提速

根据中央的指示，重庆市委三届五次全委会做出部署：积极推进区县广电网络整合，建成以市级广电媒体为龙头的一体化广电传播体系。渝委办发［2009］31号文件下达了全市网络整合的工作方案。

2010年，重庆市成立了广播电视网络资源整合工作领导小组，并由重庆广播电视集团（总台）牵头具体实施整合。重庆广播电视信息网络有限公司于2010年7月1日挂牌成立。为尽快搭建融资平台，实现与重庆有线的有机融合，为重庆争取成为国家第二批"三网融合"试点城市创造必要条件，2011年2月，集团（总台）提出以2011年8月份为整合工作最后时限，以有线网络公司为主体，加速推进区县有线网络资产的实质性整合。在市委市政府的高度重视与支持下，在市文化广播电视局的直接领导下，集团（总台）加大了与各相关部门的协调力度，落实整合工作政策支撑；与各相关区县强化沟通，协商解决各种难题；整合内部资源，集中力量突击攻坚，区县有线网络的实质性整合工作不断提速。截至4月底，区县广电网络资产的审计评估工作基本结束，为提前完成实质性整合任务创造了条件。

二、市委专项督办，整合如期结束

2011年5月18日，市委召开专题会议，对区县广电网络实质性整合工作进行专项督办，要求各相关区县必须尽快完成资产移交审批程序，确保在5月底前将当地网络资产装入重庆广播电视信息网络有限公司。市文化广播电视局也向各相关区县文广新局和广播电视台发出紧急通知，通报各地工作进展情况，要求加快完成广电网络整合任务。

同时，广电网络整合工作得到各相关区县党委、政府的高度重视和大力支持。北碚、巫溪、石柱、彭水、巫山、奉节等区县工作主动，各相关部门密切配合，率先完成网络资产划转。巴南、綦江、万盛、江津、黔江、云阳、垫江、荣昌等区县认识到位，迅速完成了台网分营和资产审计评估工作，较早进入资产移交的审批程序。万州、渝北、永川、长寿、璧山、秀山、酉阳等区县将整合工作视为加快当地广电网络发展的良机，积极谋划，着力推进。南川、梁平、丰都等区县简化审批程序，确保整合任务按时完成。特别值得一提的是，城口县在市委督办会后，采取非常措施，全力以赴，在10天时间内完成了审计评估、程序审批和资产移交。

2011年5月31日，由集团（总台）牵头实施的全市有线网络资产实质性整合工作胜利结束，相关25个区县广电网络的资产，全部实质性纳入重庆广播电视信息网络有限公司，形成了"一市一网、全程全网"，为全市广电有线网络双向数字化改造和实现"全程全网"奠定了坚实的基础。

三、展望未来，更上一层楼

整合后的重庆广播电视信息网络有限公司现有3 600名员工，有线电视用户 248 万户。其中，数字电视用户 53.4 万户。目前，重庆广播电视信息网络有限公司和重庆有线电视网络有限责任公司实现了有机融合，充分利用"重庆有线"的技术、人力、管理、业务等平台和优势，支持、支撑区县网络发展。集团（总台）初步拟订了全市广电有线网络的"113"发展计划，即用 3 年时间，建设一个全市统一规划、统一管理、统一运营、统一标准、统一规范的大网络；实现对全市 1 000 万户城乡家庭的有效覆盖。在此基础上，完成三大任务：一是在全市构建起具有广电特色的城乡公共文化服务体系，让城乡居民享受到无差别的公共文化产品服务；二是构建基于数字化传输手段的城乡一体化信息交互平台，让电视机真正成为家庭信息终端；三是在全市构建一个上下游产品齐备，具有强大竞争力的广播电视数字化产业链。

广电网络是受众最广的大众传播工具，不仅是传播党和政府声音的宣传和政务咨询平台，还是人民群众的当家理财和生活服务平台，具有很强的政治属性和社会服务功能，属于有公益性和经营性双重属性的重大文化产业项目。为此，市财政将对此项目给予 3 年的贷款贴息专项补助。此举将极大地助推区县有线网络整合后的双向数字化改造等后续发展。

（供稿单位：重庆市财政局）

整转数字电视　惠及岛外四区

——厦门岛外四区数字电视整转实例

厦门广播电视网络股份有限公司实施的厦门市岛外四区有线数字电视整体转换项目的情况和实施细节可总结如下。

一、岛外数字电视整转项目的背景及意义

（一）项目实施背景。广播电视是我国信息产业和文化产业的重要组成部分，广播电视数字化是国家现代化和社会信息化的重要标志，是科技发展的必然趋势、社会进步的必然要求、现代生活的必然选择、当代传媒的发展方向，是实现城市信息化的重要途径。党和政府高度重视有线电视数字化工作，数字电视已经列入国家"十五"计划、中长期科技发展规划和国家文化发展纲要中，作为对国民经济有重大影响的高新技术产业项目加以推动。为加快有线电视数字化进程，国家广电总局制订了相应的《我国有线电视向数字化过渡时间表》，确立了有线数字电视整体转换模式。厦门岛内有线数字电视整体转换工程启动得较早。在市委市政府的统一领导及厦门广播电视集团的组织下，厦门广播电视网络股份有限公司负责具体实施的厦门有线数字电视整体转换工程于 2005 年 12 月正式启动，截至 2007年年底，已基本完成岛内思明、湖里两区有线电视用户的转换工作。随着岛内外有线电视网络整合的顺利完成，以及海沧、集美、翔安、同安（以下简称"岛外四区"）经济的不断发展，岛外四区实施有线电视整体转换

的时机已经成熟。

（二）项目建设意义

1. 尽快实施岛外有线电视整体转换是国家产业政策的要求。全国各地自2003年开展有线电视数字化以来，通过5年的发展，全国有线数字电视用户增长迅速，从2004年的120万发展到2007年，已超过2 600万。截止到2008年8月，全国已有33个城市和地区完成了有线数字电视的整体转换，全国有线数字电视用户已经超过4 700万。而福建有线数字电视用户大约只有100万户，在全国属整体转换进展相对缓慢的省份。

2007年3月，福建省人民政府办公厅印发了《福建省有线数字电视整体转换实施意见》（闽政办［2007］38号），要求厦门加快推进有线数字电视整体转换任务。2008年5月，福建省人民政府办公厅再次下发了《福建省人民政府办公厅关于加快推进有线数字电视整体转换工作的通知》（闽政办［2008］82号），要求2008年福建省有线数字电视整体转换要完成250万户用户的整体转换工作目标，已完成城区整体转换工作的要加快推进所属县（市）的整体转换工作，争取2008年基本完成主要县（市）城区的整体转换工作。按照这个要求，福建省在2008年度远未能完成250万用户整体转换的目标，所以岛外四区应该加快整体转换的步伐。

2008年1月，国务院办公厅转发了国家发改委等部门《关于鼓励数字电视产业发展若干政策的通知》（国办发［2008］1号），明确要求："加快有线电视网络由模拟向数字化整体转换，以有线电视数字化为切入点，带动国家数字电视产业链的协调发展，实现我国由电视生产大国向数字电视产业强国的转变"，并明确提出"2010年，东部和中部地区县级以上城市、西部地区大部分县级以上城市的有线电视基本实现数字化；2015年，基本停止播出模拟信号电视节目"的目标。

厦门市人民政府办公厅文件——厦府办［2008］138号《厦门市人民

政府办公厅关于印发厦门市有线电视传输网络资源整合实施方案的通知》，按照《国务院办公厅转发发展改革委等部门关于鼓励数字电视产业发展若干政策的通知》（国办发〔2008〕1号）和市委市政府提出的"四个加强"中关于进一步加强市政设施建设和管理的实施意见的要求，适应岛外新城区建设的需要，发挥数字电视的公共平台信息作用，应当创造更多、更好适应人民群众需求的精神文化产品。按照有利于各级广电事业和产业的发展，有利于区级电视台宣传功能的发挥，有利于保障员工切身利益的要求，通过网络资源整合，建立适应数字化发展需要的广播电视运营体制和机制，实现"一城一网"，将全市有线电视传输网络发展为"数字厦门"的主平台。

2. 尽快实施岛外有线电视整体转换符合行业发展的需要。市场竞争也要求岛外四区尽快进行有线电视数字化。2008年，省电信正式启动了ITV互动电视运营，并利用其在岛外四区的宣传优势在岛外进行了大量宣传。由于电信ITV是全国统一的运作平台，没有传输本地化节目，一旦其ITV运营形成规模并占有本地电视终端市场较大份额，本地节目将无法全部覆盖本地用户，对市委市政府进行本地化宣传工作将形成不利局面。因此必须加快岛外的整转工作。

3. 实施岛外有线数字电视整体转换的时机已经成熟。在市委市政府统一领导下，根据《厦门市人民政府办公厅关于印发厦门市有线电视传输网络资源整合实施方案的通知》（厦府办〔2008〕138号）文件要求，岛内外有线电视网络整合于2008年年底顺利完成，实现了有线电视的"一城一网"。有线电视网络的整合对建立全市统一的服务模式，实现统一的服务标准，避免业务平台及网络的重复建设，推动岛外有线电视数字化进程将起着至关重要的作用，对厦门有线电视产业的发展产生深远影响。随着岛内外有线电视网络整合工作的完成，岛外有线电视整体转换的时机已经成熟。

综上，当前有线电视发展现状要求厦门市要迎头赶上，尽快启动岛外

四区有线数字电视整体转换工程，实现全市广电事业发展的新跨越。

二、项目实施计划及资金投入情况

（一）项目实施计划。厦门网络公司于 2009 年 4 月开始岛外四区城镇的整体转换的试点工作，在 2009 年基本完成岛外四区城镇有线电视用户的转换工作，并关断模拟电视信号（只保留 6 套模拟电视信号）。计划至 2015 年 12 月 31 日，完成岛外四区农村有线电视用户的整体转换工作。项目的建设则主要分以下两方面：

1. 网络改造。由于岛外四区有线电视网络整体网络带宽仍然为 550 兆赫以内，而且无法提供双向服务，需要依据岛外四区整体转换的总体进度安排逐步对网络进行升级改造，实现干网的全光传输，将整个网络带宽扩宽至 860 兆，并将每个光节点覆盖的用户规模控制在 500 户以内。

2. 平台扩容。启动岛外四区整体转换的同时着手对数字电视平台进行扩容，在 2009 年年底前建成可容纳 150 套以上数字视频音频节目、可管理 100 万用户的数字电视平台，并相应扩展互动电视等增值服务运营能力。同时，对呼叫中心进行扩容，改造呼叫中心派单系统，增加坐席和话务人员。

（二）资金投入情况。岛外四区有线数字电视整体转换项目主要构成包括数字电视平台扩容、分前端平台建设、数字电视骨干传输网络建设、网络升级改造。另外，厦门网络公司还将发生大量现场整转转换、广告宣传以及机顶盒资金占用的运营支出。项目资金主要由厦门广播电视网络股份有限公司自筹，并根据厦门市人民政府办公厅印发的《厦门市有线电视传输网络资源整合实施方案》（厦府办［2008］138 号）文件"对有线数字电视整体转换投入，如设备和网络升级改造的投入，市财政给予一次性补助"的精神，另行申请了财政补助。网络公司已于 2009 年和 2010 年分别收到了财政补助资金。该项资金的到位，有效地推动厦门岛外农村数字电视的整体转换工作。

三、项目实施概况及效益

（一）项目实施概况。公司已完成项目平台前端建设及网络升级改造。完成岛外四区城区及部分农村有线数字电视整体转换。其中，2009 年，完成岛外四区城镇 7.8 万户有线电视用户网络改造，实际整转户数为 4 万户。2010 年，完成岛外四区城镇 3 万户有线电视用户网络改造、农村 1.6 万户有线电视用户网络改造，实际整转户数为城镇 3.2 万户、农村 1 万户。2011 年，完成岛外四区农村 3 万户有线电视用户网络改造，实际整体转换户数为 4.5 万户。2012 年，公司则计划完成岛外四区农村 5 万户整体转换。2013 年，争取完成岛外四区农村剩余有线电视用户整体转换。

（二）资金扶持项目实施前后的经济效益及社会效益。

1. 项目实施前后的投资回报分析。实施前：由网络公司自行承担项目全部投入测算，则项目静态投资回收期为 16.04 年，项目内含报酬率为 5.89%；实施后：由网络公司自筹资金陆续投入，且配合 2009 年 8 月和 2010 年 6 月实际收到资金补助测算，则项目静态投资回收期缩短为 13.22 年，项目内含报酬率提高到 6.35%。

2. 项目实施后带来了增量的经济效益及利税分析。通过岛外四区有线数字电视整转项目的推进，网络公司整合了岛外四区的有线电视网络资源，拓展了基本收视业务、网络增值业务及商品销售业务等。虽然实现了一定的增量经营业务收入，但根据项目投资回报测算分析，网络公司 2009—2011 年度仍处于项目投入期，尚未实现净利润正值。

3. 项目实施后的社会效益。随着岛外四区有线数字电视整体转换项目的实施，广播电视节目的收视质量显著提高，频道资源大大丰富，更好地满足了市民群众专业化、多样化、个性化的精神文化需求，巩固了宣传文化阵地。更重要的是，数字电视提供了一个信息化平台，成为进入千家万户的家庭多媒体终端和城市信息化综合平台，对促进城乡一体化建设，消除城乡信息鸿沟发挥了重要作用，对加快厦门信息化建设，推动文化产业的发展做出了贡献。

4. 资金扶持项目提供新增就业岗位分析。在整个项目实施过程中，网络公司直接新增就业岗位 87 个。其中，管理岗位 12 人、网络平台建设及维护队伍 45 人、营业及销售队伍 30 人。同时，推进各相关工程、服务协作单位增加 92 个就业岗位。

综上，网络公司在获得政府资金的扶持后，本着资金专款专用的原则，积极推动整体转换工作，一定程度上带动了项目实施地区的经济效益和社会效益。

（供稿单位：厦门市财政局）

深化改革　振兴长影

——长春电影制片厂改革与发展实例

长春电影制片厂（简称"长影"）是新中国第一家电影厂，在我国电影发展的各个时期，都发挥了独特的作用。在由计划经济向市场经济转型的过程中，长影遇到了前所未有的困难，面临连年亏损、盈利模式单一、无法维系生存的局面。2003 年，长影集团被国家确定为首批文化体制改革试点单位。在中央有关部委和吉林省委、省政府领导的支持下，长影率先在全国电影业中完成事转企和国企改制任务，使长影焕发了新的生机和活力，呈现出电影创作日益繁荣、产业规模不断壮大、经济效益逐年增长的良好局面。长影由改革前连续六年亏损到 2011 年实现净利润 6 500 万元，创建厂以来历史新高；电影创作生产由改革前的年产 3 ~ 5 部到 2011 年的年产 53 部，增长了 10 多倍；长影总资产由改革前 1997 年年末的 1.7 亿元到 2011 年年末的 20 亿元。

一、全面改革管理和经营体制，增强企业内在动力

长影从 1998 年开始，历经八年时间，在全国电影业中率先启动改革并率先完成改革。改革机制，建立了适应市场需求的新型生产方式；改革用人制度，建立了以项目为核心的新型用人方式；改革保障制度，全员参加了社会养老保险；改革机构，撤销、剥离了原有的保育院、子弟校等企业办社会单位。如今，该集团及下属各子公司共有员工 600 人。其中，集团本部仅有 100

多人，比改革前由集团直接开支的 3 000 多人减少了 2 900 人。通过一系列的改革，精简了机构和人员，理顺了企业内部关系，调整了产业结构，使长影焕发了新的生机和活力，实现了历史性转变。长影集团先后被中宣部、文化部、广电总局、新闻出版总署评为"全国文化体制改革优秀企业"和"全国文化体制改革先进企业"。《人民日报》、《光明日报》、中央电视台等全国新闻媒体多次集中宣传报道了长影文化体制改革的成功经验。

二、建立新型电影创作机制，促进电影创作繁荣

为发挥长影多年来农村题材电影创作的优势，走差异化电影创作之路，立足服务"三农"，2008 年，长影申请设立了全国第一家国家级农村题材电影创作基地，得到了国家财政部、国家广电总局和吉林省委、省政府的大力支持，并设立了 1 亿元的农村题材电影发展基金。长影集团按照高定位、高起点、高标准的要求，建立并推行了"三多、两控、一精"的新型电影创作机制。"三多"，即多吸引合作，多渠道征集剧本、汇集人才、发行影片，多元化融资；"两控"，即制度控制和质量控制；"一精"，即出精品。通过 4 年来的运作，在全国 6 大区域设立联络站，共征集剧本 1 200 多个，拍摄完成影片 130 部，提前一年完成中宣部交给长影的任务。一批优秀影片先后走进院线、走向乡村，受到业内专家和广大观众的普遍认可。

在坚持走差异化发展道路的同时，长影集团积极抢抓机遇，筹划投拍重大题材影片。在纪念辛亥革命 100 周年之际，长影集团作为第一出品人，联合其他电影出品单位共同投资拍摄了史诗巨片《辛亥革命》。该片的拍摄被全国政协确定为纪念辛亥革命 100 周年重大活动之一。2011 年 9 月 19 日，贾庆林同志亲切接见电影《辛亥革命》主创人员并观看了影片，给予高度评价。10 月 16 日，《辛亥革命》再次作为六中全会 3 部推荐观看影片之一，得到与会代表的一致好评。该片全球同步上映后，社会反响非常好，

并且取得了很好的票房业绩。《辛亥革命》还获得国家广电总局 2011 年度"中国电影走出去"突出贡献奖，并获得了第 31 届大众电影百花奖全部奖项共八个提名。为迎接建党 90 周年，长影集团投资拍摄了献礼影片《大太阳》，上映后取得良好反响，并在第七届中美电影节上获得多个奖项。在刚刚闭幕的第 11 届长春电影节上，长影影片《辛亥革命》获得电影节最重要奖项——最佳华语故事片奖，《大太阳》获得最佳女主角奖。同时，《辛亥革命》获得最佳男配角奖提名奖，《大太阳》还获得了最佳导演奖和最佳女配角奖提名奖。影片《信义兄弟》获第 12 届电影频道电影百合奖优秀故事片一等奖和优秀编剧奖。

三、构建产业新格局，大力发展文化产业

长影集团在着力推进电影创作拍摄主业的同时，积极探索电影产业发展，通过学习借鉴发达国家电影经营模式，提出并实施了"电影主业与产业发展两轮驱动，主业创品牌，产业谋发展"的战略。从改革前单一的电影制片模式发展成为以电影创作为龙头，电影旅游、影视传媒、影视加工、电影院线、影视演艺等多业并举的产业新格局。

（一）长影世纪城。2002 年年初，依托长影的品牌优势，按照中国独有、世界一流的标准，打造了集世界各种特效电影之大全的中国第一家世界级电影主题公园——长影世纪城。长影世纪城分两期建设，一期项目开园运营 7 年来，已接待 600 多万国内外游客，经济效益越来越好，社会影响越来越大，成为中国电影产业发展模式的成功探索之一。2006 年 9 月，中央政治局常委李长春同志视察长影世纪城时评价：长影世纪城是文化形式的创新。

（二）长影频道。2003 年，长影集团在全国率先申办企业自有电影频道。2004 年 1 月开播，坚持"靠节目求生存，向管理要效益"的方针，在

探索专业化、正规化、特色化的道路上实现了长足发展。收视率逐年提高，经济效益逐年提升。

（三）长影乐团。长影乐团是国内唯一的电影交响乐团，也是长影第一个走向市场的下属企业。近年来，乐团不断开拓演出市场，先后在全国各地演出600多场，足迹遍及全国27个省会城市。《花儿还是那样红》已成为国内音乐界的著名品牌之一。

（四）长影老厂区。为发挥长影品牌优势，促进电影和旅游产业相结合，2011年7月，长影集团启动了长影老厂区改造工程，将建成集展览参观、生产加工、电影商务、电影节举办地4大功能于一体的新型文化产业园区。

（五）海南项目即将开工建设。该项目启动于2009年3月，长影集团经过三年多时间的艰苦努力，项目已被列入海南省"十二五"发展规划，国家开发银行给予授信200亿元。2011年7月17日，海口市正式通过了项目概念规划方案，现在正在征地拆迁过程中。7月18日，海南省委书记罗保铭、海南省省长蒋定之分别会见了长影主要领导，并给予了长影四项政策支持。一是离岛免税政策；二是博彩政策；三是贷款贴息政策；四是用地指标。

（六）影院建设扎实推进。2012年1月18日，拥有7个影厅、1 600个座位长影国际电影城松原店正式开业运营，此外，五星级的梅河口影院装修工作也已经开始。

沐浴着国家支持文化产业发展的春风，通过数年的励精图治，长影集团终于走出困境，重现活力。

（供稿单位：吉林省财政厅）

寻求外资合作　打造品牌影城

——湖北首家合资文化企业实例

　　2010 年年底，湖北省电影总公司与韩国乐天购物（株）电影事业本部共同设立湖北兴乐影城有限公司，这也是湖北省首家中外合资的文化企业。在该公司的注册资本中，湖北省电影总公司占 51% 的股份，韩国乐天购物（株）电影事业本部占 49% 的股份。此次战略合作是韩国乐天购物（株）电影事业本部在中国境内长江以南共同建设新影院的项目。合资公司成立以来，已相继开发了银兴乐天影城西园旗舰店、银兴乐天影城仙桃店和银兴乐天影城江夏店 3 家星级电影城。

一、三家影城的基本情况

　　银兴乐天影城西园旗舰店是湖北兴乐影城有限公司投资的第一家 5 星级多厅多功能电影城。该影城的建筑面积为 6 600 平方米，共有 12 个厅，2 320 个座位。影城选用美国科视数字放映机、杜比服务器、英国哈克尼斯漫反射银幕、加拿大巨型银幕 MDI、美国 JBL 音箱以及皇冠功效等国际一流专业放映设备。该影城拥有巨幕厅、4D 厅和 VIP 厅，是目前湖北乃至华中地区规模最大、档次最高、设施最全的现代影城之一。该影城已于 2011 年 9 月 21 日正式开业。银兴乐天影城西园旗舰店是湖北银兴院线首家"航母型"影城，也是首个由湖北省电影总公司控股的超大影城。

银兴乐天影城西园旗舰店还将诞生武汉地区最大的、高品质的巨幕电影厅。巨幕电影厅长29.7米，宽25.2米，面积为748平方米，可供560人同时观看电影。巨幕IMAX影厅放映设备分别从美国、英国、加拿大等国进口，均为国际最高端配置。

银兴乐天影城仙桃店位于该市人流密集度最大的商圈。影城共有5个厅，800个座位，按照国家统一的星级标准装修，采用目前世界上最先进的数字电影设备，系该市规模最大、档次最高、功能最全的现代化影城。目前，影城已进行过设备安装调试，现已向观众开放。银兴乐天影城西园旗舰店将诞生武汉地区首个拥有符合星级影厅标准、设备最先进的动感4D观众厅。该厅长约16.8米，宽约12.5米，面积约为210平方米。银幕长约10米，宽约5米，内设约100个动感座椅。4D特效设备从美国进口，效果更逼真，感染力更强，将带给观众全新的感受。

银兴乐天影城江夏店影城面积3 800平方米，共有6个厅，850个座位。影城按照国家统一的星级标准装修，采用目前世界上最先进的数字电影设备，系武汉市远城区规模最大、档次最高、功能最全的现代化影城。该影城于2012年年初投入使用。

二、财政支持，中韩合资

（一）积极依靠财政支持，不断壮大自身实力。近几年来，省财政认真贯彻落实党的十七届六中全会和省委省政府《关于推动文化大发展大繁荣的若干意见》（鄂发〔2009〕31号）中提出的"支持湖北省电影发行放映总公司做大做强"的意见精神，逐步加大对湖北省电影总公司的扶持力度。"十一五"期间，中央财政和省财政均安排湖北省电影总公司专项资金。在财政部门的大力支持下，湖北省电影总公司的发展步伐不断加快，经济实力逐步增强，不仅拥有了自己的79家影院、210块银幕，形成了东至上海，南到昆明，西至西安、西宁，北达唐山的跨省发行放映网络，还成功引进外资进行影院建设。

（二）中韩合作，优势互补，互惠双赢。在湖北兴乐影城有限公司的组建过程中，湖北省电影总公司充分利用在业内长期形成的经验、品牌效应和人脉资源，韩国乐天购物（株）电影事业本部则利用资金和先进的管理理念参与建设与管理，共同积极寻找开发项目，达到了互惠双赢，共同发展的效果。

（三）中方控股，掌握影院经营管理主动权。湖北省电影总公司随着自身实力的不断增强，一改过去合作合资项目不控股的做法，对湖北兴乐影城有限公司实行了相对控股。湖北省电影总公司占总股本的51%，为公司的经济安全及获得更好的回报奠定了基础。

（四）注重服务。影城将引进韩国乐天集团先进的经营模式和管理特点，按照韩国乐天集团的标准，对服务提出 3S 标准，即 smile（微笑）、service（服务）、speed（速度），从商品、管理系统、服务 3 个核心方面满足顾客的需求，给予每一位观众轻松、和谐、舒适、亲密的消费环境，以诚挚贴心、文明守礼的服务方式，为广大观众提供全新的体验与感受。

三、在财政支持的基础上寻求外资合作，探索电影产业发展新路子

合资企业湖北兴乐影城有限公司的组建，极大地提升了湖北省电影总公司的市场竞争力，对于抢占国内电影市场战略制高点具有十分重要的意义。

中韩联合投资开发影城拓宽了本土电影发展空间。韩国乐天集团是世界 500 强企业，国际知名品牌。该公司经济实力雄厚，管理经验丰富，韩国乐天购物（株）电影事业本部在韩国拥有多家高档影院，有着广泛的影响力和市场占有率。湖北省电影总公司作为湖北省电影界的龙头企业，与

韩国企业共同在中国开发影城，不仅引进了韩国的资金、品牌，还将学习和运用韩国的先进管理经验和服务理念，进一步提升湖北省电影总公司及其影院的经营管理水平和服务质量，努力打造银兴品牌，不断提高两个效益，把湖北省电影总公司做大做强。

在财政支持的基础上，湖北省电影总公司寻求外资合作，打造品牌影城，探索出一条电影产业发展的新路子。

（供稿单位：湖北省财政厅）

做好"四则运算" 繁荣影视产业

——横店影视城发展实例

今天，文化愈益成为民族凝聚力和创造力的重要源泉；愈益成为综合国力竞争的重要因素；愈益成为经济社会发展的重要支撑。因此，充分发挥财政职能作用，积极支持文化产业的发展，是财政部门义不容辞的职责。东阳市财政局从 2004 年浙江横店影视产业实验区成立以来，努力做好"加减乘除"法的四则运算，积极繁荣横店影视文化产业的发展，取得了显著的成效。

一、横店影视文化产业的发展历程

（一）发轫于战略调整。横店"叩响"文化产业的扳机，是由一个看似偶然的机会造成的。1996 年，为配合、支持著名导演谢晋拍摄迎接香港回归的历史巨片《鸦片战争》，横店集团投巨资，劈山炸石，仅用了 4 个多月时间，就建起了一个占地 319 亩、有 150 座各类建筑、总建筑面积 6 万平方米的"十九世纪南粤广州街"拍摄基地。以此为契机，横店集团进行了发展战略的大调整，在原有的磁性材料、医药化工、电子电气三大支柱产业的基础上，大步涉足影视文化产业。10 多年来，横店集团克服了无地理之便、无山水之奇、无文化之胜的不利因素，共投资 70 多亿元，利用荒山、荒坡、荒地、荒滩等资源，陆续建起了"洋气"的香港街、"霸气"的秦王宫、"秀气"的清明上河图、"灵气"的大智禅寺、"清气"的江南水乡、"土气"的横店老街、"古气"的明清古民居博览城，以及"红色"

143

的红军长征博览城、中国革命战争博览城、国防科技教育园等28个大型景区和11座大型室内摄影棚，成为全球最大的影视实景拍摄基地，实现了多种社会资源集聚整合，营造要素资源"洼地"。

（二）得益于政策支持。浙江省是中央确定的文化体制改革综合试点省，在中央文化体制改革领导小组批准的浙江省文化体制改革方案中，明确了建设浙江影视产业实验区的任务。2003年12月10日，国家广电总局批复同意建立浙江横店影视产业实验区后，浙江省文改办设立了浙江横店影视产业实验区工作协调小组，并由东阳市委市政府主导建立浙江横店影视产业实验区管委会，并下设常设机构管委会办公室，常驻影视产业实验区为入区企业提供行政服务。

此外，从2010年1月底开始，横店影视产业实验区管委会办公室增挂东阳市影视产业发展局牌子，实行一套班子、两块牌子，探索政企合作、共同促进影视产业发展的新模式。近年来，实验区先后被评为"中国最具特色影视拍摄基地"、"中国文化创意产业最佳投资环境园区"、"浙江省文化产业示范基地"、"浙江省文化建设示范点"、"浙江省改革开放30周年典型事例100例之一"、"中国广播影视十大年度榜样"。2009年，以横店影视产业实验区和东阳民间工艺产业基地组成的东阳文化创意产业集聚区被浙江省委宣传部、省发改委列为"十大省级文化创意产业集聚区"，2010年被省发改委列为省级现代服务业集聚示范区。中共中央政治局常委李长春同志继2008年"两会"期间充分肯定横店影视文化产业成绩后，于2009年6月7日亲临横店进行考察调研，并作出了"进一步探索影视制作基地化、社会化、专业化、产业化发展的新路子，促进影视业生产方式的变革"重要指示。

横店影视城是全国首批4A级旅游景区，并于2010年4月成功晋级国家5A级旅游景区。浙江横店影视产业实验区承担着以创新体制、转换机制、增强活力为重点，抓好经营性文化产业的改革和发展，推动我国影视文化事业和影视文化产业走上良性循环、健康发展轨道的重大历史使命。时任国家广电总局副局长赵实把横店影视产业实验区称为中国影视产业的"孵化器",时任浙江省委副书记梁平波则称其为中国影视产业发展的"试验田"。可见,建立浙江横店影视产业实验区,是对党的十六届三中全会的贯彻落实,是中国文化体制的深化,是对中国广播影视产业发展的探索。其意义在于创新出一个规模化、集约化、国际化、现代化的中国特色的影视产业模式,使中国的影视产业能跻身于世界强国之林。

二、财政部门积极支持横店影视产业的发展

(一)设立文化产业发展专项基金,大力扶持入园企业发展。2004年,东阳市出台了《关于支持浙江横店影视产业实验区发展的若干政策意见》(东政发〔2004〕28号)。文件规定,设立文化产业发展专项基金,采取贷款贴息和项目补助等方式,支持文化产业发展。2010年,市委市政府又出台了《关于进一步加快横店影视产业实验区发展的若干意见》(市委〔2010〕56号),优化了实验区发展思路和目标,完善了财政奖补政策,新设立影视企业贡献奖、企业上市奖等,加大财政扶持政策,鼓励上市及后期制作公司的建设,做优做强影视产业。东阳市财政从2006年开始设立文化产业发展专项基金。经过6年,专项基金从1 300万元增长到13 959.6万元,增长了10倍,累计安排文化产业发展专项基金3.79亿元(具体见下表)。

表1　2006—2011年东阳文化产业发展专项基金一览表

序号	年度	奖励资金(万元)	比上年增加(万元)	比上年增长(%)
1	2006	1 300		
2	2007	3 853	2 553	196.38
3	2008	4 751.35	898.35	23.32

续表

序号	年度	奖励资金 （万元）	比上年增加 （万元）	比上年增长（%）
4	2009	6 078	1 326.65	27.92
5	2010	7 931	1 853	30.49
6	2011	13 959.6	6 028.6	76.01
	合计	37 872.95		

（二）探索构架金融服务平台，力争解决影视企业融资瓶颈。东阳市局和有关部门一起，积极推进实验区金融服务系统，深入探索版权质押贷款等金融新产品，会同金融主管部门拓宽影视企业融资渠道，缓解影视文化企业融资难问题。中国银行和建设银行针对实验区影视文化企业的"影视通宝"、"三企联保"等信贷新产品已经投入市场，中行首期向东阳唐德影视制作有限公司核定授信总量3 910万元，在一定程度上缓解了实验区影视文化企业的融资难问题。

（三）参与制订扩大基地规模的规划。东阳市相关部门通力合作，制定了实验区"五大体系"、"十大中心"、"一城三带四区"的建设规划，持续推进影视基地、高科技摄影棚、影视后期制作中心等重点项目建设。东阳立项规划"上海滩"、"天津卫"拍摄基地，扩大星级宾馆改造建设，不断丰富历史影视实景拍摄基地所涵盖的内容，提升服务质量，从而进一步巩固基地化优势。

三、横店影视文化产业取得了显著的成绩

至今，横店影视产业实验区已吸引了429家影视企业入驻，累计营业收入118.62亿元，上缴税费9.4亿元。海内外共有900多个剧组来横店进行拍摄，累计拍摄影视剧25 000部（集），占全国古装剧产量的1/3。横店

影视文化旅游已接待游客 4 650 万人次，旅游收入 50 多亿元。横店影视娱乐有限公司先后在全国各地投资建设了 60 多家横店影视电影院，2011 年 1 至 10 月，实现总收入 4 亿多元。常年在横店拍摄的影视工作人员达 5 000 多人，带动横店个体工商户 2 300 多家，开设宾馆、饭店 500 多家，床位数 1.5 万多张。横店影视文化产业提供 3 万多就业机会，带动三产收入 150 多亿元。具体体现在以下几个方面：

（一）基地化建设取得新的进展。横店影视城在 2010 年成功晋级为 5A 级旅游景区，并以现有拍摄基地为基础，借助影视文化的积淀立足影视特色，增加景区影视场景再现、文艺表演、游客体验参与等活动，积极开展"暴雨山洪"、"怒海争锋"、"梦回秦汉"、"汴梁一梦"、"梦幻太极"、"清宫秘史"、"八旗马战"等一系列高科技影视表演节目。影视城实现了从"看影视建筑群"到"影视文化体验"的转变，打造成全国知名的"影视主题公园"。2010 年，横店影视城被中国广播电视协会电视制作委员会授予"全国影视指定拍摄基地"后，又被浙江名牌战略推进委员会正式认定为"浙江名牌"。

（二）社会化带动蓬勃发展。几年来，横店影视旅游以"影视为表、旅游为里、文化为魂"的初始战略，逐步发展转化为"影视产业化、旅游品牌化、服务社会化"的发展态势，极大地带动了横店的交通运输、宾馆餐饮、医疗卫生、商业贸易、休闲娱乐等第三产业的蓬勃发展。横店影视文化旅游已成为国内旅游的著名品牌，被列入浙江省黄金旅游线路，在影视与旅游的融合发展上已成为全国的典范。目前，在演员公会注册的"横漂一族"有 3 500 多人，全镇从事第三产业的劳动力达 21 900 多人，仅在横店注册拉"黄包车"的江西等地农民，就有 220 多人。横店影视文化旅游产业的发展，加速了社会主义新农村建设，推动了横店的城市化进程。1975 年的横店占地 39.7 平方公里，辖 40 个村，现已扩并为 121 平方公里，辖113个村（居）。加上外地务工人员，横店总人口已达12.8万，就业人口已达9.6万。

（三）专业化发展已取得显著成效。横店影视产业的专业化，主要表现在影视制作、终端市场建设和人才培养三个方面。横店影视制作公司积极筹划拍摄影视作品，仅2008年就投资拍摄了《苏东坡》、《最后的较量》、《虎山行》等影视作品。同时，横店影视制作公司投资摄制了首部中澳合拍的《寻龙夺宝》，"借船出海"，不仅牢牢掌握了合作的主动权，还成功地输出了中国的文化价值观，得到了中央及省市各级领导的充分肯定。经国家广电总局批准，横店影视娱乐有限公司大力发展电影终端市场，在长沙、南京、郑州、武汉、太原等城市投资建设60多家五星级影视城，跨省院线实行统一品牌、统一供片、统一经营、统一管理，打响了"横店跨省电影院线"品牌。2008年6月，横店影视职业学院顺利通过教育部批准备案，正式迈入全国普通高校序列，纳入全国高等院校统一招生计划，现有在校生2 800多名，开设专业18个，成为我国影视人才培养的重要基地之一。

（四）产业化集聚已成集群框架。横店影视产业实验区充分发挥集聚效应，先后招商入驻华谊兄弟、光线传媒、保利博纳、香港唐人电影等429家企业，基本涵盖了从投资到剧本创作，再到拍摄、后期制作等，使横店形成了相对完整的影视产业链。在实验区内有影视服务中心、演员公会、行政服务中心、电影审查中心、电视剧审查工作站等，为入区企业提供道具、置景、服饰、餐饮、住宿等各种配套服务。这样一来，投资者不仅可以"拿着本子进来，带着片子出去"，同时也能够"拿着投资进来，带着效益回家"。欣欣向荣的横店影视产业发展态势已成为国内外各类影视企业的大学堂、大舞台、大赛场。

党的十七届六中全会通过的《中共中央关于深化文化体制改革　推动

社会主义文化大发展大繁荣若干重大问题的决定》，对完善促进文化改革发展的政策保障机制提出了明确要求。相信随着进一步完善、促进横店影视文化产业发展的政策保障机制和服务机制，浙江影视文化产业的大发展大繁荣指日可待！

（供稿单位：浙江省财政厅）

政府悉心哺育　凤凰一鸣惊人

——江苏凤凰出版集团改革与发展实例

在江苏省委省政府的正确领导、悉心哺育下，江苏凤凰出版传媒集团有限公司以科学发展观为统领，初步走出了率先发展、跨越发展、和谐发展的新路，连续3届入选"全国文化企业30强"，并在"2010年中国500最具价值品牌"、"2007年度中国最大1000家企业"、"2008年度中国最大500家企业集团"等评比中均居全国同业前列，可谓不鸣则已，一鸣惊人。

一、加快内容创新

集团公司在坚持"内容为王、把书出好"的基础上，依靠财政资金的支持，加快出版的业态创新和内容创新，不断加大对重点图书的出版补助和开发力度，并在《凤凰文库》的建设上取得了骄人的业绩。

首先，国家级大奖在业内名列前茅。旗下少儿社的《青铜葵花》获中宣部第十届"五个一工程"优秀作品奖；译林社的《20 世纪外国文学史》、文艺社的《江南丝竹音乐大成》、美术社的《中国传统器具设计研究》、凤凰社的《册府元龟》、少儿社的《青铜葵花》、美术社的《徐悲鸿》、电子社的《铁的新四军》、新广联公司的《三星软件》获首届中国出版政府奖正式奖；科技社的《中华针灸学》、少儿社的《乌丢丢的奇遇》、电子音像社的《新编本草》、《一游记》获提名奖。

其次，畅销书的品种呈现扩大趋势。2006 年，集团销售在 10 万册以上的图书有 3 种，2007 年扩大到 7 种。它们是少儿社的《草房子》、《青铜葵花》、《我要做好孩子》，译林社的《YOU：身体使用手册》、《父与子全集》、《芒果街上的小屋》、《不存在的女儿》。其中，《草房子》当年销售 21.5 万册，累计销售已近 60 万册。

再次，图书结构得到进一步优化。集团共出版图书 8 239 种，增长 32.5%。其中，新书增长 20.6%，重印书增长 41.5%，一般图书增长 36.2%，造货码洋增长 33.48%。这些数据表明，在图书生产总体规模上升的同时，一般图书规模也呈现出较好发展态势，图书结构得到进一步优化。

最后，重点板块建设扎实推进。自内容创新大会以来，通过选题论证、评审资助、考核奖励、重大项目带动等机制，推动了整个集团的内容生产和创新。集团重点建设了《凤凰文库》、凤凰教育、凤凰动漫、凤凰大众四大板块。列入省十大文化工程的《凤凰文库》，其第一批 7 个主题系列图书已经成型，第二批主题系列的选题已在策划论证之中，未来 5 年总规模将达到 600 种左右。《世界现代化道路》、《大国通史》、《中国旱区农业》、《中国传统设计研究》、《段玉裁全集》、《剑桥艺术史》等重点项目正在带动和积聚着集团未来的内容创新，为今后重点书的生产打下了较好的基础。

二、优化产权结构，理顺产权关系，推动全国出版业最大的股份公司成功上市

省财政厅在清产核资、产权关系的清理、资产重组和整合的政策上提供了有力支持，并积极辅导，提供便利的工作审理和审批流程，节约了时间，提高了效率，为凤凰出版传媒股份公司成功上市提供了坚实的基础。

在省财政厅的支持和指导下，凤凰集团于 2010 年 12 月对出版和发行业务进行了整合，突出了主业和竞争优势。根据要求，凤凰集团将所属全部出版业务注入江苏凤凰出版传媒股份有限公司。凤凰传媒于 2011 年 11 月 30 日成功上市，形成资本竞争和制度竞争的新优势。目前，凤凰传媒已成为规模最大的文化传媒类上市公司。

三、增加国有资本权益和提升综合实力

凤凰集团的发展和壮大，离不开各级财政部门的关怀和支持。财政资金的投入使集团的综合实力、竞争力明显增强，成为中国出版业唯一资产和销售收入超百亿的文化企业，成为中国规模最大、实力最强的出版产业集团。

在省财政厅的支持下，与"十五"期末相比，凤凰集团营收接近翻番，利润实现翻番，总体经济规模和综合实力评估均居全国同业第一。

四、加快技术变革，打造成为崭新的数字集团

2011 年 7 月 30 日，新闻出版总署与江苏战略合作建立江苏国家数字出版基地，凤凰集团抓住这一历史机遇，加快实施数字化战略。11 月 28 日，凤凰新华创意产业园暨凤凰印 POD 数码连线正式启动。

国家数字版权产业基地是国家新闻出版总署中国版权保护中心"十二五"重大项目，将建成以数字版权唯一标识符（Digital Copyright Identifier, 简称 DCI）体系为核心的数字版权公共服务新模式。凤凰出版传媒集团是国家数字版权产业基地最重要的建设参与单位，凤凰新华创意产业园也成为国家数字版权产业基地的重要组成部分。凤凰新华创意产业园将建成数字版权产业内容制作基地。凤凰印 POD 数码连线设备是凤凰集团自主研发的 RPMIS 流程控制软件，包括柯达鼎盛 Prosper 1000 连续喷墨印刷机组、瑞士 Hunkeler 书芯成型、日本 horizon、深圳 JMD 后道连线设备等全球顶级硬件系统集成，形成亚洲第一条连续喷墨全连线数码 POD 生产系统。该连线系统不仅可以使出版社库存减少为"零"，更大大提高了按需印刷的效率。

五、扶持图书发行网络建设

（一）凤凰集团经济规模再攀新高，在全国同行业中继续保持领先的地位。

（二）省内网络拓展进展顺利。建筑面积 15 000 平方米的凤凰国际书城已于 2008 年投入使用，规模居华东地区领先水平，弥补了江苏缺乏大规模书城的空白。集团在省内新扩建中心书城 17 个，竣工 10 个；非中心门店新扩建 24 个，竣工 17 个；建立非中心门店 24 个、乡镇网点 13 个、校园书店 80 个；参建农家书屋达 1 446 家，捐建 177 家。

（三）省外拓展取得重大进展。在浙江、贵州等门店连锁经营的基础上，集团与海南全省发行网络的战略合作，将成为国内发行跨省资本重组的首例。

六、加快重点项目工程建设

（一）江苏国际图书中心已于 2008 年 9 月 28 日正式投入使用，各出版单位陆续搬入大楼办公，改善了出版单位的工作环境和工作条件，提升了集团的整体形象。

（二）物流配送中心项目根据功能定位，主要完成省内外出版印刷物资的配送，并为其他商品配送，构成了库存、拣选、进货和发货四大功能环节。企业提出物流信息系统方案，实现仓储信息管理、业务流程管理、信息交互平台3项基本目标。工程建成投入运营后有效地支持全省中小学教材、教辅的高效高质编印任务，支持省内各出版社各类图书的印制任务。

（三）印务基地初步成型。凤凰集团成功收购太平洋印务有限公司，发展高档印刷、彩色包装印刷，筹划新华印刷厂迁址工作，努力打造集团印刷产业基地。以新华印刷厂和凤凰印务公司为基础，以书报刊和彩色包装印刷为主营业务的印刷产业基地已现端倪。

七、开展多元产业链拓展

改革的关键是要突破旧观念，走出旧领域，探出新路子。在省财政厅的支持下，凤凰集团围绕文化产业做文章，延伸产业链的竞争力。凤凰置业借壳上市，成为书城开发建设的重要支撑。集团投入金融产品为中长期发展提供了资本支撑。国际图书中心和图书物流、配送、印务四大基地建成使用。印务企业从2家发展到11家，营收比"十五"期末增长3倍，利润增长195%。

在文化建设处在深化改革、加快发展、促进繁荣的重要时期，凤凰集团作为文化体制改革的实践者和受益者，承担着深化改革的重任，也面临新一轮的发展考验和发展机遇。集团应按照中央的要求，继续加大改革力度，加快发展步伐，在调整结构、技术升级和业态创新三方面转变思路，深度推进。首先，要认真谋划，挖掘增长潜力；其次，要跨省、跨媒体并购扩张，做大规模；最后，要加快培育新的经济增长点。"十二五"期间，

凤凰集团要实现三大目标：一是总量翻番，保持第一，力争在未来5年内拥有3～4家上市公司；二是基本完成数字化改造；三是通过深化改革，打造真正意义上的、有强劲竞争力的现代企业，努力成为全国文化产业重要战略投资者，成为享誉世界的出版企业。

八、继续做强主业，提升文化影响力

改革的着力点是激发活力，扩大出版主业的优势。经过努力，凤凰国家级大奖获奖总数位居全国前列。集团成立10年来，重组、新增9家出版单位，出版单位发展到18家；出版品种增加到13 000多种；出版板块年度营业收入增长到20.04亿元；版权贸易多达4 047项。其中，版权输出达940项。教育出版在国家政策发生重大变化，市场竞争不断加剧等严峻形势下，逐步改善发展环境，省内教材的市场控制力、省外教材的推广普及力进一步增强。大众零售市场排名从第8位升至第3位；年销售10万册以上的图书从3种上升到44种；国家一级出版社数与中国出版集团公司并列第一。集团产生了《中国近代通史》、《中华大典·文学典》、《全元文》、《中国现代农业理论与实践》、《册府元龟》、《中国佛教通史》、《母语教材研究》、《草房子》、《青铜葵花》、《山楂树之恋》等一批精品力作。

九、织网布局，提升市场份额

早改革，早主动，早发展，发行环节的改革不仅走在集团的前列，也走在全国出版流通体制改革的前列，成果显著。目前，凤凰集团共有17 000个书店，面积达71万平方米，实现省内和海南全覆盖，并延伸至浙、黔等省。营业收入、网点数量和网点规模均列全国第一。2010年与2005年比，书店资产、净资产和营业面积均实现了翻番。集团的核心产品已销往29个省区市的2 000多个县市，用书学生超过4 000万名。

凤凰集团将紧紧依靠省财政厅的大力支持，继往开来，凝心聚力抓改革，一心一意谋发展，努力在"十二五"末，成为领先发展的大型文化集团，成为全国文化产业发展的重要力量。

（供稿单位：江苏省财政厅）

赣鄱顺势而上　实现跨越发展

——江西出版集团重组上市实例

江西出版集团成立于1993年，与江西省新闻出版局合署办公。2005年1月，江西出版集团与省新闻出版局实现"政企分开、政事分开、管办分离"，并于2006年10月完成工商注册，成为完全独立的市场法人，经中共江西省委宣传部报请中宣部批准，成为全国文化体制改革试点单位。

一、改革——转企、改制、上市三步并作一步走

随着我国文化体制改革的要求和自身发展的需要，2009年4月，江西出版集团根据江西省人民政府《关于同意江西省出版集团公司全面规范转企改制并重组上市有关事项的批复》（赣府字〔2009〕62号）精神，提出了"转企、改制、上市三步并作一步走"的工作方略，于4月21日正式启动了"转企、改制、上市"各项工作。

到2009年年底，江西出版集团及所属单位全面规范完成转企改制，平稳妥善分流安置5 000多名离退休、提前离岗退养员工和遗属。在转企改制过程中，江西出版集团党委坚持把维护和保障职工合法权益放在首位，以人为本、有情操作，体现人文关怀，始终坚持带着感情搞改革，善待和厚待职工。在具体操作中，集团遵循国家和省里有关文化体制改革及国企改革的方针政策、相关法律法规，充分考虑江西出版集团自身的客观实际，尊重历史、照应现状，高度肯定"老人"的历史贡献，充分激励"新人"

做出新的业绩。在政策允许、企业可承受的范围内，为职工争取了较为优惠的安置政策。

在规范转企改制的同时，重组上市的工作也在快速推进。2009 年 7 月 19 日，江西省出版集团公司与江西鑫新实业股份有限公司的控股股东江西信江实业有限公司（以下简称"信江公司"）正式签署重组鑫新股份的战略合作备忘录。2010 年 4 月 27 日，经中国证监会上市公司并购重组委审核，鑫新股份重大资产出售及发行股份购买资产暨关联交易事宜获得有条件通过。2011 年 4 月 14 日，上海证券交易所对公司股票正式撤销股票退市风险警示特别处理，股票简称由"＊ST 鑫新"正式更名为"中文传媒"。规范完成转企改制，成功实现重组上市，为江西出版集团顺势而上、跨越发展提供了强大的活力。

二、发展——实现社会效益与经济效益双丰收

全面规范转企改制，成功实现重组上市，有力促进了江西出版集团公司的健康、快速发展，取得了社会效益与经济效益双丰收。

目前，江西出版集团已经发展成为一家以江西省出版集团公司为控股公司，以中文天地出版传媒股份有限公司为核心企业，初步建立起母子公司体制，共拥有 120 多家成员单位，逾万名员工（含离退休员工）的大型出版传媒集团。在经营方面，江西出版集团已经形成以图书、报纸、期刊、音像、电子、网络等出版物的出版、发行、印刷复制、物资贸易等传统主业，与艺术品经营、影视剧生产、现代物流、资产经营、资本运营、文化地产和相关文化项目投资等新兴业态相结合的经营格局。

2011 年，江西出版集团共出版各类出版物 6 969 种，同比增长 13.84%；实现版权输出 127 种，同比增长 27%。2006 年以来，企业有 30 多种出版物分别荣获中宣部"五个一工程"奖、中国出版政府奖和中华优

秀出版物奖。在 2009 年新闻出版总署组织的首届出版社等级评定中，在江西出版集团所属的 6 家图书出版社中，有 3 家被评为一级社，进入"全国百佳图书出版单位"的行列，其余 3 家被评为二级出版单位。

2011 年，江西出版集团销售收入和总资产双双突破百亿元大关：实现销售收入较上年增长 36.96%；总资产较上年增长 26%；净资产较上年增长 27.93%。2010 年与 2005 年相比，江西出版集团总资产年均增长 16.7%，净资产年均增长 17.5%，销售收入年均增长 18.7%，利润年均增长 16.4%，提前一年全面超额完成"十一五"发展目标。

2008 年、2009 年，江西出版集团先后被中宣部等四部委评为"全国文化体制改革优秀单位"和"全国文化体制改革先进企业"。2008—2012 年，江西出版集团连续入选由中宣部组织评选的首届、第二届、第三届、第四届"中国文化企业 30 强"。在新闻出版总署发布的 2009 年、2010 年、2011 年度《中国新闻出版产业分析报告》中，江西出版集团总体经济规模综合评价分列全国出版集团第 3 位、第 5 位和第 6 位。另外，江西出版集团还被商务部先后授予"2007—2008 年度国家文化出口重点企业"和"2009—2010 年度国家文化出口重点企业"称号。2011 年，江西出版集团荣获新闻出版总署组织评选的"新闻出版走出去先进单位暨版权输出先进单位"荣誉称号，集团（中文传媒）总部被评为"第三批全国文明单位"。

三、制定发展战略，明确发展目标

江西出版集团之所以能够取得改革发展双丰收，成为江西省文化产业的排头兵，其中的原因有很多。

首先，江西出版集团一直以来高度重视制定和实施发展战略，有着明确的发展目标和方向。

2006 年伊始，江西出版集团党委组织召开了由集团领导和各部门、各单位负责人参加的务虚会，在深入调查研究、广泛征求意见、认真研究商讨的基础上，制定了"一业为主，多元投资；立足江西，走出江西；开放联合，创新体制；整合资源，做大总量"的发展战略。实践证明，这个发展战略完全切合江西出版集团的实际情况。

2011年10月，江西出版集团党委新领导班子组织召开了改革发展战略务虚会，会议传达学习了党的十七届六中全会决定精神，围绕"在全面完成转企改制、成功实现重组上市之后，如何进一步坚持'三改一加强'，实现'再造一个集团'目标"的主题进行了座谈讨论，结合新形势、新任务、新情况、新目标、新要求，将发展战略调整为"力挺主业，彰显品牌；多元发展，优化结构；以人为本，内和外顺；有效扩张，做大做强"，进一步重申了自身的发展目标与方向，进一步厘清了集团公司与中文传媒股份公司、坚持党委领导与加强经营管理、挺拔主业与多元经营等方面的重大关系，进一步明确了今后工作的重点和要求，进一步统一了广大干部员工的思想与步伐。在明确了目标和方向后，江西出版集团的发展脚步走得更加稳健。

四、不断改革创新，转变思想观念

在明确的战略与目标的指导下，江西出版集团积极深化改革创新，不断转变思想观念。

第一，开展"三个定位"主题教育。集团让公司干部员工明确"集团是企业，获取更大利润、追求最大效益是主要目标；集团是文化企业，承担传承、积累、发扬民族优秀文化的职责；集团是出版文化企业，主要通过提高核心竞争力，抓好出版主业来实现'积累文化、获取利润'的双效目标"，促进公司干部职工思想观念与行为方式的转变。

第二，全面深化"三项制度"改革。一是干部实行聘用制，建立健全了年度考核制、经营责任追究制等一系列制度，做到"干部能上能下"。二是员工实行合同制，根据《劳动法》签订聘用合同，严格考核，动态管理，做到"员工能进能出"。三是个人收入实行绩效工资制，将员工收入与岗位、责任、贡献、实绩紧密挂钩，绩效工资比例达到60%以上，做到"收入能高能低"。

第三，全面推进"转企、改制、上市"。一是注销事业法人，将所属企事业单位全部转制为规范的有限责任公司；二是妥善安置离退休、提前离岗员工和遗属等5 000多人；三是与留在改制后企业工作的员工重新签订劳动合同，依法办理了基本养老、医疗等社会保险，有条件的单位建立了企业年金制度；四是2010年4月27日，经中国证监会上市公司并购重组委审核，鑫新股份重大资产出售及发行股份购买资产暨关联交易事宜获得有条件通过，次年1月23日，中文天地出版传媒股份有限公司正式揭牌。

第四，建立健全现代法人治理结构。江西出版集团已经建立起在党委统一领导下的现代法人治理结构。江西出版集团党委是集团的领导核心，其领导作用主要体现在管方向、管导向、管战略、管法纪、管队伍、管干部、管企业文化、管稳定等方面，包括对重大投资、重要对外合作等的决策和掌握。党委的坚强领导和集体决策通过集团公司的经营管理层和中文传媒的"董、监、高"加以体现和实施。集团公司已经形成董事长办公会、总经理办公会议事制度。作为上市公司，股份公司也已建立规范的股东大会、董事会和监事会等治理结构。集团公司和股份公司的经营管理层分别在总经理的领导下，对经营管理工作实施领导并担当责任。

五、抓好出版主业，推进多元经营

江西出版集团在抓好出版主业的同时，努力推进多元经营，不断优化产业结构。

第一，坚定不移地抓好出版主业。一是认真实施重大选题工程、畅销书与常销书出版工程、外向型出版工程、作者资源工程、营销工程和新兴业态出版工程等"六大出版工程"。二是积极推进"由经营作品向经营作家转变，由专业分工向专业追求转变，由单一编辑向项目管理转变"的编辑工作"三大转变"。三是科学确定所属出版社的出版定位，不断完善少儿、艺术、教育、文史、生活服务、农业六大图书板块布局。四是通过建立数字出版中心，加强对外合作，积极稳妥进入新媒体领域。五是每年拨出专款作为出版专项基金，扶持出版主业做优做大做强。2012年上半年，集团（中文传媒）共出版2 609种出版物，与2011年同期相比增长10.8%，在全国图书零售市场的排名上升到第11位，成为近年来最好的排名。

第二，积极稳妥推进多元经营。一是江西出版集团与北京中视精彩文化公司合作，已经拍摄完成并播出《传说》等多部电视剧。《孔雀东南飞》荣获2010年第二十五届中国电视金鹰奖电视剧三等奖，取得了良好的社会影响和经济效益。二是与北京荣宝斋合作开拓江西省艺术品市场，首年开张当年赢利，而后成立的中文传媒艺术品经营公司，依然保持着良好的发展势头，已经成为江西省艺术品经营市场的新品牌。艺术品经营的数量、规模、效益和影响都有了较大幅度的提升。三是江西出版集团所属蓝海国投公司成功推进资本运营实践，自2007年运作以来已收获4亿元利润。四是江西出版集团所属房地产公司依托文化资源优势，在南昌、海口等地开发多处住宅商业楼盘，获得良好的回报，留下了一批优质资产。近几年来，江西出版集团通过发展影视剧制作、艺术品经营、资本运营和文化地产等多元经营，累计实现利润近8亿元，并以扶持资金等多种方式反哺出版传媒主业，有力地促进了产业结构的优化。

六、整合出版资源，推进"五跨"联合

第一，大力整合出版资源。一是通过整合全省新华书店资源，组建了

江西新华发行集团。二是整合印刷复制资源，组建了江西新华印刷集团。三是整合物资供应与进出口贸易资源，组建了江西蓝海国际贸易有限公司。四是整合全省新华书店网络和物业资源，成立江西蓝海物流科技有限公司。五是整合教材教辅资源，分别成立了教材经营公司与教辅经营公司。六是整合直属报刊资源，成立江西省报刊传媒有限责任公司。江西出版集团通过整合出版资源，有效地提高了资源利用效率，增强了产业规模效益。江西出版集团通过整合银行信用资源和物资供应资源，支持所属江西蓝海国际贸易有限公司做大做强，使公司连续4年实现跨越式发展。江西省报刊传媒有限责任公司成立后，一方面，按《公司法》的要求，建立了"产权明晰、权责明确、政企分开、管理科学"的现代公司制度，进而成功实现了非时政类报刊单位"转企改制"一步到位；另一方面，努力加强内部管理，提高经营水平，通过调整、盘活、整合、提高，迅速扭亏为盈，实现了经营收入和利润双增长。江西蓝海物流科技有限公司建成开通了覆盖全省的"江西省物流公共信息平台"，投资建设的6万平方米现代出版物流港已投入使用，为进一步做大做强物流产业奠定了坚实的物质与信息基础。公司凭借品牌和资金的优势，成功争取到了全国物流税收试点单位，并以此为契机拓展了保税物流等高端业态物流，市场影响力和发展潜力大幅增强，成为全国同行中三方物流规模最大的企业，并荣获中国物流与采购联合会4A级物流企业称号。

第二，积极推进"五跨"联合。一是"跨媒体"联合。中文天地出版传媒股份有限公司通过投资上海阡陌网络科技有限公司进入网络游戏行业。江西教育出版社的《疯狂英语》手机杂志、二十一世纪出版社的儿童绿色网络游戏、百花洲文艺出版社的移动手机杂志平台也已形成一定影响。二是"跨地区"联合。江西出版集团与中国宋庆龄基金会合作，控股重组改制中国和平出版社，实现了全国第一次真正意义上的跨区域兼并重组，第一次由地方出版集团控股重组中央出版单位，第一次真正出现国有股份制出版企业；江西新华发行集团和中国出版集团合作投资建设目前我国单体最大的发行物流中心；中文天地出版传媒股份有限公司与内蒙古出版集团签订战略合作协议。三是"跨行业"联合。江西出版集团与北京中视精彩文化公司合作，投资影视制作行业，已经拍摄、播出多部电视连续剧；江西新华发行集团与湖北电影总公司合作，进军电影放映行业，在南昌打造江西省规模最大的电影城。四是"跨所有制"联合。江西美术出版社与北京东方博古公司成立北京江右翰墨文化艺术有限公司，实现艺术品产业化。五是"跨国界"联合。二十一世纪出版社与麦克米伦出版集团开展国际合作，在国内成功推出了麦克米伦世纪国际品牌童书，不断将江西出版集团及二十一世纪出版社的原创作品输出国外。通过"五跨"联合，江西出版集团有力地促进了低成本扩张，加快了产业发展与结构优化。

第三，认真抓好重点项目建设。一是"中文传媒"非公开增发项目。新华文化城、现代出版物流港、绿色环保印刷、数字印刷技术改造、江西晨报全媒体立体传播系统等"五大募投项目"已经顺利通过中国证监会审核批准。其中，新华文化城项目建设期一年，总投资1.8亿元，投产后，预期年收入将达到1.2亿元，净利润2 600万元；现代出版物流港项目建设期两年，总投资6.7亿元，投产后，预期年收入达到7.3亿元，净利润9 300多万元；绿色环保印刷项目建设期两年，总投资1.7亿元，投产后，预期年收入达到1.1亿元，净利润1 100多万元；数字印刷技术改造项目建设期一年，总投资1.4亿元，投产后，预期年收入达到1.8亿元，净利润1 300多万元；江西晨报全媒体立体传播系统项目建设期一年，总投资1亿元，投产后，预期年收入达到1.1亿元，净利润2 000多万元。二是江西出版产业基地。该项目占地1 200余亩，集编辑、印刷、发行、供应、管理以及数字出版、影视、动漫、艺术品经营、商住、旅游为一体。出版产业基地的建设为江西出版集团全面整合出版资源，提高产业集聚程度，形成完整的出版产业链条，提高科技水平，增强出版产业规模效益，实现长远发展创造了条件。该项目于2009年入选新闻出版总署改革发展项目库，获得国家财政2 000万元专项资金扶持，并被列为《江西省十大战略性新兴产业（文化及创意）发展规划（2009—2015）》重大项目、江西省2010年重点建设项目、南昌市人民政府"3010"工程的重点跟踪项目。三是《疯狂英语》产业基地。该项目包括出版、"走出去"、数字化建设、创百万期刊4个子项目；于2009年入选新闻出版总署改革发展项目库，获得国家财政400万元专项资金扶持。四是《农村百事通》出版产业基地。其中，包括《农村百事通》编辑出版中心、涉农编辑人才（农民致富技术）培训中心、远程教育培训中心、《农村百事通》数字出版发行中心、低碳环保种养示范中心、国际农业科技文化交流中心。该项目于2011年入选新闻出版总署改革发展项目库，获得国家财政2 000万元专项资金扶持。五是南昌红角洲图书文化城。该项目建筑面积6万多平方米，集购书、文化艺术品创作、展示、交易、演出、教育培训，以及文化旅游、休闲、体验诸多功能于一体，将成为江西省规模最大、品味最高、设计超前、功能完备、环境优美、服务一流的现代化综合性文化设施。重点项目的建设为江西出版集团实现长远发展目标奠定了坚实的基础，积累了强大的后劲。

（供稿单位：江西省财政厅）

建设发行网点　打响博库品牌

——浙江新华书店做强发行主业实例

为了加快发行网点建设，更好地满足人民群众的文化需求，在浙江出版联合集团的领导下，浙江省新华书店集团公司一直非常重视发行网点，特别是博库品牌的建设，并得到了政府的大力支持。省政府不仅出台了《浙江省人民政府办公厅转发省新闻出版局等单位关于加强新华书店网点建设意见的通知》（浙政办发〔2002〕1 号），同时还加大了对新华书店发行网点建设的财政资金支持力度。新华书店集团公司对财政支持文化产业发展资金做好统筹安排，专款专用，充分发挥了财政补助的重要作用。同时，企业积极自筹资金，不断将企业的积累投向发行网点等基本建设，以资本规模整合卖场规模，以卖场规模整合经营规模。截至 2010 年年底，集团连锁网点达到 410 个，卖场面积达到 36 万平方米。一大批新仓库的建成使用为教材、图书发行提供了良好的保障，拉动了全集团销售的快速增长。全集团的主业经营能力、市场竞争能力和持续发展能力不断提高，强大的资源也成为国有资产保值增值的最佳途径。全集团主营业务销售、资产、利润等综合实力走在全国图书发行行业中的前列。

一、基本建设整体情况

新华书店集团围绕"根植市场、坚守文化、调整结构、转变方式"的企业改革发展总方针，以教材为中心，服务大教育；以图书为中心，服务市场；

以门市建设为中心，加强基本建设，为发展主业，扩大相关文化服务业提供保障，确保企业资产保值增值。为此，集团紧紧围绕主业发展、文化服务经营和保值增值的需要，在各市、县（市、区）投资建设城市中心、新区的门市和教材图书发行仓库等文化基础设施。建设的资金来源除了财政补助外，均由企业按"根据需要、量入而出、适度负债、滚动发展"的原则自筹，包括企业利润、减免退税、旧房产出售，以及根据偿还能力适度负债经营。

全集团自建和购置的 168 个项目，总建筑面积 65.53 万平方米。其中，卖场 18.03 万平方米，库房 17.41 万平方米，多种经营和出租 24.05 万平方米，办公 6.04 万平方米。卖场和库房的建设为这些年来图书、文化用品、教材的高速增长做出了重要贡献，并为多种经营和利润的增加做出了贡献。截至 2010 年年底，全集团发行网点数达到 410 个，面积从原来的 5 万平方米增加到 36 万平方米。全集团的销售额比 2002 年大幅增加。其中，POS 终端销售位居全国新华书店首位。浙江出版集团各出版社的图书也以远远超过平均销售增长幅度的速度增长，促进了浙江出版发行全产业链的发展，为浙江文化产业建设发挥了一定的作用。

二、省店集团发展和文化服务情况

作为一个文化服务品牌，浙江省新华书店集团始终坚持企业一贯的文化追求，将企业发展的主要目标锁定在不断扩大出版物的市场上，把扩大经营规模、增加图书品种作为新华书店文化经营的服务能力来抓。经过 10 多年的努力，全省新华书店网点的图书总体经营规模有了大幅增加，企业销量不断提高。

（一）秉承文化责任，做强主业，提升服务。浙江新华始终秉承文化企业的社会责任，依靠信息技术、业务创新进行经营产品和市场资源的整合，于 2003 年在全国图书行业率先完成全省新华书店的连锁，并积极开拓跨省经营。浙江新华与全国 1 200 多家出版社（供应商）建立了密切、和谐的产业链关系，具有强大的采供能力。总部备货品种达 50 万种，年流转品种达 100 万种，整合行业的产品信息资源达 200 万种。同时，集团围绕主业加大投资，不断将企业积累投入卖场建设，卖场面积从原来的 5 万平方米达到 2010 年年底的 36 万平方米，为主业经营规模的扩张打下了坚实的物业基础。各级书店网点的品种规模不断扩大。杭州、宁波两地的大书城陈列品种从 5 万种增加到目前的 20 万至 30 万种。县级书店的品种从 1 万种增至 6 万到 15 万种。

新华书店集团在加强自营网点建设的同时，又积极推广"小连锁"经营，将文化触角继续延伸到农村、社区，用市场经济的手段有效、长期、持续地活跃农村图书市场。"小连锁"经营被浙江省政府列为公共文化服务体系建设的重点工作。目前，按照"有活力、管得住、可持续"的要求，集团公司对小连锁工作规划推广和业务运行整体统筹、整体推进，在加快发展的同时，做好维护巩固工作，并进一步做好创新发展。全省现有 205 家小连锁，营业面积达 2 万余平方米，从业人员近 450 人。在"十二五"期间要逐步实现小连锁在省级中心镇的全覆盖，并正在积极寻求与"农家书屋"建设工程有机结合的方法，按照取得实效、实现长效的原则，创新农村网点建设和发展。

在增加销售网点、扩大经营规模、改善购书环境、提升企业文化经营和服务能力的同时，浙江新华又从市场的角度出发，整合营销，全面做活卖场。浙江新华将低价营销活动深入化、系列化、常态化，不间断、持续、大量地推出分主题推荐、专题展销、名家讲座签售、读书征文等各种营销活动。"名家进校园"、"畅销低价"等系列成为营销活动的强势品牌，产生了广泛的社会影响。浙江新华的市场竞争优势凸显，图书销售快速增长。

（二）以技术为先导，建设强大的信息系统和现代物流。为了全方位、高效率地支撑全集团的出版物连锁经营、网络销售等业务发展，浙江省新华书店集团公司一直非常重视信息系统和现代物流的建设。10 多年来，浙江新华的信息系统和现代物流建设始终处于全国出版发行行业的领先地位。此举不仅有力促进了集团各项业务的快速发展，也推动了全行业应用技术的进步和推广。以集团化、规模化、网络化和连锁化为管理目标的全集团ERP，通过信息标准化，把全集团多企业、多业态、多商品的物流、资金流通过信息流整合在计算机网络平台上，所有业务信息都能在系统内有效地对称流动和共享，实现了全集团信息一体化、市场一体化和库存一体化管理。尤其是该系统具有强大的可复制性、可扩充性、可链接性，多年来随着市场变化和业务发展的需要不断完善。新华书店信息技术应用和信息管理水平一直在全面提升中。

为了满足连锁经营、网络销售的物流配送要求，浙江新华于2003年开发建设了全国书业的首条流水线，实现了仓储作业的电子化和无纸化操作，大大提高了物流生产效率，成为全国书业现代物流的开端。2008年开始，集团又投资建设14万平方米的物流新基地，完全自主研发了仓储管理信息系统（WMS），与立库、流水线、分拣系统等多种现代仓储设备无缝链接，同时对原ERP系统进行了全面升级。新基地于2009年启用，不仅扩大改善了仓储场地，同时完成了一次系统升级和技术平台更新。新物流中心打造了强大的图书中盘物流平台和信息平台，以其流量规模、多业态的整合及其先进性，再度成为中国书业现代物流的标志。

（三）开拓出版物跨省经营。在完成全省新华书店连锁经营后，浙江新华开始积极探索打破地区封锁，实行跨省经营，贯彻实施省政府提出的"走出浙江、发展浙江"的要求，于2003年11月开办了浙江新华，也是中国书业第一家跨省连锁书店——徐州博库书城。2005年5月1日，浙江新华在上海市徐汇区宜山路投资购置了1万平方米的物业，开设了上海西区营业面积最大、经营品种最多的书城——上海博库书城。上海博库书城于2010年4月又在曹家渡租赁、开设了第2家连锁门店，营业面积达3 000

多平方米。浙江新华经过多年的探索和实践，跨行业、跨地区、跨所有制的省外连锁已初具规模，在北京、上海、江苏、沈阳、太原、深圳等地已拥有19个、7万多平方米的直营和加盟连锁门店，统一应用集团的信息平台，实行全品种连锁配送。加上其他方式的业务经营合作，浙江新华"走出去"取得了阶段性的成果。在"十二五"开局之年，浙江新华与河南新华书店发行集团签订了河南全省连锁经营的战略合作，彻底突破了原先单店合作的模式，将实现浙江新华跨省经营的重大跨越，也是浙江新华在目前面临网络化和数字化的冲击，面临省内资源和市场约束、市场竞争加剧，上市集团资本优势强化的背景下，破解发展难题，实现新一轮发展的途径。

（四）建设博库网，大力发展电子商务。浙江新华在以"博库书城"名义走出浙江、开展出版物跨省连锁经营的同时，又突破传统书店经营方式，于2006年创办了"博库书城"网络书店，以连锁经营为基础开展网络销售。2011年，为了加快电子商务的发展，浙江新华出资成立了博库网络有限公司，对博库网进行独立运行。博库网通过流程重组和技术升级后全新改版上线，提高生产效率，加快配送速度，在全国主要省市实现快递上门，货到付款，下一步将继续加大研发与投入力度，全面加强营销推广，开拓相关文化用品等经营产品，同时加快电子书销售平台的研发、上线，努力把博库网建设成为世界一流、国内领先、具有出版物中盘特色的中文图书购书平台和电子书销售平台。同时还为全省新华书店实体店开设了浙江新华书店网，以支持各连锁店为读者提供本地化的网络销售服务，与博库网共同构建浙江新华全方位、立体化的电子商务平台，扩大网络销售。

除了自建网站外，浙江新华还与移动公司手机阅读基地、12580话购、10086搜索购书三大平台共建"移动书城"，与卓越亚马逊、京东商城等知名网络书店开展供货合作，扩大网络销售。2011年，整个网络销售迅速增长。

（五）狠抓内涵提升，积极拓展文化综合服务。浙江新华扎根市场，坚

持主业，加强精细化管理，不断提升采供业务和服务能力，扩大一般图书销售，提高规模经营效益，多年来连续被全国出版发行行业评为诚信经营、优质服务发行单位。在实现图书连锁经营后，浙江新华在全国书业又率先实现了数码产品、文化用品的连锁经营，并不断开拓新业务门类，今年更是拿到了苹果、万利达等知名品牌的渠道总代理，引进了互联网产品，积极探索业态组合、营销联动、产品体验区等试验。目前，非图书商品销售已占到门店总销售的近25%，而且还在以远远高于图书增幅的速度增长，下一步将继续大力开拓非图书商品的市场潜力，依托全集团良好的卖场物业优势统筹考虑新业态组合，通过新建、改建，加快文化综合消费体建设，为今后企业的持续发展奠定坚实的基础。

总体而言，浙江新华从1999年组建集团以来，坚持一手抓改革，一手抓发展，围绕主业狠抓改革创新，不仅企业自身持续、稳定、健康、快速地发展，同时推动了行业的技术进步和业务创新，在业内有较高的知名度、影响力和示范性。由于改革发展成绩突出，浙江新华于2006年被国家人事部、新闻出版总署评为全国新闻出版单位先进集体；同年被浙江省经贸委、财政厅等6家单位评为浙江省重点流通企业；次年被浙江省委宣传部列为浙江省文化产业示范基地；2008年被中宣部、文化部、新闻出版总署等4家单位评为全国文化体制改革优秀企业；2010年荣获第二届中国出版政府先进出版单位奖。

三、经济效益与社会效益

（一）经济效益

浙江省新华书店集团公司始终坚守文化责任，并不断创新发展，推进企业经济发展方式转变，推动企业从区域性经营向全国性经营的转变。目前，集团的经营规模不断扩大，已与省内外91家连锁企业实现连锁经营，拥有410个门店、36万平方米的卖场，预计2011年销售额可达数十亿元，是目前全省图书发行行业中最大的企业，也是规模较大的国有文化企业，为浙江的文化产业发展和经济发展做出了较大的贡献。不仅如此，集团公司多年来在卖场建设、技术研发、物流建设、电子商务平台建设等各方面的投入，将为今后创新文化服务和商业模式，创造良好经济效益，促进企业持续发展打下坚实的基础。

（二）社会效益

1. 促进先进文化传播，推进全民阅读，有助于浙江实现从文化大省向文化强省的跨越。浙江省新华书店集团积极传播先进文化，有助于进一步推动学习型社会和社会主义核心价值体系建设，更好地为提高全民族思想道德和科学文化素质服务。同时，通过丰富传播手段、创新营销模式、积极开拓市场，集团将不断满足广大人民群众多层次、多样化的文化消费需求，能够为浙江实现从文化大省向文化强省跨越做出贡献。

2. 促进多种文化活动的开展，营造良好的文化氛围。集团遍布全省的新华书店在繁荣浙江城乡图书市场、满足各类读者需要的同时，积极建设适合当地经济和文化发展的卖场，将其建成当地文化的标志性建筑，使新华书店的卖场从外在形式到内在功能皆成为当地文化的有机组成部分。近些年来，新华书店卖场的建设丰富了城市的文化功能。书店努力为读者创造良好的读书、购书环境，很多卖场都设有茶吧或休憩看书的场地，寒暑假时更成了学生阅读的乐园。同时，书店还设法在卖场开辟一些空间，举办各种讲座、暑假读书活动等社会公益活动，突显不同于一般商场的文化性、公益性特点，因此受到了当地政府，特别是宣传、文化、教育部门的重视和肯定，也得到了学生、家长等广大读者的喜爱和好评，社会效益非常明显。

（供稿单位：浙江省财政厅）

乘政策东风扬帆　借财政之力远航

——财政支持安徽出版集团发展实例

2005 年 11 月，安徽出版集团有限责任公司组建成立，成为全国第一家组建后即整体转企改制的出版集团。2008 年 10 月，时代出版传媒股份有限公司成立，是全国首家以出版主业整体上市的公司。目前，集团经营出版传媒、报刊媒体、文化旅游、文化置业、文化商贸流通、酒店经营、PE 投资、典当行及金融证券参股九大业务，控股 11 家子公司，70 余家成员企业，在职员工 4 640 人。2011 年，集团总体实力晋升全国出版集团第 4 位（唯一不含新华发行业务的出版集团，比 2009 年上升 4 位），跻身全国出版企业 10 强、文化企业 30 强之列。

一、财政部门支持集团发展的做法

集团改制组建 6 年来，省财政根据国家和省有关文件政策规定，对集团的国有资产监管、产业扶持政策、财政投入、人才培养等方面给予大力支持，及时服务，为集团顺利改制、跨越发展创造了良好的发展氛围。

（一）切实履行国有文化资产监管职责。安徽出版集团由省政府出资，省委宣传部领导，省财政厅依法对经营性国有资产进行监管。从集团成立日起，省财政厅高度重视，主动服务，切实担负起国有文化资产监管职责。在集团转企改制、整体上市、并购省医药、托管安徽《市场星报》、重组省中旅、发行企业债券、跨国投资、推动华文国际上市等方面涉及到清产核资、资产评估、资产处置、产权转让一些审批事项时，省财政厅都认真研究，妥善处理，规范程序，有力地推动了工作进展，促进了企业的规范运作和健康发展。

（二）出台并落实文化产业扶持政策。作为省文化体制改革领导小组成员单位之一，省财政厅主动探索文化强省建设的新思路、新政策，积极深入企业一线调研，牵头或配合制定《关于金融支持安徽省文化产业发展繁荣的实施意见》、《关于加快推进文化科技融合发展的实施意见》、《安徽省省级文化强省建设专项资金管理暂行办法》等一系列扶持全省文化产业发展的重大政策。在政策执行方面，省财政坚决贯彻落实中宣部、财政部、文化部、新闻出版总署等部委扶持文化产业发展的政策，对集团转企改制、职工权益保证金、离退休人员补偿、社保缴纳、税收申报等工作给予了大力支持，帮助企业减轻历史包袱，消除发展障碍，促进了企业轻装上阵和可持续发展。

（三）持续加大财政投入，助推企业成长。财政专项资金是推动文化企业做大做强的有力手段。近年来，省财政积极调整支出结构，不断加大文化产业财政专项资金投入，推动了集团重大项目的实施。据统计，集团成立以来，中央和省财政共补助各类资金上亿元，实施了重大出版工程、数字出版、新媒体开拓等重大产业项目。集团累计出版图书2.28万种（年均递增30%），承担国家级重大出版工程56项，33种出版物获得"国家三大奖"，102种图书获优秀畅销书奖，1 000余种图书获优秀出版物奖，实现了社会效益和经济效益双赢发展，有力地推动了集团做大做强。

（四）支持教材采购，促进公益性文化事业发展。省财政在安徽中小学教材招标、免费教材政府采购、农家书屋、馆配图书等方面，大力支持皖版图书，有力地推动了安徽中小学教育的均衡性发展，为省公益性文化事业的发展做出了突出贡献。

（五）加强财务人员培训。省财政厅多次举办文化单位财务人员培训班、研讨会和座谈会，强化财政政策和财务管理知识的培训，不断提高财务人员的技能素养，为企业培养了一大批财务骨干，有效地推进了企业财务管理工作的规范开展。

二、集团的发展成效

在省委省政府的正确领导下，在省财政的全力支持下，安徽出版集团紧紧抓住国家深化文化体制改革、加快文化产业发展的有利形势，着力把出版产业融入经济发展大环境，实现整体转企改制、主业整体上市、经营发展创新三大跨越，形成了主业和辅业多元经营、文化和商贸相互促进的良好发展格局。

（一）主业做强，产业做大。在改革实践和快速发展的过程中，集团坚持"做强主业，做大产业"的发展战略，以主业带动产业，以产业成就主业，突破出版边界，围绕大文化产业，积极拓展外经贸、医药、酒店、旅游、文化置业等板块，各板块综合效益显著提升并呈现高速增长态势。其中，集团所属华文国际用短短4年时间，从零开始，目前已跻身全省外贸企业3甲。目前，华文国际正积极筹备上市。省医药公司经营业绩稳定增长，为集团打造医药物流板块上市公司奠定了坚实基础。重组后的安徽省中国旅行社当年扭亏为盈。托管并改制后的《市场星报》成长为合肥都市圈最有影响力的都市媒体，利润超千万。天鹅湖大酒店成为安徽五星级会议酒店第一品牌。集团所属普兰德置业公司成功开发新天地文化广场，成为合肥市北一环地标性城市文化综合体，实现利润数亿元。经过几年努力开拓，集团成功尝试"跳出出版做出版"，实力迅速增强。多元产业经营并非简单地带来了丰厚的资金回报，更重要的是为主业的发展提供了"定心丸"。通过辅业反哺主业，集团增强了抵御风险能力，让出版传媒主业安心创作，宽心经营，放心发展。企业通过多元产业经营培育队伍，锻炼人才，涵养资源，为主业发展提供"孵化器"平台，实现了辅业与主业比翼齐飞，互为补充，共同快速发展的良好态势。

（二）商海中游泳，提升资本力。2008 年 10 月 28 日，安徽出版集团重组科大创新，成立时代出版传媒股份有限公司，成为全国第一家真正意义主业整体上市的出版企业。在重组中，安徽出版集团没花 1 分钱，14 亿元净资产评估为 17 亿元，增值 3 亿元，被国家证监会列为"十大经典重组案例"之一，是全国上市公司中唯一获此殊荣的传媒类企业。在资本运作方面，集团通过主业借壳上市、培育辅业上市、产权贸易、重组改制、发行债券、股权并购、战略投资参股、创业投资等系列资本运营，极大地增强了企业的发展实力。目前，集团持有出版、发行、传媒、金融、证券等行业上市、非上市公司股权市值已达 83 亿元。

（三）根基扎下去，文化走出去。集团充分利用国际、国内两种资源和两个市场创新发展，在海外拓展方面实现了五大突破：从单一版权输出到全球文化招商；从实物出口到海外办厂；从产品"走出去"到产业"走出去"；从产业项目化到资本国际化；从出版"走出去"到文化"走进去"，成为全国出版传媒产业"走出去"的典型案例，版权输出一路领先。2006年以来，集团版权输出数量位于全国前列，累计输出版权（含合同意向）达 890 多种。2008 年、2009 年、2010 年连续 3 年在北京国际图书博览会上实现版权输出总量全国第一，国际合作出版全面开花。集团与美国哈珀·柯林斯出版集团、英国培生出版集团、德国施普林格出版公司等 50 多家国际出版传媒机构建立了合作关系。海外办厂亦扎下根基。集团在俄罗斯兴建的新时代印刷公司，是全国唯一"走出去"的印刷企业。集团与波兰马萨雷克出版社达成多种图书合作出版协议，双方商定将在波兰共同投资成立出版文化机构，从资本层面推动文化产业合作，共同开辟东欧及国际市场业务。

（四）干劲大起来，品牌响起来。转企改制运营6年来，集团在诸多方面发生了根本性变化，许多过去想不到或不敢想的事，已经或正在变为现实。第一，精神面貌好了。所有员工对事业有激情，对工作有热情，对企业有感情，对企业体制更加认同，对发展前景更有信心，工作的积极性、主动性明显增强。第二，做事能力强了。原来大家的思维模式是，做事先想困难、先想做不成的理由，而现在"只为成功想办法，不为困难找借口"、"方法总比问题多"，每做一件事都要想出若干解决问题的办法和对策。第三，管理体制规范了。集团按照现代企业制度，新建各项管理规章数十种，统一会计核算和财务管理制度，实行财务收支预决算管理，有效监控了资金使用；推行采购、工程承建等招标制度，强化了员工的成本意识、绩效意识；率先通过了ISO9001：2008标准，突破传统出版企业与国际先进管理理念脱节的机制模式，降低了管理成本，提高了工作效率。

三、小结

6年来，集团的规模和效益、市场竞争力、社会贡献力大大增强。"十一五"时期，集团累计销售收入和利润稳步上升。在每年高速增长、总资产较大的情况下，净资产收益率仍高达11.24%，总资产报酬率为7.83%，在全行业一直保持优秀水平。集团还荣获了"全国文化企业30强"、"全国文化体制改革先进企业"、"国家文化出口重点企业"、"中国服务业企业500强"、"中国版权产业最具影响力企业"等数十项荣誉，展现了"专业有品位、行业有地位、社会有影响"的良好企业形象，得到胡锦涛总书记、温家宝总理及中央政治局常委李长春等各级领导的充分肯定和行业内外的高度评价。

（供稿单位：安徽省财政厅）

传承文明　打造精品

——湖南编辑出版《湖湘文库》实例

湖南文化底蕴深厚,湖湘文化影响深远。为系统整理湖湘文献典籍,深入研究湖湘历史人文,传承弘扬湖湘文化,湖南于 2006 年 8 月启动了有史以来最大的文化工程《湖湘文库》的编纂出版工作。

一、大型文化工程,传承历史文化

《湖湘文库》(下称《文库》)是由湖南省委省政府主导并组织实施的一项大型文化工程。《文库》的编纂以"整理、传承、研究、创新"为基本方针,编选原则以文献典籍为主,同时选入今人著述。根据上述编选原则,《文库》由甲、乙两编构成。甲编为湖湘文献,系前人著述;乙编为湖湘研究,系今人编撰。甲编以时间为序,分为上古至唐代、宋元明、清代和民国 4 个时段,以图书典籍为主,同时选编部分清末、民国时期的旧报刊。乙编按内容划分,包括湖湘人物、湖湘历史、湖湘风物、湖湘文化综合研究、湖湘文化工具书与研究资料 5 个部类。全套丛书的书目为 1 105 种,成书 700 册。其中,甲编 445 册,乙编 255 册,总字数约 4.3 亿字。《文库》的编纂出版工作共有 13 家出版社参与,中南出版传媒集团股份有限公司(以下简称"中南传媒")旗下 7 家出版社承担了 639 册的出版任务,占总任务量的 91.28%。截至 2012 年 8 月底,中南传媒已出版《湖湘文库》539 册,计划 2012 年年底全部完成 639 册的出版任务。

已出版的《文库》主要赠送给中央领导机关、重要学术文化单位、国家图书馆、各省市公共图书馆及港澳台公共图书馆、湖南省县以上公共图书馆、国家档案馆及湖南省县以上档案馆、全国重点大学和湖南31所本科大学、中央和湖南省宣传文化单位、各省市推荐的民间藏书家、湖南省直有关部门和单位。

编纂出版《文库》既有利于全面、大规模地整理、保存湖湘文献，使优秀的传统文化得到传承和弘扬，也有利于系统地研究湖湘文化的方方面面，推进湖湘文化向更新、更高的层次发展，具有非常重要的文化价值和历史意义。财政部和湖南省财政厅对《文库》的编纂出版高度重视，从各方面给予了巨大支持。

二、精益求精，质量第一，黄昏赶路，节约合规

（一）以"精益求精"的态度，完善优化选题。湖南省在全面调查、研究省内外地方文化图书出版的基础上，博采众长，起草《〈文库〉出版大纲》，先后在长沙、北京多次组织专家论证，提出初步编辑规划，拟定初步书目，并分别在湖南大学、湖南师范大学、湘潭大学、湖南省社会科学院等单位召开座谈会听取意见，同时邀请湖南省文化厅、省文物局、省党史委、省民委、省宗教局、省地方志编纂委员会、省社科联、省文联、省图书馆、省博物馆的专家，分别开展专题研讨，充分听取和吸收学者、专家的意见，6易其稿，最后形成了《文库》选题书目。在编纂出版过程中，湖南省根据实际情况对《文库》选题在大框架稳定的前提下进行局部微调，通过取消、合并、修正角度、补充新增等措施，使选题得到进一步优化。

（二）以"质量第一"为准则，确保出版质量。千秋大业，质量第一。为保障《文库》的编纂出版质量，湖南省重点抓好了以下5个方面工作。一是抓作者队伍。作者是确保书稿质量的关键。湖南省精心挑选和落实承

担《文库》选题的作者，向每个作者发出专函，提出具体写作要求，并与作者紧密联系，及时帮助解决有关问题，指导写作。二是抓重点与难点。对一些重点选题与难点选题，组织力量专题研究，集思广益，重点突破，提高选题的编纂质量。三是抓编校质量。《文库》甲编基本是古籍版本的历史文献，乙编大部分是水平较高的学术专著，对编校人员的要求很高。湖南省一方面聘请一些水平较高的离退休编辑，同时调整部分在岗编辑，充实编辑队伍，公开招聘一批校对人员；另一方面加强对编校人员的指导，举办培训班提高编校人员的素质和水平，从而确保《文库》的编校质量。四是抓书稿审读。湖南省除严格执行 3 级审稿责任制度外，还规定必须经《文库》编委会审读通过后才能发稿付印，较好地把握了书稿内容质量。五是抓印制质量。《文库》图书为布面烫印、圆背真脊空腔精装，技术要求高，以前需要送往深圳制作。湖南省从技术操作、机械设施、工作流程、质量标准 4 个方面对现有精装工艺进行重要改进，印制质量明显提高，湖南印制的图书已达到深圳的制作水平。

（三）以"黄昏赶路"的精神，推动出书进度。根据 6 年完成《文库》出版的时间要求，以及抢救古籍文献的迫切需要，湖南省提出用"黄昏赶路"的精神来工作，将 700 册出版任务分配至每个年度，制定分年出版计划，并将年度计划分解落实到各出版社，责任分解落实到人。同时加强检查督促，深入各出版社、印刷厂了解情况，发现问题，督促工作，帮助解决具体困难，切实推动《文库》的工作进度。

（四）以"节约合规"的原则，用好专项资金。一是专款专用。各出版社获得的财政专项资金全部用在《文库》图书的编辑出版上，主要用于支付稿费、原辅材料费、印制费等。二是精打细算。严格按照国家规定控制成本，实事求是地使用专项资金，绝不乱花一分钱。三是全程监督。对专项资金使用从内部进行全程监督，并定期向上级管理部门汇报资金开支

情况，主动接受上级管理部门的监督和指导。国家出版基金办、湖南省财政厅等部门多次前来检查，均对专项资金的管理和使用给予充分肯定。

三、几点经验体会

（一）领导重视是做好《文库》出版的前提。湖南省委书记、省人大常委会主任周强，省委副书记、省长徐守盛，省委常委、宣传部部长路建平，省委常委、组织部部长郭开朗，省政协主席胡彪，副省长李友志，原省委书记张春贤，原省委常委、宣传部部长蒋建国等领导高度重视，多次听取《文库》出版工作情况汇报，对编纂出版工作做出重要指示，给予多方面的支持和鼓励。正是省委省政府领导的高瞻远瞩、深切关怀、正确决策，才使《文库》这一项目得以顺利实施。

（二）财政支持是做好《文库》出版的基础。编纂出版700册、4.3亿字的文献典籍，需要大量人力和物力，需要大笔资金。加之《文库》的学术性与专业性强，难以在市场销售，难以获得经济效益，任何一家出版企业均难以承受如此巨大的经济压力。鉴于《文库》的重大社会效益和公益文化性质，为促进文化产业发展和文化事业繁荣，省财政对《文库》的编纂出版高度重视，将《文库》作为重大文化项目予以重点扶持，并列入财政预算，数次下拨专项资金用于《文库》的编纂出版工作。正是财政部门的倾力支持，厚爱有加，才为《文库》的出版奠定了物质基础。

（三）组织协调是做好《文库》出版的关键。《文库》出版是一项浩大的文化工程，将千年湖湘古籍结集出版，其艰难程度可想而知，其组织工作至关重要。湖南省专门成立《文库》编辑出版委员会，由原省委副书记、省政协副主席文选德任主任，原省新闻出版局党组书记、局长刘鸣泰任第一副主任，原省新闻出版局巡视员、副局长张光华，原省新闻出版局党组副书记、副局长彭国华任常务副主任，中南传媒总经理丁双平等同志任副主任，领导《文库》的编辑出版工作。中南传媒成立《文库》办公室，组织协调各出版社的《文库》出版工作。各出版社成立《文库》编辑出版项目部，加强领导力量与工作队伍。正是组织有力，协调到位，才使《文库》的出版顺利推进。

（四）编纂队伍是做好《文库》出版的保障。6 年时间编纂出版一套贯古通今的丛书，时间紧、任务重。各出版社聚合数百位专家学者，集中百余名编辑、校对人员，夙兴夜寐，忘我工作，特别是一些年老的专家、学者和离退休老编辑，克服年老体弱等诸多困难，一丝不苟地做好编纂工作。正是编纂人员的尽心尽力、尽职尽责，为《文库》按时高质出版提供了保障。

（供稿单位：湖南省财政厅）

培育骨干文化企业　带动齐鲁产业发展

——财政支持山东出版集团改革发展实例

　　文化企业是文化产业发展的载体。加快文化产业发展，首先要做大文化企业的规模，提升文化企业的市场竞争力。近年来，山东省财政厅积极调整支出结构，加大资金投入，创新支持方式，完善支持政策，重点培育了山东出版集团等骨干文化企业，充分发挥示范带动作用，促进了全省文化产业又好又快发展。

一、大型产业集团，屡获荣誉称号

　　山东出版集团有限公司是山东省以图书出版为主业，集编辑、印刷、发行、物资供应、内外贸易、教学科研于一体的大型综合性文化产业集团。2008年，集团实施转企改制，进入市场化、产业化发展新阶段，现有23家子公司。其中，包括10家出版社、3家杂志社、4家印刷厂、1家省新华书店（下设140多家市、县店）、1家印刷物资公司、1家出版对外贸易公司、1家传媒科技公司、2家资产管理经营公司。2010年年底，集团职工达到13 604人。其中，在岗职工10 866人。

　　山东出版集团主要经营图书期刊发行，中小学教材出版投标业务，社会科学、科学技术、文学、艺术、教育、互联网出版业务，房屋租赁。集团在全国出版集团总体经济规模综合评价排名中居第6位，先后荣获"全国文化体制改革先进企业"、"中国文化企业30强"和"山东省文化企业十强单位"等荣誉称号。

二、推进体制改革，提升企业发展活力

为创新体制机制、提升发展活力，2008 年年底，山东省政府批复同意山东出版集团整体转企改制。改革涉及人员安置、土地、社会保障、财政税收等问题。每一项都与财政有直接的关系，都离不开财政政策。为推进改革实施，省财政配合有关部门，结合山东省实际，出台了支持改革的政策措施。

（一）妥善解决"530 人员"待遇问题。对部分工作年限长、临近退休的单位职工，考虑退休后待遇将出现较大幅度的下降，为妥善安置这部分人员，保证改革平稳实施，省财政配合有关部门明确：截止转企基准日，工作年限满 30 年或距国家法定正常退休年龄 5 年以内且工作年限满 20 年的工作人员（不含合同制人员），由本人申请，按管理权限批准以后，可以按照事业单位退休人员待遇办理内部退养。内部退养人员除医疗保险应继续缴费至法定退休年龄外，其余按退休人员对待，消除改革单位职工的思想包袱，加快改革实施进程。

（二）明确了改革成本的负担办法。改企中处理人事劳动关系和衔接建立各项社会保险制度及改企后离退休（退养）人员生活待遇、医疗待遇所需费用，按原渠道解决，经审核，单位确有困难的，由主管部门统筹解决。主管部门难以解决的，由省财政调剂解决。

（三）妥善解决转企改制人员身份转换所需资金。综合考虑资金需求和集团支付能力，核定所需资金由集团统筹解决，并要求集团明确资金落实方案，制定监督管理办法。实行资金专户管理、单独核算，既要充分保障离退休人员合法权益，又要充分发挥资金使用效益，确保集团正常运营，健康发展。

三、支持核心业务，提升市场竞争能力

文化企业实现持续发展，根本在于提升适应市场发展的能力。为此，省财政积极发挥资金杠杆作用，引导山东出版集团提高核心业务的市场竞争力。

（一）引导集团调整产业结构。省财政有意识引导企业发展战略的提高。2008年，省财政根据出版行业发展现状，进行深入调研后，建议出版集团逐步调整产业结构，并引导集团所属新华书店将专项资金投入方向调整为自动化设备和物流信息系统，对于企业"调结构、转方式、促发展"起到了积极的引导作用。

（二）指导集团实行绩效管理。项目立项之前，省财政厅指导出版集团对集团实际情况、出版行业发展方向进行深入研究，进行项目可行性分析，积极推行绩效管理。在项目建设过程中，省财政与集团保持密切沟通，随时了解项目建设情况，实行动态管理，全程监督，切实履行财政职能，保证集团项目建设的顺利建设，提高财政资金使用效益。

四、支持股改上市，增强企业发展后劲

文化企业股改上市可以借助资本市场实现企业的超常规发展，也可以带动和促进地方经济快速发展。目前，山东省还没有上市文化企业。2011年，省委省政府将山东出版集团股份制改造并上市作为经济文化强省建设的具体举措。省财政积极履行职责，支持和推动集团的股改上市工作。

（一）审核确定中介机构。根据国家有关规定，审核各中介机构的资质和从业经验，批复同意集团聘请中银国际证券有限公司、竞天公诚律师事务所、中瑞岳华会计师事务所、中企华资产评估有限责任公司、山东正衡土地房地产评估有限公司、韬睿惠悦咨询（上海）有限公司作为股改上市

的中介机构。

（二）授权资产无偿划转。根据财政部《关于企业国有资产办理无偿划转手续的规定》（财管字［1999］301号）和国务院国资委《企业国有产权无偿划转管理暂行办法》（国资发产权［2005］239号）规定，省财政批复同意集团负责审批下属单位之间资产无偿划转事项。

（三）设立资产管理公司。经过严格审核公司财务报表、章程等，省财政批复同意公司出资成立全资子公司山东新力资产管理经营有限公司；出资成立全资子公司山东新昕资产管理经营有限公司；出资成立全资子公司山东新地投资有限公司。这保证了股改上市过程中的资产运营。

（四）预提"三类人员"费用。根据财政部《关于企业重组有关职工安置费用财务管理问题的通知》（财企［2009］117号），省财政批复同意山东出版集团对重组改制中"三类人员"（离退休、内退、遗属精简人员）的费用从拟进入股份公司的净资产中一次性统筹预提。省财政设立专户管理，妥善处理好有关人员的安置问题。

五、加强资产管理，实现资产保值增值

加强国有文化企业资产管理，既是财政部门的职责，也是支持文化企业发展的重要手段。为此，山东省财政厅积极探索，出台了一系列政策措施。

（一）制定文化企业资产管理办法。为建立文化企业国有资产管理体制。2010年，省财政厅研究制定了《山东省省属文化企业国有资产监督管理暂行办法》（鲁财教［2010］96号），明确了财政部门在制定文化企业国有资产管理规章制度、审核批准重大事项、制定绩效考评办法、建立完善文化企业国有资本经营预算制度、调控文化企业收入分配总体水平等方面的职责。根据规定，对山东出版集团对外投资及一次投资额超过注册资本

20%或超过500万元的境内投资项目，省财政审批。其余投资项目报省财政备案，为国有文化资产保值增值提供了有力保障。

（二）建立文化企业产权登记制度。为及时掌握文化企业资产变动情况，进一步加强文化资产管理，2011年，省财政厅出台了《省属文化企业产权登记管理办法》（鲁财教〔2011〕24号），通过组织省属文化企业更换新的产权登记证，补办产权登记手续，实现了省属文化企业档案化管理。截至目前，财政厅已对山东出版集团23家子公司的资产全部实行了产权登记。

（三）建立文化企业经营季报制度。为全面掌握文化企业财务状况和生产经营状况，指导文化企业加强资产管理，实现资产保值增值，2011年，省财政厅印发《关于试行省属文化企业经营指标季报制度的通知》（鲁财教〔2011〕9号），建立了省属国有文化企业经营指标季报体系。财政厅每季度对出版集团的资产、负债、所有者权益等指标进行统计汇总，分析生产经营形势，切实加强对集团资产的跟踪管理。

（供稿单位：山东省财政厅）

十年磨一剑　建设"国家队"

——中国出版集团公司改革与发展实例

中国出版集团是经国务院批准，于 2002 年 4 月 9 日成立的大型出版发行机构。2004 年 3 月 25 日，国务院授权成立中国出版集团公司，在国家相应计划中实行单列，对所属成员单位的资产行使出资人权利。2007 年 7 月 26 日，集团公司完成工商注册登记。

一、中国出版集团基本情况

中国出版集团公司以出版物生产和销售为主业，是集各种介质出版物的出版和销售、连锁经营、进出口贸易、印刷复制、信息技术服务、科技开发、金融融资于一体的，经营多元化的大型企业集团。集团公司每年出版各类出版物万余种，书刊版权贸易千余种，进出口各类出版物 20 多万种。集团公司以邓小平理论和"三个代表"重要思想为指导，深入贯彻落实科学发展观，按照"高举旗帜，围绕大局，服务人民，改革创新"的总要求，各项工作不断取得新成绩，改革发展不断取得新突破。

党的十七届六中全会以来，集团公司领导班子持续推进出版主业发展，在抓方向导向、抓出版管理、抓数字出版、抓版权输出等方面取得了新成绩、新进展；大力推进主营业务发展和集团化建设，在抓经营管理、抓基础建设、抓多元经营等方面取得了新成绩、新进展；深入扎实开展"走转改"

调研活动，在摸清"团情"、明确思路、制定战略等方面取得了新成绩、新进展。集团公司"五大中心"的建设规划得到了中宣部、中央文资办等方面的肯定和大力支持，内容创新、品牌经营、集团化、数字化、国际化、人才强企"六大战略"已经成为集团公司未来发展的路线图。

二、改革发展取得的主要成绩

（一）完成转企改制的历史任务，制度创新绩效显著。集团公司顺利实现由传统事业单位转型为现代企业法人，妥善解决诸多复杂疑难的历史遗留问题。完善两级法人治理结构，实现计划决策、经营管理、内容生产、财务审计、干部考核、人才选拔、国有资产管理机制的变革和创新。积极推进股改上市工作，完成中国图书进出口（集团）总公司和中国出版对外贸易总公司合并、荣宝斋与中国美术出版总社分立的战略重组，在全国率先并购两家部委出版社，控股一家地方出版集团，初步实现内涵式增长和外延式扩张的跨越式发展。

（二）出版主业发展壮大，市场竞争力和品牌影响力全国领先。集团公司图书年出版总量从 4 663 种增长到 12 901 种，增幅 176％。其中，新书从 2 996 种增长到 6 356 种，增幅 112％；重印书从 1 667 种增长到 6 545 种，增幅 292％。旗下拥有国家一级出版社 7 家，名列全国第一，荣获国家级大奖总数 200 多项，位居全国出版集团之首。集团积极推进数字出版和信息化管理，完成各单位出版、发行、财务管理平台信息化建设，承担多项国家级重大数字出版项目，加大与技术开发商和网络运营商合作力度，初步形成一批具有自主知识产权和市场发展潜力的数字产品。

（三）经济总量实现大幅增长，综合实力显著增强。集团公司成员单位由 13 家增长为 19 家，直属单位由 1 家增长为 8 家。销售收入、利润总额、资产总额、所有者权益、在岗员工平均年工资收入均实现大幅增长。

（四）人才队伍建设取得重大突破，行业领军人才名列前茅。集团公司出台了一系列双效考核制度，优化人才管理体系。员工队伍学历水平大大提升，具有研究生以上学历的员工比例逐年增加。人才培训规模迅速扩大，建立起集团公司第一批人才梯队。入选中宣部"四个一批人才"、全国新闻出版业领军人才的人数，享受国务院津贴的专家人数在全国出版集团名列前茅。

（五）"走出去"工作成效显著，国际传播能力不断增强。版权输出总量增长到 493 项/年。出版物进出口均实现大幅增长。海外分支机构数量增加到 29 家，初步形成跨国跨所有制海外出版发行网络，为集团国际化战略奠定了良好的基础。

三、改革发展的主要经验

（一）改革起步早。与其他中央文化企业相比，集团公司在体制机制改革方面起步最早，被列入全国首批文化体制改革试点单位，2004 年就已整体转制，较早享受了一系列转制优惠政策，较早在管理体制、运行机制上进行了探索创新，摸索出了一套较为行之有效的管理办法。

（二）领导支持多。长春同志、云山同志等都对集团公司的发展非常关心，做出了一系列重要指示。长春同志、云山同志等还多次到集团公司视察，明确中国出版集团公司要努力打造国际一流出版传媒企业、建设"国家队"的战略目标。中央文资办成立后，与集团公司及时对接，在多方面给予支持和帮助。

（三）财政支持大。在集团公司的改革发展过程中，除了享受国家统一的财税优惠政策外，集团公司还得到了财政部、中央文资办如下支持：一是保留宣传文化发展专项资金基数，用于集团公司及所属企业重点图书、科技、发展项目补贴。二是保留转制专项经费，用于人员身份转换等补贴支出。三是保留中国大百科全书出版社基本支出（不含住房补贴等专项经费）。四是文化产业发展资金支持。自2007年开始，财政部每年安排数额不等的资金，用于集团公司重点项目建设。截至2011年年底，相继安排资金用于数字出版、物流中心、出版资源、按需印刷、荣宝斋发展、商务印书馆百年资源、出口奖励等重点项目补贴（含贴息）。五是国有资本经营预算资金。集团公司自2011年度开始纳入国有资本经营预算范围，上缴税后利润5%。同时，得到财政部的资本金支持，分别用于物流中心、音乐数字出版与发行平台建设等股权投资项目。重大项目、集约经营等所需要的资金除集团公司组织所属企业自筹外，财政部的支持起到重要的作用。除以上所述支持和帮助外，财政部还大力支持集团公司重大项目建设，主要包括商务印书馆的商务百年出版资源数字化工程，荣宝斋的荣宝斋发展建设规划项目、发展重点展览工程，中版数字设备公司的按需印刷项目，新华联和公司的发行基地建设，中国图书进出口（集团）总公司、中国对外翻译出版公司、中华书局的出口奖励，中版数字传媒公司的中国数字出版网（一期），集团公司的百年经典出版资源总库等。

（四）自身品牌好。集团公司拥有商务印书馆、中华书局、三联书店、荣宝斋等历史悠久的文化机构，拥有庞大的作者资源和读者群体，在国内外具有较大的文化影响力。这为集团公司的改革发展提供了坚实基础。

自2002年集团管委会成立以来，中国出版集团已然走过了10个春秋。在这3 000多个日日夜夜中，集团的广大干部职工在历届领导班子的带领下，筚路蓝缕，上下一心，十年磨一剑，建设"国家队"。而今，乘着党中央国务院扶持文化产业发展的东风，在新一届领导班子的带领下，中国出版集团这艘中国出版传媒的航母型企业扬帆起锚，沿着内容创新、品牌经营、集团化、数字化、国际化、人才强企的新航向乘风破浪，开始了新的十年、新的征程。

（供稿单位：中国出版集团公司）

唤醒体内活力　　提升整体实力

——吉林出版集团改革与发展实例

　　吉林出版集团有限责任公司（以下简称"吉林出版集团"）于 2003 年被国家列为全国 7 个出版体制改革试点单位之一，2005 年完成事业单位转企改制。几年来，吉林出版集团以改革促发展，积极实施规模增长战略，唤醒了企业体内的活力，出版、印刷、图书销售业绩得到了迅速提升，经营发展成效显著，提升了整体实力。吉林出版集团共有 103 家各级独立法人单位、2 家参股公司、8 047 名在册员工。目前，该集团正积极筹备股改上市。

一、加快改革，激发企业内在活力

　　（一）实现了企业制度的创新。吉林出版集团通过整体转制资产授权经营，完成了传统的出版体制向现代企业制度的转变。2004 年年末，吉林实行了新闻出版系统局社管办分离，原省新闻出版局所属的 21 家企事业单位全部分离出来，组建了拥有独立法人地位的吉林出版集团。2005 年，企业整体转制，开始探索企业集团运营，解决了集团出资人不明确的问题，保证集团拥有了真正的市场竞争主体地位和资格，为吉林出版集团的深化改革与发展实现体制上的突破奠定了基础。

　　（二）实现了经营体制的创新。通过建立母子公司体制，明晰产权关系，吉林出版集团实现了与成员单位之间由传统的行政隶属关系向以资产为纽带的产权关系的转变。企业通过资产授权经营，确立了母公司的出资

194

人地位，同时，保障了各子公司的独立经营权和独立的市场竞争主体地位。

（三）实现了用人机制的创新。一是通过领导干部制度改革，实现了由领导干部向经营管理者的身份转变，由委任制向聘任制的转变。集团对子公司的经营管理者实行公开招聘，取消了子公司原有的行政级别与领导身份。按集团设定的各子公司责任目标岗位职数，个人申报竞聘岗位，进行竞职报告、民主测评、集团考核，按董事会票决的结果进行无级别聘任。一批优秀的中青年人才脱颖而出，公司经营管理者的专业化、年轻化程度有了很大提高。二是通过劳动用工制度的改革，企业逐步完成了由终身制向委托聘用制的过渡，完成了由传统的劳动人事管理方式向现代人力资源管理体系的转变。吉林出版集团通过定机构、定岗、定员、定目标、定薪酬，原有职工人人竞聘上岗，对新录用人员全部委托人才市场聘用，实现了全员聘任制。

（四）实现了激励与约束机制的创新。通过分配制度改革，企业实现了从传统的企事业工资制度向现代企业薪酬体系的转变。吉林出版集团所有人员原有的各类工资标准一律进入档案，全部实行以效益、绩效为核心，兼顾公平的薪酬制度。各子公司班子成员按本单位完成效益情况兑现薪酬；编辑人员实行年度利润提成薪酬制；发行人员实行回款提成薪酬制；行政管理人员实行岗位绩效薪酬制。企业明确了岗位职责，建立了目标考核体系，实行全员目标管理，按目标实现比例兑现个人收益，有效地调动了员工的积极性、创造性。

二、推进产业发展，提升整体效益

经过几年来的改革发展，吉林出版集团出版、印刷、发行等主营业务的盈利水平大幅提升。通过直接投资和资产收购等方式，企业探索外向型发展模式，开展对外交流合作，拓展海外市场，取得了较好的社会效益和经济效益。

（一）立足主营业务，发展势头良好

1. 图书出版品种和规模持续增长。通过实施规模增长战略、大众出版战略、项目拉动战略，企业促进了图书出版在品种和规模上的大幅增长，图书市场占有率连续 5 年保持在全国第二名的位置。2010 年，集团共出版图书 6 216 种，比 2003 年增长 164%。其中，新版图书 4 125 种，比 2003 年增长 208%；重版图书 2 091 种，比 2003 年增长 106%；造货码洋比 2003 年增长 101%；发货码洋比 2003 年增长 141%。《中国大趋势》、《货币战争》与《图说天下》等系列图书蜚声海内外。

2. 印刷企业利润大幅提升。通过股份制改造，创新管理体制和经营机制，引进民营资本，提高管理水平，吉林出版集团大幅提升了长春新华印刷有限公司的经济效益。

3. 图书发行销售量快速增长。通过扩大图书销售网点，采取图书展销、送书下乡、上门服务和网络营销等多种促销手段，吉林新华发行集团的一般图书销售量显著增加。

（二）探索跨区域发展，取得显著成效

1. 借助地域优势，实现域外发展。2007 年，吉林出版集团投资成立卓信医学传媒集团，并在北京落地经营。经过几年的不懈努力，卓信医学传媒集团的业务得到迅速发展。目前，卓信集团已达到创业板上市条件，现正积极筹备上市。

2. 吸收高端资源，延伸产业链条。为扩大影响，取得高端文化资源，该集团在北京成立了出版分公司，并于 2007 年出资成功控股了北京中华工商联合出版社，以此为平台，进入全国民营企业家培训市场，培育新的经济增长点。此举得到中宣部和国家新闻出版总署的充分肯定。

3. 加强合作交流，拓展境外市场。吉林出版集团在注重省内和域外发展的同时，积极探索与国外出版机构的合作与交流，先后与美国哈珀·柯林斯出版集团等签订了战略合作协议，开展了深度合作，共同开发、推介相关产品。

经过几年的不懈努力，吉林出版集团的经济实力得到了全面提升。集团及所属吉林美术出版社被评为"全国百佳图书出版单位"。集团被商务部、文化部、广电总局和新闻出版总署确定为"2009～2010 年度国家文化产品出口重点企业"和中国元素系列"国家文化出口重点项目"。

三、财税扶持政策促进了改革与发展

在吉林出版集团改革、发展的过程中，财税部门的政策资金支持对企业的发展和国有资产监督管理发挥了重要作用。2005 年以来，集团连续几年享受了国家出版企业税收优惠政策。一是用于出版集团员工解除劳动关系的经济补偿金；二是支持新华发行集团发行网点建设和农村流动售书网点车辆配备等；三是支持出版社业务用房屋维修改造和设备购置及政治、学术类等重点图书出版亏损补助等；四是支持股改、筹备上市、收购非上市单位资产和工作经费等。

上述政策和资金支持有效地缓解了吉林出版集团改革发展中的困难，提高了生产能力，促进了企业的深化改革和加快发展，为社会提供了更多优质文化产品，实现了经济效益和社会效益同步提升。在国有资产监督管理方面，财政部门加强对转制和参与股改企业的清产核资、财务审计、资产评估等工作，对企业资产的出售、划转等严格执行国家政策和规定，保证了国有资产的保值增值和有效使用。

（供稿单位：吉林省财政厅）

汇入财政激流　弄潮黄海之滨

——青岛出版集团出版产业发展实例

青岛出版集团的前身青岛出版社成立于 1987 年 1 月 12 日。2009 年 3 月，出版社完成转企改制，成立青岛出版集团。

一、改制后硕果累累

改制后，青岛出版集团迅速整合资源，理顺产业链条，目前已发展成为图书、期刊、报纸、电子、音像、网络六大功能齐全，覆盖出版链条上中下游的媒体集团。

集团成立后，先后获得"全国百佳出版单位"、"一级出版社"、"全国文化出口重点企业"、"山东省文化体制改革和文化产业发展先进单位"、"中国出版政府奖集体奖"、"山东省新闻出版奖优秀集体奖"、"山东省文化企业十强"等荣誉。

集团的资本规模、销售业绩也有了大幅提升。集团连续保持平稳、快速发展。据 2011 年新闻出版总署发布的出版产业发展报告，青岛出版社综合实力位居全国副省级出版社第一位。

二、开创数字出版板块，深耕传统项目

各级财政资金引导集团投入的文化产业项目主要有四大类：一是新媒体出版，即数字出版板块；二是精品图书出版板块；三是集团自身网络建

设及出版网络升级；四是新华书店集团的网店建设和县区店改造。

（一）数字出版板块。集团数字出版工作的主导思路是：研究为先导，改造资源为主导，搭建平台为支撑，建立数字出版基地为依托。在项目的具体实施上，集团多采用与汉王、中国移动等传播企业进行合作的发展模式，打造数字出版内容、技术、运营一体化的平台。内部则致力于开发电子书，整理终端内容，打造"数字社区"等产品，通过建立本地"数字联盟"等方式，力争实现一种产品多次售卖、多角度售卖。

（二）出版项目。出版项目如《冯其庸文集》和《海岳楼金石丛拓》等书，一般采用项目制运作。集团内部调集有相关出版经验的精干编辑，组成项目部，同时请国内资深专家担任编辑委员会顾问，针对文集编辑体例庞杂、结构庞大等大型文集编辑过程中罕见的疑难问题反复研讨，解决实际问题。在印刷设计方面，集团均采取全国竞标的方式，确保达到预期效果。同样这样运作的还有《筑梦天下》、《海岳楼金石丛编》、《中国高等植物》、《中国共产党思想通史》、《中国饮食文化通鉴》、《青岛城市历史图鉴》等图书。

三、数字和传统出版的成果

（一）数字出版基地建设。2011年5月，集团搬迁至新办公楼，拿出一层楼约1 000平方米作为数字出版基地。同时，集团加紧了项目软环境建设。建设项目涉及信息系统软件及硬件系统建设、多媒体录播系统建设、人才招募与培养等。至2011年11月，已完成项目建设工作的部分系统，如多媒体录播系统、综合布线工程、网络交换设备、信息机房系统、服务器系统等，已经初步具备了面向多媒体与信息化应用的数字出版架构，陆续推出了第一批数字出版产品，包括手机书、电子书、手持阅读器、富媒体出版物等，实现了一定的收入。下一步，集团将着重加强数字出版基地项目的应用软件系统和服务软件系统建设，以及开放性数字出版平台的搭

建、全媒体出版物的开发和运营等。

（二）具体数字出版项目。

1. 研发手持阅读器。集团与汉王科技股份有限公司合作，开发青岛出版集团手持阅读器，并已实现收入。手持阅读器是一种较为成熟的数字出版产品，虽然如今受 iPad 冲击，市场有所萎缩，但还是拥有较广泛的用户。下一步，基地将利用现有优质出版资源，开发专用版手持阅读器，如"《中国高等植物》手持阅读器"等。

2. 开发销售手机书及移动阅读终端。集团与中国移动手机阅读基地合作开发手机书，销售 400 余种。今后，集团将加大手机书营销力度，实现稳定、快速盈利。与电信手机阅读基地的合作也已启动，除销售手机书外，双方还探讨共同定制移动手持终端，探索让数字化阅读走进社区的途径。

3. 开发电子书。集团与苹果公司、北京方正阿帕比技术有限公司、北京书生数字图书馆软件技术有限公司、福建网龙计算机网络信息技术有限公司、珠海掌媒数字新媒体有限公司、上海新华解放数字阅读传媒有限公司、北京幻剑书盟科技发展有限公司、北京新浪互联信息服务有限公司、北京匡九羽科技有限公司等 10 余家公司合作开发手机书、电子书，半年来销售了 3 000 余种。

4. 打造"数字社区"产品。"数字社区"产品是青岛出版集团数字出版基地独立提出并自主研发的一种新型数字出版产品，涵盖网络虚拟社区、人生体验、数字化教学、交互式学习、合作式学习、数字化阅读等多个领域，已推出两个版本的测试版，得到了各级领导及多位专家的好评。基地将利用虚拟现实技术、三维动画技术、富媒体技术等进一步完善之，加强交互性，提高实用性，力求尽快实现商用，成为国内数字出版产品中的一种标志性产品。

5. 加强本地合作，共同推进数字出版建设。2011 年 11 月 8 日，青岛数字出版联盟正式成立，20家本地大型企业加盟。作为发起单位之一，青岛出版集团将以此为契机，继续加强与本地相关企业的数字出版合作，并加紧申办国家级青岛数字出版基地。同时，集团一直与海尔、海信等本地大型企业在数字出版领域不断探索合作模式，利用其数字网络电视、物联网冰箱等产品，开展内容方面的合作。如与海尔合作开发的网络电视阅读专区即将上线运营，物联网冰箱数字阅读内容植入也即将展开。

（三）部分出版项目开展情况。

1. 《冯其庸文集》项目。该书共35卷，是目前国内部头最为庞大的学术文集之一，集中了冯其庸先生一生的学术研究成果。冯其庸先生著述丰富，《冯其庸文集》的结集出版将为《红楼梦》、中国文化史、艺术史研究等方面留下珍贵的文化成果与研究资料。《冯其庸文集》出版工程浩繁，投入人力、物力、财力巨大，随着编辑工作的推进，文集结构也在不断扩充，作者也在不断调整内容，不但增加了编辑的工作量与劳动强度，也使文集的各方面投入比原计划大大增加。截至全部编辑完成发印，最后直接成本比原计划增加了一倍多。其中，国家划拨了一定的出版基金资助。

2. 《孔子》项目。在前期与动画片《孔子》的出品方——中国孔子基金会、山东省委宣传部、山东广电总台和深圳崇德影视传媒有限公司进行有效对接、确定图书风格的基础上，项目组赴深圳现场办公，经过半个多月的拼搏，终于在孔子诞辰2 560周年之际如期推出了第一季8册图书，收获了巨大的社会反响。在随后的两年中，项目组采取全媒体出版的运作模式，调动电视、公交移动电视、高速铁路电视、报刊等平面媒体、网络视频等，对图书进行营销推广，为《孔子》动漫书走入千家万户打下了基础。之后，项目组平稳推进，以每半年推出一季的高效率圆满完成了图书出版任务。至2011年5月，全套32册图书均已正式出版并投放市场，104集大型动画片《孔子》抓帧版丛书项目圆满完成。该项目共计推出图书32种，

印制 70 余万册，已完成销售 40 余万册。由于该项目在振奋民族精神、构建社会主义核心价值体系方面取得了较好的成绩，出版之后广受政府、民众的好评，至今已接连获"新闻出版总署向全国青少年推荐的 100 种好书"、"国家原动力原创动漫图书出版扶持项目"、"2009 年度最佳少儿动漫图书"、"2011 年度冰心儿童图书奖"等大奖。

3. 《海岳楼金石丛拓》、《海岳楼金石丛编》项目。该项目是目前国内最为庞大的王献堂先生编著文集之一。《海岳楼金石丛拓》共分齐鲁陶文、二百镜斋镜文、十钟山房金文、秦诏量瓦集拓等部分。《海岳楼金石丛编》包括两汉印帚、汉魏石经残字、双行精舍陶骨印存、临淄封泥文字等，集中展示了王献堂先生一生的研究成果。

4. 《中国高等植物》项目。在吸取《中国植物志》、《中国高等植物图鉴》和英文版《中国植物志》3 部著作的优点，订正其疏漏、错误之处的基础上，集团增补新的内容，形成以下特点：一是系统性强，科属齐全，便于鉴别物种；二是中文名和拉丁名考证正确，引列文献及形态特征记述简明；三是列出发行最广、影响最大的《中国高等植物图鉴》和《中国植物志》中的错误名称，以免继续使用；四是每种植物有形态图和县级地理分布图，1/4 以上物种有彩色照片。科学和实用是这部巨著的两大特色。这一项目在计划制订、组织落实、文稿审定等方面都是项目负责人员亲力亲为、同心协力，花费近 10 年时间倾心出版完成的。到目前为止，《中国高等植物》已编辑出版 13 卷，记载近两万种植物，有森林、植被及园林中的常见种，有具备经济或科研价值的物种，以及常见引种栽培的外来物种等，集中了傅立国先生的编著成果。傅先生著述详细，《中国高等植物》的结集出版将为我国在物种保护、生物多样性的保护、自然保护区的建设和可持续发展等方面留下珍贵的研究资料。

（四）集团网络建设及出版网络升级项目。一是综合布线工程。工程采用标准结构，垂直系统采用千兆光纤网络，水平系统采用千兆和百兆混合以太网络。二是网络交换系统。系统采用网通和电信双线接入的方式，通过线路负载均衡设备，实现用户访问网络资源的双线自动分配。同时，两条外网线路互为备份，增加了外网连接的稳定性。

（五）新华书店网店建设及县区店改造。第一，网店建设。青岛市新华书店集团于 2009～2011 年间实施的网上书店建设及相关软件开发，完善了企业销售和为读者服务的渠道，实现了低成本地拓宽企业宣传途径，扩大了市场占有份额。第二，县区店改造。通过改造，促使新华书店增加县区店网点面积 1 700 平方米，增加课本库房面积 5 000 平方米，带动 100 余人就业。新华书店销售卖场的增加不但为青岛市民购书提供了方便，树立了新华书店的形象，也提升了青岛市文明城市浓厚的文化氛围。2009 年，青岛市民人均购书额为 84.90 元，次年为 92.36 元，居山东省前列。扩大的营业面积也为集团后续股份制改造提供了良好的硬件设施。

历经数年的经营，汇入了财政激流的青岛出版集团如鱼得水，成长为黄海之滨的弄潮儿。

（供稿单位：青岛市财政局）

发挥扶持作用　推动出版发展

——海峡出版发行集团探索特色发展道路实例

2009 年年底，福建省委省政府根据党中央、国务院关于文化体制改革的精神，对福建出版、发行相关资源进行整合，组建成立了海峡出版发行集团。两年多来，海峡出版发行集团在福建省文化改革发展工作领导小组、省委宣传部的正确领导和省财政厅、省新闻出版局的有力指导下，认真贯彻中央和福建省关于文化体制改革的精神和要求，努力发挥财政政策和资金的扶持作用，坚定不移地深化改革，千方百计地加快发展。集团公司被评为全国文化体制改革工作先进单位、福建省文化企业十强和省重点上市后备文化企业，所属的福建人民出版社、福建新华发行集团福州分公司等被评为全国新闻出版系统先进集体、文明单位。

一、加强质量管理和市场开拓，推动传统出版、发行、印刷主业持续发展

一是加强出版物精品建设。政府出台了支持鼓励下属出版、发行单位打造重点书、畅销书的政策措施，从多方面积极引导他们针对市场需求，挖掘潜力，增强市场竞争力，取得了良好效果。海峡集团两年来推出了一大批的精品力作，共有 200 多种出版物获得省部级以上奖项。二是加强教材教辅市场开拓。海峡集团在教材教辅市场上取得较大突破，不仅获得福建省 2011 年秋季至 2014 年春季免费教科书单一来源采购供应商的资格，

204

而且全省义教阶段人教版教材市场占有率时隔9年再次突破50%，达到52.3%。三是加强一般图书市场开拓。集团举办了两届全省图书订货会和馆配样采会，广泛开展促销活动，积极营造读书氛围。一般图书销售连续两年保持30%以上增长，出现了近年来较好的发展局面。四是加大对直属印刷企业的支持和整合力度。集团推动集团内各出版社的印刷业务集中归并到集团内印刷厂，改变其印刷业务不足、淡旺季不均衡的状况。在省财政300万元专项资金的支持下，集团所属的福建新华印刷厂获得了全国绿色印刷资质证书，成为我省首家也是目前唯一一家获得全国绿色印刷资质的印刷企业。同时，集团开始筹建现代数字印刷园，通过整合、改造、更新，大力发展传统书刊印刷和现代数字印刷并举的印刷产业。

二、加强数字出版和多种经营，初步构建起一业为主、多元发展的产业体系

一是加强数字出版。与我国台湾出版机构合资设立股份公司，以数字出版为重点发展方向，全力将其打造成华文市场的数字出版旗舰和集团数字出版人才、技术、管理、产品的孵化平台。集团推出了以少儿出版物为题材的多款数字产品，市场反响良好。在省财政300万元专项资金的支持下，集团建设基础元件数据库，促进各出版单位的数字化转型。二是加大对相关产业的投资力度。两年来，集团参与投资了武夷山下梅文化旅游综合体项目、海峡文化产权交易所、海峡文化产业投资基金和海峡文化艺术经纪公司，拓展了集团的发展空间。三是积极开展多种经营。集团利用"新华书店"的良好品牌和网点众多、渠道畅通的优势，与民营企业合作开发与文化相结合的具有"新华"要素的新华茗茶、新华玉瓷、新华红木等产品。经过努力，目前初步形成以出版、印刷、发行及相关物资供应为主

业，同时向对外贸易、文化地产、文化旅游、金融服务等领域多元发展的产业体系。

三、加强对台对外交流合作，走出去工作取得突破

一是对台交流合作的项目和活动不断深化。集团成功举办了金门书展、两岸青少年快乐读书会等十几项两岸出版交流活动，活动内容和形式有所创新，参与面和影响力不断扩大。二是对台合作出版取得成果。与我国台湾出版商共同策划、编辑出版了一批图书、期刊、音像电子出版物和网络产品。其中，《中华大辞林》、"作家笔下的海峡27城"丛书受到两岸瞩目，影响广泛。2011年，有8个对台出版项目被列入国家"十二五"出版规划。集团修订和重印以两岸文化交流和发展为特色的重点图书30多种。三是海外市场有所拓展。集团在境外成功举办多个福建书展和"海西新风采、福建新跨越"大型图片展，提升对外书展和图片展的品牌效应，培育海外书展市场和读者群，扩大福建文化和中华文化的对外影响力。

四、加强产业园区筹建，奠定了未来发展的重要基础

一是加强海峡出版合作中心建设。海峡出版合作中心是集海峡两岸数字出版、网络出版、动漫设计、出版创意等业务生产、研发、培训、交易、管理为一体的先行先试合作项目，已被列入省重点建设项目和新闻出版总署改革发展项目库，获得中央财政2 000万元支持、省财政1 500万元支持，建筑面积3.6万平方米，总投资2.2亿元。二是启动海峡出版物博览交易中心的建设立项工作。海峡出版物博览交易中心是国际图书展览交易平台，具有图书现采、博览会展、发行配送、仓储物流等功能，建筑面积10万平方米，总投资5.5亿元，也被列入新闻出版总署改革发展项目库，获得中央财政2 000万元支持。三是启动福建新华发行集团智能化物流中心

项目和泉州东海学术交流中心建设项目。预计经过 3～5 年的大规模建设，企业可使上述项目成为集团主业发展所依托的重要基础设施。

五、加强管理和资源整合，集团规模化和集约化经营优势凸显

一是全面完成转企改制。严格按照经营性出版单位转企改制的要求，组织集团及所属各单位注销了事业单位法人，核销了事业编制，完成了公司登记，全面完成转企改制任务，目前正在积极组织实施股份制改造，努力建立完善的现代企业制度，进一步增强集团各企业的活力和竞争力。二是初步建立起与现代企业制度要求相适应的集团化管理体制和运行机制，基本形成覆盖安全生产、经营管理和质量管理等方面的制度体系，建立完善了集团化的绩效评估体系，进一步调动了下属企业改革发展的积极性和主动性。三是加强资源整合。其中，教辅出版资源整合、《开放潮》杂志和福建教育出版社的期刊资源整合取得成效。四是加强集团信息化建设。按照整体规划、分步实施的原则，已初步建立集团统一的财务管理信息系统和办公自动化系统，正逐步建设集团业务管理信息系统和人力资源管理系统，大力提升集团的科学化管理水平。

（供稿单位：福建省财政厅）

借力政府扶持　做强八闽报业

——福建日报报业集团发展实例

福建日报报业集团成立于 2002 年 8 月 25 日，是福建首家传媒集团。按照中央、省委以及省委宣传部的统一部署，报业集团紧紧围绕大局，牢牢把握导向，唱响主旋律，打好主动仗，努力营造团结和谐、健康向上的舆论氛围，为贯彻落实党的十七届六中全会精神，促进福建省新闻出版业大发展大繁荣，加快海西建设，推动福建科学发展、跨越发展做出重要贡献。

与此同时，报业集团认真落实中央和省里的相关要求，积极推进文化体制改革，推动文化产业发展，取得显著成效。集团的长足发展得到了财政相关部门的大力扶持和帮助，为做强八闽报业奠定了坚实的基础。

一、立足长远发展，稳步推进建设

福建日报报业集团自成立以来，立足于长远发展，稳步推进产业建设。特别是近年来，集团迎来加快海西建设，推进福建科学发展、跨越发展的新形势、新机遇。报业集团抓住并用好中央和福建省大力推进文化体制改革、加快文化产业发展的一系列有利政策，自觉站在海西发展总体布局的高度谋划发展、解放思想、转变观念、拓宽视野、积极作为，加强统筹协调，推动产业升级，制定并实施一系列创新举措，取得明显成效。

特别是集团着力提升主业，加快多元发展，整合资源，集聚优势，促进产业转型升级，使得媒体阵容日益强大，产业结构日趋优化，经营效益稳步增长，综合实力不断增强，逐步朝着打造现代综合性传媒集团的目标迈进。

现在，集团共拥有 11 报、11 刊和多个影响较大的网站，建立起报、刊、网互动的立体化传媒格局。集团下属的经济实体发展到 40 多个，产业规模和综合实力在全国党报集团中居于中上游，净资产收益率在华东地区党报中名列前茅。

二、财政全面扶持报业集团发展

（一）重点扶持《福建日报》的发展。近年来，财政资金每年均拨付给日报集团福建日报印务中心技改补贴，大力扶持集团印务中心的设备改造、厂房建设等项目，有效确保党报的印刷质量和时效。此外，财政给予《福建日报》扩版补贴、纸价上涨补贴、历史报数字化工程补贴等专项补贴，强力扶持党报事业发展。

（二）大力扶持集团主流媒体开拓发展。近年来，集团媒体数量日益充实，媒体覆盖面、影响力日益增强，相关媒体的发展也得到财政的大力支持。集团所属报刊媒体，如《每周文摘》、《法制今报》、《海峡消费报》、《海峡教育报》、《市场瞭望》等单位在办报、办刊、办网站的过程中先后获得财政的资金扶持。作为地市级党报，《晋江经济报》、《石狮日报》也得到当地财政的大力支持和帮助。财政每年均拨付相应款项，扶持主流媒体的发展。

（三）大力扶持集团相关文化产业的发展。集团在全力推动新闻宣传事业发展的基础上，大力拓展相关文化产业的发展。近年来，省财政对集团产业重点项目给予了大力支持。如集团参与开发的武夷山（下梅）文化旅游综合体项目被列入 2011 年省文化产业建设重点项目。《海峡都市报》新近创办的海峡文交所项目于 2011 年和 2012 年连续获得专项补助。近两年，

209

海都 968111 便民呼叫中心也得到财政资金的相应扶持。此外，就集团牵头创建的海峡文化产业投资基金项目，省级财政将对参加基金发起的国有文化产业部门和单位从省文化产业发展专项资金中给予一次性奖励，助推福建省文化产业发展基金的运作尝试。

三、宣传事业、文化产业、文化体制改革全面开花结果

（一）新闻宣传事业发展取得成效。集团通过调整报刊产品结构，强化区域布局优势，充实平面媒体阵容，大力拓展新媒体事业，初步构建了报、刊、网三大平台的立体化传媒格局。一是报纸结构持续优化。集团以《福建日报》为主报，拥有《海峡都市报》、《海峡导报》、《每周文摘》、《法制今报》、《石狮日报》、《晋江经济报》、《海峡消费报》、《海峡教育报》、《海峡都市报》（闽南版）、《南安商报》等11家报纸，组成较大规模的报纸集群，广泛覆盖全省乃至海西地区。各报定位互有区隔，区域布局趋向合理。二是期刊方阵初具规模。集团通过创办和接收一批划转的新闻、财经类期刊，使集团刊物数量从成立时的仅有一份内刊《传媒天地》，发展到现在拥有《市场瞭望》、《海峡茶道》、《海峡商业》、《晋江商人》、《东方收藏》、《两岸传媒》等11种期刊，多个杂志在业界及海峡两岸有较大影响力。三是网络媒体发展迅速。集团顺应传媒发展方向，倾力打造网络报业集团。东南网现已成为福建省规模最大、影响最大、新闻被转载量最多的综合性新闻网站。海都网、台海网等网站也已形成较大的影响力。

（二）相关文化产业发展取得成效。集团在巩固、提升传统主业的同时，积极拓展相关文化产业的发展，推动集团主要经济指标持续快速增长，整体经济实力显著增强。一是传统主业持续稳健发展。"十一五"期间，集团报刊总发行量逐年稳步提高，2010 年的发行量达 150 万份。集团印务中心拥有福、厦、泉 3 个现代化印刷基地，是省内最大的报纸印刷企业。二

是多元经营取得重大进展。近几年来，集团在文化地产、物流配送、股权投资、中介服务等方面的多元拓展取得突破性进展。武夷山下梅文化旅游综合体项目被列入 2011 年省重点建设工程。海都报 968111 呼叫中心已发展成福建省最具影响力的公共服务平台。由集团发起设立的海峡文化产权交易所和海峡文化产业投资基金的相关工作有序推进。三是整体经济实力显著增强。2010 年，集团报业收入占全省报业收入 50% 以上。

（三）文化体制改革取得成效。根据中央深化文化体制改革的有关要求，按照省委宣传部的统一部署，集团坚持稳步推进、分步实施、确保实效的原则，大力推动文化体制改革进程。

1. 通过"两分开"为发展注入新动力。《海峡都市报》、《海峡导报》、《晋江经济报》和《市场瞭望》杂志社 4 家报刊先后成功实施采编经营"两分开"改革，推动相应媒体的影响力和市场份额显著提升。《海峡都市报》现已位列全国都市报晚报 17 强，并入选全国最具价值品牌 500 强。

2. 通过"引资改制"推动效益快速增长。《晋江经济报》、《海峡导报》、《市场瞭望》3 家报刊社先后引入社会资本。引资合作在为报刊发展注入必要资金的同时，显著提升了相关单位的经营管理水平。

3. 通过机制体制改革释放发展活力。根据"大厂改机制、小厂改体制"的改革思路，集团印务中心福州分厂通过员工绩效考核及分配激励机制的改革创新，使企业化管理模式更加规范、深入；厦门、泉州分厂成功实施公司制改造，有效激发员工的能动性，人均创利水平跃居集团前茅。

集团的 3 项制度改革持续推进，有效地激发了人才队伍的活力，逐渐做大做强了八闽报业。

（供稿单位：福建省财政厅）

实施品牌战略　提升文化实力

——广西日报传媒集团快速发展实例

广西日报传媒集团于 2009 年 12 月挂牌成立，在广西日报社的基础上，一方面按照新闻宣传与经营业务两分开改革的总体思路，对新闻采编及相关部门按事业单位模式进行运作和管理；另一方面对广告、印刷、发行等经营部门和非时政类报刊剥离转企，成立广西日报传媒集团有限公司，实行公司化运作。集团成立以来，在围绕自治区党委、政府中心工作做好新闻宣传的前提下，文化产业发展取得较大成就，文化体制改革迈出重大步伐，逐渐成为广西文化传媒事业的排头兵。目前，广西日报传媒集团拥有 10 报、3 刊、5 网站、13 公司、4 工厂、3 办事处，搭建起了现代传媒集团的坚实架构。集团正以"创造性引导舆论，开拓性经营传媒"为发展理念，朝着"打造有区域性国际影响力的传媒集团"的目标迈进。

一、打造传媒品牌，拉动支柱产业

（一）以创造性思维打造传媒品牌。实施传媒品牌战略是广西日报传媒集团提升核心竞争力的关键，也是文化产业发展的驱动力。首先，集团向《人民日报》和全国先进省报学习，酝酿《广西日报》改版升级，重点打造"党报品牌"，创造性引导舆论；拟设立"桂冠奖"激励和培养高水准传媒人才，推出若干名记者、名编辑、名评论员、名策划人、名经营者；拟组织"传媒智库"，谋求集团文化产业超常规、跨越式发展。目前，《广西日报》成为全国率先自办发行并取得成功的省级党报。其次，广西日报集团打造了一系列叫响全国的畅销品牌：一份畅销报纸——《南国早报》，广西发行量和广告量最大的都市报，投资广西的首选媒体；一本畅销书——《我们错了》，受到中共中央政治局委员、中央书记处书记、中宣部部长刘云山批示表扬，发行量已突破10万册，在全国赢得了正面的口碑；一项热门活动——"红拇指"广西全民健康短信大赛，其传阅量逾3800万人次，通过百度搜索，相关网页记录高达208万多条，成为全国唱响主旋律的热门活动；一个热门论坛——广西新闻网红豆论坛，已经成为全国网络论坛社区百强网站。上述经验表明，只有创立深受公众欢迎的传媒品牌和市场公认的文化品牌，才能真正成功、有效地将广西推向全国！

（二）以开拓性经营拉动支柱产业。目前，广告业仍然是广西日报传媒集团文化产业发展中的支柱产业。集团广告经营逐年增长，首先得益于广西经济年年攀升，同时得益于集团科学的经营策略和广告策划。在每年广告经营对策会上，员工展开"头脑风暴"，组成"点子群"，实施起来就收获了巨大的经济效益。该集团每年主办的广西（南宁）房地产博览会成为广西最大、人气最旺的"购房节"和"广西楼市风向标"。2011年，房博会有80%房产待售项目参展。两年内，集团广告中心分别在北京、广州、上海设立办事处。

（三）以传媒特色优势开拓多元化经营。从媒体结构来说，广西日报传媒集团构建了平面媒体、网络媒体、移动媒体全覆盖的多媒体传播格局。从产业结构来说，集团打破单一性结构，建立了以广告业、印刷业为主，以会展业、物流业、商务零售业等为辅的格局。其中，广西（南宁）房地产博览会成为除中国—东盟博览会之外最有影响力的会展品牌。

（四）以市场化经营的路子推进文化体制改革。广西日报传媒集团全力推进文化体制改革，积极探索公司化、市场化的经营路子，先后组建了具有独立法人地位的"南国系列"公司群，按"一媒体一公司"、"一专业一公司"的模式，引入部分社会资本，组建系列传媒子公司；尝试实施股份制，强强联合，提高资本运作能力；注册成立集团对外统一的投资平台——广西利得投资公司，在非报业领域开展投资经营活动。

二、自治区财政支持企业发展情况

（一）支持集团做好有关经营性资产划拨工作，为集团发展打下坚实基础。自治区财政部门根据自治区党委、自治区人民政府工作部署，及时批复，将广西日报社广告公司、物流公司、投资公司等公司股权无偿划转集团公司，支持做大做强集团公司。

（二）支持企业进行设备改造和专题宣传活动。2008～2011年，自治区本级财政提供资金支持集团印刷设备和采编系统设备更新改造。集团印刷厂在完成设备更新改造后，经济效益连年递增。报纸的印刷质量、出报率，以及印刷时效都有了明显的提高。此外，自治区财政还支持企业开展"西江黄金水道"、"北部湾论坛"等专项宣传活动，对提升广西的形象，宣传广西的区位优势产生了积极的影响。

（三）支持公司有计划、有步骤地开展跨地区、跨行业、跨媒体的多元化经营。同时，积极配合金融等相关部门，支持完善公司治理机构，争取尽快在国内资本市场上市。

三、转企改制后取得的成绩

（一）为提升文化软实力、促进广西硬实力做出贡献。近年来，广西日报集团积极落实自治区党委、人民政府工作部署，利用集团系列媒体"推动全区工作，服务全区人民"，大力宣传广西的亮点、重点，为自治区党委政府的中心工作服务，为在全国和国际树立广西的形象出力，不断增强思想文化软实力，为推动全区科学发展、和谐发展、跨越发展提供强大的思想文化保证和舆论支持。《广西日报》每年平均受中宣部《新闻阅评》表扬 10 次左右。集团每年均有作品荣获中国新闻最高奖——中国新闻奖。

（二）集团不断做实、做大、做强。2010 年，全集团经营收入总额同比增长 7.3%；税前利润同比增长 6.6%；税前利润水平居全国同行前列。2011 年，预计企业的营业收入总额、广告额同比增长 22%。

（三）全新国有文化经济实体逐步显山露水。总体来说，广西日报传媒集团正朝着组建集团时的总体目标迈进，逐步推进文化体制改革，充分利用集团的新闻资源和信息优势，坚持以新闻传媒业为本，以办好党报为主，不断提高舆论引导水平，从整体上增强国有主流媒体的社会影响力，充分发挥集团公司作为现代企业的经营管理优势，以资本为纽带，扩大投资和经营领域，拓展发展空间，延长传媒产业链，不断增强经济实力和市场竞争力，使集团公司逐步成为运行有序、经济多元化、实力强劲、有较强影响力的全新国有文化经济实体。

四、企业下一步的发展思路

广西日报传媒集团下一步的发展目标是：进一步解放生产力和创造力，成为社会主义市场经济条件下有实力、有竞争力的强势国有文化企业、在文化市场竞争中具有优势的主体。集团主要通过以下战略有序推进，逐步实现预期的发展目标。

（一）业务发展目标。第一，广告业方面。集团应充分开发市场潜力，做大广西报业广告蛋糕。第二，印刷业方面。集团投资建起了印务中心，下一步将从技术、管理和营销上下工夫，努力建设西南最大、最强的印刷产业基地和全国一流印刷产业基地。第三，会展业方面。广西日报传媒集团公司是传媒企业，在会展业方面积累了丰富的经验，下一步将继续办好广西房地产博览会、广西汽车交易会、广西儿童用品博览会、广西IT通信博览会、广西健康用品博览会、绿色家园家装建材博览会等。第四，物流业方面。集团将在报刊市场的发行上加大零售终端的建设力度，继续全力推进"广西日报文化驿站"零售网点建设，已建立了300多个文化节驿站，加大了宾馆、酒楼、车站等窗口行业的报刊发行力度。此外，集团已成立电子商务购物平台筹备小组，构建电子商务购物平台，以"报纸＋电子商务＋展示厅＋物流＋会员DM"的销售模式，打造网购、物流平台。第五，市场区域拓展方面。集团积极向外和向下拓展，一方面积极开拓区外市场，按照集团广告中心驻北京、广州、上海办事处的模式，在全国各省再多办几个办事处，开发全国各地的广告。另一方面，将目光投向二三线城市，计划在集团驻14个地级市记者站的基础上成立分社，作为集团驻地的分支机构，并在此基础上成立集团驻地传媒有限公司作为集团的子公司，实行企业化管理，负责对驻地的广告、发行、印刷以及其他非报业领域业务的经营。第六，新媒体方面。广西日报传媒集团目前拥有以广西新闻网和广西手机报、八桂手机报、南国手机报为主体的系列新媒体。下一步，公司将继续探索新媒体赢利模式。

（二）上市目标。广西日报传媒集团将按现代企业制度要求，逐步完善传媒集团公司的法人治理结构和企业管理制度、内控制度的建设，积极谋划组建股份有限公司，争取3～5年内在国内资本市场上市，吸纳社会资本，迅速提升集团公司的整体实力。再者，集团下一步将有计划、有步骤地开展跨地区、跨行业、跨媒体的多元化经营。

（供稿单位：广西壮族自治区财政厅）

政府穿针引线　织就大河网络

——河南日报集团建设大河商务发行网实例

河南日报报业集团是全国第一批文化体制改革试点单位之一，现拥有10报、2刊、3网站，包括《河南日报》、《河南日报》（农村版）、《大河报》、《河南手机报》、《大河文摘报》、《大河健康报》、《河南商报》、《河南法制报》、《期货日报》、《今日消费》、《漫画月刊》、《新闻爱好者》及大河网、河南—百度、腾讯·大豫网；拥有全资或控股子公司22家，涉及广告、发行、印刷、物资贸易、酒店旅游、物流配送和房地产等，已成为以新闻宣传和文化传播为主业，具有较强影响力、辐射力和较广覆盖面的传媒产业集团。截至2012年10月底，集团资产总额、资产净值较上年同期分别增长15%和26%。2012年1~10月，集团累计实现收入与上年同期持平。

随着网络技术的进步、三网融合和物联网的发展带动并构筑着21世纪新型的经济贸易框架，电子商务将成为21世纪人类信息世界的重要组成部分。为实现以信息化带动传媒业、服务业及商品物流等产业的发展，河南日报报业集团在现有的《大河报》发行网络的基础上，由财政资金穿针引线，织就了覆盖全省、布局完整、规模庞大、功能更全、配送高效、直投到户、服务最优的发行配送网络——大河商务发行网络。

一、建设大河商务发行网络的主要做法

大河商务发行网络是河南日报报业集团打造的以电子数据信息流通方

式，集报刊发行、物流配送、电子零售、速递直投、商品销售等业务于一体的覆盖全省的商务网。大河商务发行网主要由发行配送网络、呼叫中心和商务网站 3 部分组成，于 2009 年 5 月开始实施，到 2011 年年底基本完成核心部分的建设。发行配送网络业务用房、配送点运输车辆等投入资金全部由集团自筹解决。呼叫中心和商务网站系统建设采用先进的程控交换（PBX）系统，使用 96211 特服号，可 30 路电话同时拨打，软硬件和配套设施投入主要使用中央文化产业发展专项资金完成。在项目投入和建设方面，集团坚持以自有资金启动，配套资金到位，财政资金专款专用的原则，确保项目顺利实施，如期完成。

（一）发行配送网络。集团依托《大河报》自办发行网络，利用其拥有的超过百万的高容量、高质量的客户资源，在全省 18 个省辖市规划购置临街旺铺，配备专业运输车辆，设置 300 多个发行站，发行队伍达 4 000 人，搭建起了在经济学中称为"黄金一公里"的商务网络，使其成为河南目前规模最大、最为完整的自建分销渠道，具有强大的配送能力和市场推广能力。

（二）呼叫中心。呼叫中心使用 96211 特服号，针对媒体读者、客户开展新闻资源提供、读者咨询、市场营销、客户服务、增值业务、信息开发等的信息服务形式，将语音业务、网络数据、信息服务融为一体，通过新型的信息服务形式，给报社开辟了一个与公众沟通的新窗口，在读者中树立良好形象。它不仅是报社与广大读者、客户沟通和为其服务的窗口，更成为一个社会公共信息的采集和服务枢纽。

（三）商务网站。发行部门与腾讯科技（深圳）有限公司合作开办"腾讯·大豫网"，利用 QQ 群资源和微博等现代信息传播手段，建立商品展示窗口和信息发布产品交易平台，在引导网络舆论的同时，探索网络经济发展业态。其所开展的直复营销业务已经实现了郑州 6 县 9 区 24 小时送全省各地 2 日内送达的近期目标。

二、建设大河商务发行网络的成功经验

大河商务发行网络的建设与成功，既体现了文化事业单位转企改制的活力和潜力，更显示了地方政府和国家财政对企业进行政策引导和资金扶持的威力。

（一）促进资源整合，节约社会成本。大河商务发行网络的建成，使河南日报报业集团快速实现了"三网合一"（即发行配送网络、呼叫中心、商务网站合一）。此举不仅极大地提升了报业集团的品牌价值，也进一步扩大了报业集团的社会影响力，更促进了河南省内配送网络的整合，节约了社会成本。

（二）推进文化体制改革，壮大报业集团实力。大河商务发行网络的建成，扩大了集团的业务范围，为社会提供了 1 500 个就业岗位，解决了一批 40、50 人员的就业难题。大河商务发行网络的建成，是报业集团改制过程中提出的"报业为主，多元发展"战略的生动实践。报业集团在省内电子商务领域的影响力和市场份额迅猛扩大，壮大了报业集团的竞争实力。

（三）强化市场意识，促进体制机制创新。大河商务发行网络的建设，加快了媒体人的观念更新，在用人机制上完全摒弃了积重难返的传统用人制度，引入全新的创新竞争机制，彻底实行人力资源的市场化。报业集团一方面运用市场机制优化人才资源配置，降低用人成本；另一方面，运用激励机制，将拔尖人才的报酬与支付形式同市场行情接轨，特别是对于那些紧缺的高层次决策人才、经营管理人才和营销策划人才，以高薪延揽，形成人才优势。同时，集团进一步强化责任机制和约束机制，以确保用人质量和用人效益。

（四）报网联合，共赢发展。大河商务发行网络的建设，还为传统纸媒

与互联网综合服务提供商的合作提供了契机和平台，促成了河南日报报业集团、党报集团与中国最大的互联网综合服务提供商之一的腾讯科技（深圳）有限公司的合作，在郑州注册成立了河南腾河网络科技有限公司（腾讯·大豫网）。报业集团参股49%，为报业集团向传媒集团、文化集团跨越奠定了坚实的基础。

三、大河商务发行网络的发展前景

大河商务发行网的发展方向突出了品牌化、规模化、专业性、高效性、效益化等特点。在今后的发展过程中，河南日报集团计划重点做好以下工作：

（一）主打"大河"品牌战略，进一步提升品牌的社会影响力和公信力。品牌战略是开展发行商务业务的重要保障。

（二）在多报刊发行配送上进一步整合资源，做大做强。大河商务发行网不仅发行河南日报报业集团内部的系列报刊，还要面向全国，把握市场脉搏，力争代理达千种的适合市场需要的报刊，进一步丰富河南省报刊文化市场，以优质、高效的服务为河南人民传递更多更好的文化产品。

（三）大力开拓物流配送。在省内，大河网依托发行配送网络和河南日报报业集团的数百万读者，大力开展商品销售和配送，紧扣"足不出户、送货到家"，"便捷、安全、周到"的营销主题和服务宗旨，在给读者递送报刊文化产品的同时，满足了读者的购物需求。在全国市场上，大河网与全国城市报业发行网络联盟合作，广泛开展以客户信息数据为基础的办刊发行、广告直投、城市配送、数据库营销等新型的重复营销业务，推进发行网络产业化转轨的实现，加强竞争力。

（四）整合资源，迅速做大省内市场，逐步进军全国电子商务市场。大河网依托集团数百万读者、客户资源，迅速占领省内市场。在经营上，大河网以日用消费品为主，主推图书、报刊、家居用品、音像制品、通信器材、票务、礼品、商务服务等产品。大河电子商务网为河南的消费市场平添了新的消费资讯和服务需求的信息发布平台，进一步满足消费者，特别是本地消费者的消费资讯、服务需求以及广告客户的广告投放需求。同时，大河网更在零售终端市场和消费服务等方面取得主导地位，在更多消费服务领域体现报业媒体的价值。

（五）招商引资，良性发展。仅靠集团的资金给养，远远不能满足大河商务发行网迅速发展的需要。在占领省内电子商务市场后，大河网要以资本运作带动市场经营。一方面，拓宽融资渠道，筹划上市融资、收购兼并等方式；另一方面，通过多元化经营，加速资本积累，把大河商务发行网作为媒体产业化的一个重要部分，从体制机制上推动集团的产业化发展和管理再上新台阶。

（供稿单位：河南省财政厅）

凤凰振北图南　网点遍布琼崖

——海南凤凰新华发行公司建设发行网点实例

为推动海南文化大发展大繁荣，增强国际旅游岛的核心竞争力和文化软实力，不断扩大城乡文化网点建设，在省委省政府的正确引导和各级财政部门的大力支持下，海南凤凰新华发行有限责任公司加大投资，振北图南，使海南市县城乡图书发行网点建设发展有了较大改观，网点遍布琼崖。

一、政府高度重视，企业迎来机遇

近年来，政府对文化市场的发展越来越重视，中央多次就深化文化体制改革工作发文。省委省政府《关于深化文化体制改革的实施意见》（琼发〔2006〕19 号）中关于文化体制改革的总体要求亦提出："文化产业增加值占全省 GDP 的比重有显著提高，成为海南新的重要产业"，"重点培育书报刊、电子音像、文艺演出、休闲娱乐、影视剧等文化产品市场，加快建设资本、产权、人才、信息、技术等文化要素市场，充分发挥海口、三亚文化市场的主导和辐射作用。"政府的主导和各种扶持政策使凤凰公司在海南文化市场上更加蓬勃发展。作为海南的重要文化单位，该公司有责任为省文化市场的发展做出更大的贡献。

海口市是国际旅游岛的省会城市，具有自身独特的风土人情和特有的历史文化。城市品位的提升不仅依赖于经济水平的进一步发展，还依赖于文化市场的进一步发展。因此，打造具有区域，乃至全国影响力的一站式文化消费综合体，是发展海口、三亚等市文化市场以提升城市品位的重要一环。海南省政府在《关于海南省新华书店系统转企改制与引资合作意见》中提出"加大投资强度，夯实发展基础，在海口市新建建筑面积达 6 000 平方米以上的中心书城"的任务。为贯彻省政府精神，海南凤凰新华公司成立以后，将城乡网点建设列为重点工作项目，规划在海口新建大型一站式文化消费综合体，形成以海口、三亚、儋州等中心书城为龙头，其他市县中心书店为骨架，专业门店、超市网点、乡镇便民书店、校园书亭等为补充的现代出版物市场连锁营销网络。

二、海南文化广场的投资运营情况

海南文化广场项目处于海口市主干道龙昆南路商业地带"红城湖国际广场"，具有比较好的区位优势。该项目于 2010 年 5 月竣工并投入使用，总面积 8 450 平方米。由于图书商品属微利产品，书城建设投入大，回报慢，公司在文化广场的建设及运营过程中遇到了资金上的缺口和难题。

为满足人民群众日益增长的文化需求，公司创新经营，努力将文化广场建设成为以文化为龙头，结合商业经营、文化娱乐、休闲、服务等多种行业的综合体，使之成为海口市乃至整个海南岛"最具文化商业价值及发展空间"的集图书、音像、文体用品、办公用品、数码产品、动漫产品、礼品、乐器、阅读休闲书吧、培训于一体的文化消费中心。经过一年多来的运营，文化广场在当地产生了良好的社会效益和经济效益。目前，文化广场经营业态呈现多元化，1～3 楼为大型商场，4 楼为书城，5 楼为办公场所，6 楼为休闲娱乐茶艺馆，形成了以文化为依托，集大型商场、文化娱乐、休闲于一体的文化消费综合体。这一文化综合商城的运营，既提升了海口市的文化品位，又丰富了当地民众日益增长的文化需求，还为海南凤凰新华发行有限责任公司树立了良好的企业形象，并带来了一定的收益。

三、凤凰公司未来的投资计划

近年来，随着网络的普及和电子技术的快速发展，实体书店面临着越来越严峻的挑战。加之中小学教材招投标政策的实施，新华书店主要利润来源被逐步削减。面对书业的种种挑战和困难，海南凤凰新华发行有限责任公司成立以来，着力转型升级，努力做精主业、做大辅业，积极向多元化经营迈进，取得了较好的经营成果。但由于图书发行业属劳动密集型产业，人力成本高、净利润率低，使投资行为受到很大影响和制约，难以形成尽快转型、升级、发展的效果。为此，在2012年，公司筹集用于网点建设的资金将达到3 000万元左右。

因此，除了通过自身努力，解决文化网点建设中遇到的困难，实现文化大发展大繁荣，公司也十分重视中央及地方政府在政策、资金等方面的支持。该项目得益于文化产业发展专项资金的补助，缓解了海南凤凰新华公司实施网点建设资金缺口的压力，更激励了企业实施文化投入的信心，同时也缓解了发展压力，化解了投资风险，为加快海南城乡网点建设发挥了重要作用。2012年，凤凰公司将推进以下项目建设：

（一）图书网点建设项目。为深入贯彻落实《中共中央关于深化文化体制改革 推动社会主义文化大发展大繁荣若干重大问题的决定》精神，凤凰公司将加快图书网点建设列入每年重点工作，全力推动。2012年，海南凤凰新华公司立项建设的图书网点有二：一是澄迈凤凰新华大厦项目；二是文昌清澜图书大楼项目。同时，公司正积极论证与海南港航控股集团合作"物流项目"。这一项目的实施不仅将提升出版物物流运营的水平，更重要的是，将对海南的第三方物流建设起到推动、提升作用。这也是公司转型发展的又一个方向。

1. 澄迈凤凰新华大厦项目位处澄迈县金江镇两条主干道——解放路和

文化中路交界的十字路旁，人流量大，是县城教育、办公和住宅的集中区域，以及县城商业发展的黄金地段。澄迈县政府计划在南渡江两岸投资进行沿岸改造。根据规划，金江商场所在区域将成为金江商业办公的核心地带。经过充分的论证和市场调查，海南凤凰新华公司拟投资建设澄迈凤凰新华大厦。

2. 文昌清澜图书大楼项目位于清澜开发区商贸大道北侧。建成后，图书大楼将经营图书、音像制品、文化用品、数码产品，以及相关的文化设施，弥补文昌市清澜新区缺乏新华书店网点的现状，对更好地为文昌的三个文明建设服务，为文昌人民提供舒适、宽敞的购书环境，提高文昌人民的文化素质，提升文昌的文化软实力发挥重要作用。

（二）实施战略重组，增资扩股项目。在省委省政府、省财政厅、省文体厅、省国资委的大力支持和帮助下，海南凤凰新华发行有限责任公司将与海南省教材出版有限公司实施战略重组，对海南凤凰新华发行有限责任公司进行增资扩股。该项目的实施有利于推动出版发行产业链有效链接和向上下游延伸；有利于做大主业、做大辅业；有利于海南省文化企业做大做强、做精做优。

（供稿单位：海南省财政厅）

坚持创新发展　氤氲翰墨书香

——大连新华书店创新发展实例

始建于 1945 年的大连市新华书店，至今已经走过 66 个春秋，承载着城市深切的文化记忆，岁月砥砺，书香永恒。几代新华人以"高举旗帜、围绕大局、服务人民、改革创新"为己任，以"读者惟尊、书籍为友、传承文化、服务社会"为经营理念，坚持改革发展，不断开拓创新，坚守着文化企业的社会责任，氤氲着城市的翰墨书香，造就了城市的文化积淀，取得了出色的经营业绩。

一、网点林立，成绩斐然

大连新华书店现有发行网点 12 处，依次为图书大厦、西部书城、教育书店、甘井子书店、图书城店、文海书市店、特价书店、机场书店、自有物流中心、教材发行中心和馆配服务中心，以及大连市新华书店自主研发、全国首创、一期已经安装 40 台的数字化新华书店等多层次、立体式图书发行渠道，经营品种多达 20 余万种。

在销售业绩连年过亿并逐年增长的同时，新华书店在精神文明建设方面成绩斐然：2008 年被辽宁省教科文卫工会评为"民主管理先进单位"；2009 年被大连市总工会、大连市劳动社会保障局和企业联合会等 6 部门评为"大连市模范劳动关系和谐企业"；2010 年被辽宁省关工委评为"辽宁省关心下一代工作委员会教育基地"，被大连市文明委命名为"全民阅读示范点"；2011 年被评为"全国出版物发行行业文明店堂"，党委书记、总经理王延生同志也先后被评为"大连市劳动模范"和"大连市优秀共产党员"。

二、深化改革，突出主业，勇担社会责任

大连新华书店坚持创新发展的主要做法可归纳如下：

（一）深化改革，强化管理，不断提高企业竞争力。大连市新华书店以"文化为民、文化惠民"为指导，紧紧围绕"创新发展理念，调整经营思路，推动产业多元发展"的工作思路，探索国有新华书店全面发展的新途径和新思路，扎实推进各项工作。一是在国内同行业中率先完成转企改制工作。2005 年，大连市新华书店突破工作难点和瓶颈，稳定职工思想，解决工作难题，顺利完成转企改制。二是改革完善组织机构。根据现代企业制度的要求和书店的实际，大连新华书店重新整合机构和岗位设置，使书店管理架构和岗位设置更趋科学、合理和高效。三是改革分配制度。根据现代薪酬制度设计和利益原则，大连新华书店初步理顺企业内部薪酬分配制度，将制度设计向重要岗位和一线职工倾斜，并保证全体员工整体利益的提升。四是优化业务流程。围绕市场需求和高效原则，大连新华书店重新设计和优化业务流程，大幅度提升工作效益。通过改革，书店实现了管理架构扁平化、管理程序科学化、业务流程效能化、薪酬分配差异化、门市服务规范化的改革思路，企业的市场主体地位初步确定，极大地调动了干部职工的积极性。书店的经济效益不断提高，在全国实体书店图书零售普遍滑坡的情况下，大连市新华书店的图书销售呈现逐年增长的良好态势。

（二）突出主业，调整经营思路，实现多元发展。长期以来，大连市新华书店坚持社会主义先进文化的前进方向，始终把社会效益放在首位，遵循社会主义市场经济规律和特点，创新管理体制和运行机制，突出图书发

行主业，积极探索多元化发展途径。2010年，大连市文化产业发展专项资金拨付专款，用于支持大连市新华书店拓展业务，实施多元化经营发展。

1. 突出主营业务，抓住零售市场、教材发行、馆配服务三大主业不放松。在网络销售低折扣和读者阅读习惯数字化的冲击下，全国各地实体书店的经营普遍陷入困境，而大连市新华书店通过开展主题营销活动、签订责任状、开展"星级员工"评选、实现进销一体化等措施，充分调动全体员工的积极性，保证了一般图书销售的持续增长。为扩大馆配市场份额，2011年年初，经过调研，大连市新华书店在上级领导的支持和协助下，历时9个多月，在西岗区东北路167号投资建立了包括样本间、编目中心、加工中心等在内的2 000余平方米的一流馆配服务中心，现已正式投入使用，馆配市场占有率不断提高。在抓住一般书销售的同时，大连市新华书店作为国有图书发行企业，一直承担着大连地区近300所中小学的教材发行任务，肩负着重要的社会责任，为切实保证"课前到书，人手一册"做出了重要贡献。2011年，国家以及省、市各级主管部门对于教材、教辅市场的进一步规范，巩固了新华书店国有主渠道的发行地位。大连市新华书店借政策东风，举全店之力，抢抓机遇，构建遍布市内各地的教材、教辅销售网点，在方便全市学生和家长选购教材和教辅图书的同时，积极扩大销售，让"新华书店"这块金字招牌像品牌超市一样耳熟能详。

2. 推进多元化经营，将数字化书店、文化培训学校、文化创作室3个辅业打造为新的经济增长点。2010年6月，大连市新华书店自主研发了国内尚属首创的数字化新华书店，克服了实体门店位置及空间的限制，实现了市民触摸点击就可以查书、购书的愿望。首批40台多媒体终端已经在政府机关、学校、社区、乡镇、村屯免费安装运行，为市民提供了丰富的阅读资源。随着数字化书店的推广，它承载的信息功能会更加丰富。除现有的图书信息和书店的文化活动信息外，读者还会看到更多的关于大连市公共文化信息及图书行业的相关信息，让市民通过这一平台，了解更多的文化信息。随着系统的不断升级和完善，"数字化书店"还将进行二期、三期工程，其安装范围将会扩展到大连市的企事业单位、部队、社区、公共场所，甚至乡镇、村屯。目前，大连市新华书店正在与相关单位洽谈合作事宜，在大连广播电视台有线信息服务中增设数字书店的功能，创建提供文化图书的数字模式。市民只要使用遥控器，足不出户就可以逛书店、看书、购书。优秀图书、正版图书将遍及全城。"数字化新华书店"的率先建立不仅引来《中国图书商报》、《中国新闻出版报》、《出版商务周报》等国内专业媒体及大连电视台、《大连日报》、《大连晚报》等本地媒体争相报道，更吸引了同行的视线。黑龙江省图书音像发行集团到大连市新华书店进行了实地学习考察，南京、上海等业内同行也纷纷表达了考察意向，使大连市新华书店继1991年全国新华书店总店提出"全国新华书店看大连"之后，又一次成为国内同行关注的焦点。同时，借助新华书店的品牌影响力，书店还举办了面向中小学生的文化培训学校和文化创作室。至此，企业的多元化经营战略已初步形成。

（三）勇担社会责任，积极奉献社会。大连市新华书店时刻把企业的发展和国家需要、社会效益紧密地联系在一起，积极致力于公益事业。

一是注重人文关怀，积极回馈社会。书店成功承办了8届大连图书博览会（两年一届），累计接待读者300万人次，媒体集中报道200余篇。从首届图书博览会出现的"8·19"文化现象到"建设学习型城市"、"打造文化大连"，直至本届的"阅读，让大连更美好"，历届书博会均以"主题鲜明、立意高远、导向明确、文化创新"为办会指导原则，逐步发展成为融出版物展销、文化交流和倡导全民阅读等功能为一体的重要文化活动。书博会不仅成为"书香大连"的一道亮丽文化风景线，也成为大连市精神文明建设中不可或缺的一项大型文化交流活动。其社会影响力和辐射力已深入人心，文化品牌效应日益彰显。2011年，第八届书博会暨第三届大连读书节引发了"中国台湾网"及"你好台湾网"的相关报道。这是书博会举办16年以来首次得到我国台湾媒体的关注。

二是以社会效益为重，诚信自律、规范经营，树立良好的企业形象。书店坚持"二为"方针，严格遵守《出版物市场管理规定》和《全国书刊发行公约》，坚决杜绝非法出版物流入新华书店卖场，自觉净化图书市场；坚持"诚信为本、公平竞争"的原则，在出版发行界有着良好的声誉，连续多年被评为"优秀经销商"、"星级经销商"，被辽宁省工商局、大连市工商局评为"守合同重信用"企业、大连市免检企业。

三是把关注青少年的健康成长作为企业的一项重要工作。书店倡议并组织承办了由大连市文明办、市教育局、团市委、市妇联和市文广局联合主办的"远离网吧，走进书店"中小学生假期读书实践活动，现已成功举办3届，全市近4万名中小学生参加活动。通过开展"读好书、做好人、争做文明小使者"活动，新华书店引导中小学生通过自身文明行为向读者宣传文明礼仪。500多名"文明小使者"因表现突出，受到了表彰；借助"假期大讲堂"，举办各类公益讲座百余场；举办"远离网吧，多读好书"、"我的读书故事"等主题征文活动，共收到征文3 000余篇。书店出资还为获奖学生颁发了奖品，并向中小学生和农民工子女赠送了《现代汉语词典》等5 000余册图书。鉴于各项读书公益活动的社会反响强烈，社会效益显著，市新华书店被辽宁关工委授予教育基地称号，成为辽宁首家被授予此称号的文化单位。在辽宁省青少年"文明上网、健康成长"主题活动中，市新华书店被辽宁省文明委等6部门被评为"优秀组织单位"。大连市新华书店还积极响应国家号召，把捐赠活动当作一项长期性的事业来做，曾先后向贫困山区、希望工程、地震灾区捐赠图书，为"建设和谐社会，创建文明大连"做出了积极贡献。

三、专项资金重点扶持，提供改革范例

大连文化产业发展专项资金始终把支持转企改制的文化单位大力发展文化产业作为扶持重点。大连市新华书店积极探索国有新华书店全面发展的新途径和新思路，扎实推进业务发展，积极拓展多元化经营，为全市国有文化企业的改革和发展提供了范例。其首创的"数字化新华书店"、承办的图书博览会、开展的中小学生"远离网吧，走进书店读书"实践活动已经发展成为"书香大连"、"文化大连"的三大文化品牌，为推动全市文化大发展大繁荣做出了应有的贡献。

（供稿单位：大连市财政局）

手握专项资金 打造产业平台

——深圳华强集团科技创新实例

"华强文化科技产业技术平台"项目获得 2010 年度中央文化产业发展专项资金、广东省文化产业发展专项资金、市级财政资金资助。此外，企业自筹部分资金。华强集团手握专项资金，打造产业平台。该项目执行期为 2006 年 7 月 1 日至 2012 年 12 月 31 日，按预订计划顺利开展，已完成技术研发及成果化工作。

一、产业技术平台项目的研究内容

华强文化科技集团欲将"华强文化科技产业技术平台"打造成一个硬件设施完备、软件功能齐全、具有核心技术支撑的全方位文化创意产业综合技术平台，形成资源、信息、技术、设备共享平台。项目将满足集团内企业在文化科技主题公园项目的软硬件研发、集群渲染、动漫制作、影视拍摄、电视节目制作、文化衍生产品设计等不同业务领域与不同层次上的创意、研发、测试需求，形成专业级、世界级的文化产业技术平台。

该项目专业研发团队人员达500人左右，建有完善的服务体系，各项设施完备。"华强文化科技产业技术平台"分设策划中心、技术研发、影视后期、软件研发、特效特技、运动平台、机器人、控制、总体、钣金结构、车船、测试等研发职能分工，主要进行文化科技主题公园、特种电影、数字动漫、文化衍生品、主题演艺、影视拍摄、影视后期、机械电气自动化研发系统、光声电特效研发系统、自动化舞台研发系统、机器人研发系统等文化产业相关领域的项目创意、设计及研发。

华强文化科技产业技术平台硬件平台系统主要包括：渲染矩阵运算中心、服务器工作站、运动捕捉系统、口型扫描系统、力反馈雕刻仪、无纸化Harmony动画系统、苹果非线系统、后期全数字化处理软件、后期全数字化输出设备、高清拍摄系统、胶片记录仪、ROLAND数字音频编辑系统、音乐制作系统、手机游戏评测中心等等。

软件平台系统主要为网络服务平台，主要包括以下子系统：公共技术平台管理子系统、信息发布子系统、人才供求信息管理子系统、标准化作业控制子系统、动漫素材库子系统、动画渲染阵列子系统、软件配置库子系统、软件成品库子系统、产品网上交易子系统、集团门户网站等，为企业提供人才、技术、市场等信息的全方位的服务。

二、产业技术平台项目的开发成果

通过"华强文化科技产业技术平台"，华强坚持自主创意、自主研发，已相继研发出集团产业发展急需的各项关键技术，解决了特种影视、数字娱乐、控制软件等各类难题。有了该平台的技术支撑，华强集团已基本掌握了特种电影、数字动漫、影视出品、影视后期、文化衍生品等多个领域的关键技术和自有知识产权，将形成了颇具国际竞争力的科研成果，并在多个业务领域都走在了世界前列。利用该项目平台研发的重点技术，企业将成果产业化，成为众多的集团文化科技拳头产品，将引领中国文化科技产业的新发展。

项目启动后，已为华强文化科技集团带来巨大的经济效益。项目团队人员已达到 500 人左右，从事专业的文化产业创意及研发。项目运作成熟后，可充分满足华强文化科技集团及其子公司的发展需求。技术团队研发的产品，根据情况分别申请发明专利、实用新型专利、外观设计专利、商标、计算机软件及作品著作权等知识产权保护。集团目前已累计申请项目相关国内外专利 65 件、计算机软件著作权 20 件。随着"华强文化科技产业技术平台"项目的建设成功，集团研制的所有核心研发技术已进行产业化、市场推广，并已广泛运用于华强在沈阳、芜湖、泰安、青岛、湖南、郑州等各地的文化产业基地项目中，并实现规模化生产。

三、产业技术平台项目预计实现的指标

汇集国内国际各地的生产产能后，华强文化科技集团预计 5 年内将实现如下指标：

（一）动漫产品累计产量 5 万 ~8 万分钟。

（二）累计生产 30 部特种电影，并全部出口国际市场。

（三）方特动漫频道与方特动漫城市联播网有望覆盖上百座城市。

（四）主题演艺与影视片出品在全国形成规模。

（五）华强文化科技体验区（主题公园）到 2015 年预计游客量将达到 2 000 万人/年。

（六）向国外输出累计 2 ~3 个华强文化科技主题公园。

（七）华强文化科技产值预计 5 年后将超过 50 亿元，利润超过 15

亿元。

（八）"华强文化科技产业技术平台"建成后将促进华强文化科技产业的飞速发展，累计创造500~1 000个就业机会。

"华强文化科技产业技术平台"建成运营后，还将取得巨大的社会效益。平台为华强文化科技产业提供创意与研发的创新平台及坚强的技术保障与后盾支持。"华强文化科技产业技术平台"项目建成后将成为高科技文化人才的汇集地，进而大大拉动周边商业消费领域的需求，有效地促进深圳与华强文化科技产业基地所在地区的旅游和经济快速发展。

随着"华强文化科技产业技术平台"项目的建设，华强集团将完全有实力成为行业整合者。通过该平台项目的建设，华强文化科技集团对内继续加大创意原创、技术研究开发等自有知识产权和专利技术的投入力度，同时也可采用战略联盟、并购等方式与有关高校、科研院所和相关企业开展合作研发，形成以华强文化科技集团为龙头的文化科技产业集群，迅速扩大深圳文化科技产业规模，提高产业发展水平，打造中国文化科技产业的旗舰，形成新的经济增长点。

（供稿单位：深圳市财政委员会）

创意一百　成绩一百

——青岛建设创意 100 文化产业园实例

青岛创意 100 文化产业园是山东省首家由老厂房改造而成的文化创意产业示范园区。园区占地面积 15 亩，建筑总面积约 2.3 万平方米，是一所以原创礼品设计、视觉设计、服装设计、音乐影视制作等文化创意行业为中心，集办公、交易、展示、文化等功能于一体，融合了商务、休闲、饮食、旅游等多商业元素的创意产业集聚区。

一、开园五年，硕果累累

创意 100 文化产业园自 2006 年开园以来，经过 5 年的探索与实践，园区项目得到了各级政府和社会各界的认可，企业先后获得国家、省、市级荣誉近 50 项。2011 年，园区又荣获了国家版权中心授予的"全国重点版权示范园区"、山东省委省政府授予的"山东文化企业 30 强"、青岛市文广新局授予的"青岛市文化创意产业十大龙头企业"等荣誉称号。品牌建设在全国文化创意产业领域得到了广泛认可。

此外，园区还成功配合接待国家、省、市各级政府及兄弟地区的视察、考察活动 5 000 余人次，展示了园区风貌，宣传了园区品牌。园区还长期坚持文化服务大众，先后举办了 70 余场有影响力的公益性艺术活动，推动了"艺术平民化"进程，更新了大众的生活与消费观念，引领大众的精神文化需求向更高层次迈进，为青岛文化创意产业的发展起到了示范带动作用。

二、政府和企业同舟共济，建设产业园

作为青岛市第一个文化创意产业园区，创意100文化产业园面对资金的短缺，青岛麒龙文化有限公司多方筹措资金投入园区基础设施以及实体平台和虚拟平台的建设，多次投资对老厂房进行全方位改造。园区逐步形成了完善的配套设施、完备的产业链条。入驻企业在园区中不断发展壮大，园区也成为山东省第一家业态纯正的文化创意产业园区。

市财政安排文化产业专项资金，用于支持创意100文化产业园区建设，鼓励园区引进、培育、孵化中小创意企业，并促使企业顺利度过初创期，成为青岛市文化产业大发展大繁荣的骨干力量。创意100文化产业园已为青岛市提供就业岗位3 600余个。

三、产业园区项目的开展情况

（一）拓展特色经营思路

创意100产业园一直按照市委市政府的工作部署，扎扎实实地推进各项工作。自成立伊始，园区就注重在招商中有所为有所不为，"栽好梧桐树，只留金凤凰"，并在这一大原则的指导下，形成了具有自己鲜明特色的经营理念。

1. "定向招商"理念：即紧紧围绕园区的业态特色选择入驻企业，不求全，只求专，以专一化的产业组成，打造园区纯正的文化创意产业经营业态。

2. "产业预留"理念：即对符合园区的业态要求，且有志于长期从事文化创意产业的中小企业，创业园在条件许可的情况下，为其预先保留最适合的办公场所与设施，使企业入驻后能迅速进入工作状态。

3. "精细化服务"理念：即通过完善园区的配套设施，从硬件、软件

两方面入手，为入驻企业提供全方位服务，解除它们的后顾之忧，使其能够轻松愉快且优质高效地开展工作。

正是这些卓有成效的工作思路，使园区文化创意产业的业态得以不断集聚，园区的运营工作逐渐走上了良性循环的轨道。目前，园区的总入住率已达到98%。其中，文化创意类企业的比重高达93%。

（二）实施特色经营模式

创意100的经营模式主要集中在"一网三平台"的建设上。

1. 合作引进了中国文化创意网。2010年上半年，创意100在电子网络方面加强与青岛瀛森创意规划顾问有限公司的合作，成功开发了中国文化创意产业网（创意时代网）这一网络信息交互平台。创意时代网是青岛首家国字号专业垂直门户网站，同时也是全球最专业的中文文化创意产业门户网站，是国内文化创意类网站中唯一具有9国外文推广能力的网站，还是百度"文化创意"词条非竞价类排名第一名，被列为青岛市重点推动的文化产业项目之一。创意100产业园充分利用这一网络平台优势，以园区企业为依托，积极打造国际设计师电子网络信息交易服务平台。该平台是园区参与国内外信息交流、业务合作的重要媒介。全国及世界各地的设计协会、设计师都可以在这里注册登记，展示设计成果和设计理念。设计团队（设计师）也可以在此顺畅地与客户实现对接，从而把自己的设计理念（作品）迅速地转换成设计成果（商品），最终实现创意销售。中国文化创意网的建成，为园区创意企业与国内、国际各行各业的联通提供了一个专业化的桥梁。目前，网站的日独立用户数已达到万人以上。平台的功能已经得到社会各界的认可。下一步，园区将在此基础上，继续加大网络推介力度，继续完善网络虚拟创意产业园，通过平台发布信息、获取信息，加大与全国乃至国际同业者的联系、交流与沟通，使园区的软实力得以不断

提升。

2. 打造专业化文化创意产业集聚平台。作为一个产业集聚平台，园区本身的业态实力同时也代表着青岛市文化创意产业的发展实力。近年来，为了园区整体实力的进一步提升，产业园适时将视野投向国际，积极与文化创意产业的发源地——欧美各国加强联系，努力打造具有国际化水准的文化创意产业园区。2008 年，园区成功引进了国际文化创意产业规划大师贾斯汀·欧康纳教授的贾斯汀·欧康纳文化、传媒和创意产业研究中心并使之落户在青岛创意 100 产业园。这大大提升了青岛市在发展文化创意产业方面的整体思路与水平，为青岛的文化创意产业发展赢得了各界关注，也为园区的发展提供了实实在在的指导和帮助。

2009 年，在贾斯汀·欧康纳创意产业研究中心和瀛森规划团队的推动下，园区又成功引进了澳大利亚联邦政府国家研究理事会的中澳文化创意产业协作项目。该项目的引进标志着世界文化创意产业专家、学者对创意 100 产业园所做出成绩的认可。该项目在国内只选择了北京、上海和青岛 3 个代表性城市的合作方参加。这也是青岛首次进入国际创意产业学术研究领域的核心项目。该项目将为把青岛市打造成全国的文化创意产业高地，拉动区域现代服务业跨越式发展提供咨询，为发展路径以及规划、设计和商务活动提供智力支持和搭建商务网络平台，同时也为巩固市南区作为青岛市文化创意产业核心区的地位提供智力支持。

2010 年，创意 100 产业园在青岛市委市政府的带领下成功访问了青岛的友好城市——德国曼海姆市，并与该市音乐创意园及 MAFINEX 创意产业园签订了加强交流的合作意向，使双方建立起了长期稳固的合作与相互沟通机制，在园区的规划建设、运营及业务拓展、运营理念的培养等方面实现了信息共享。同时，以"曼海姆友好城市的创意创新网络"为题，双方共同申请欧盟的项目，并以此为平台，与欧洲法、德等 9 个国家建立了更深层次的文化产业信息交易平台战略合作……这一系列举措的实施，对推动创意100产业园与国际接轨，打造一个高端化、专业化的产业集聚平台，并将平台建设进一步推广到文化、音乐、艺术等领域起到了重要的促进作用。

3. 打造了青岛市首个文化创意产业的人才孵化平台。2009年以来，为了确保园区的可持续发展和青岛市文化创意产业的后续发展，提供专业人才的储备与输出，园区投资建成了青岛首个文化创意产业专业人才创业孵化基地。基地占地1 500平方米，配有专家、企业家、专业导师组成的指导团，为自主创业的学生、中小企业及个体业户提供专业的创业辅导服务，从思想意识到专业技术等各个角度提供一站式解决方案，使受训人员在一定时期内能够迅速成为适应市场需要的合格人才。在此基础上，基地还直接对接市、区两级人才交流中心，及时传递人才信息，促进人才交流，努力做到培养一个，推出一个，成功一个。截至目前，通过这个平台，基地已成功扶持创意产业创业人员200余人，孵化创意设计类企业26家。

4. 投资建设了青岛首个礼品展示交易的市场化平台——青岛礼品街。该平台一直是园区重点打造的特色区域。2010年，园区投资建设了包括创意礼品蜂巢、礼品格子店等在内的青岛创意礼品街。礼品街的面积约2 600平方米，共设43个单元，聚集了一批在礼品设计、生产、包装及销售等方面的专业企业，如张玉梅原创手工艺品、卓子工作室等多家专业礼品工坊。目前，礼品街仍处于培育期。2011年，园区又投资对礼品街进行了升级改造。园区计划以礼品街为推手，用两年时间来培育青岛首个以文化城市礼品和旅游纪念品为主的专业化信息平台，使之在原创礼品的成本控制、创意集成、多途径销售方面进行品牌整合，横向构成创意礼品产业链，引导和帮助礼品设计与生产企业吸引外来资源，形成市场核心竞争力，使之更加专业化、特色化，显现出礼品街的品牌效应——选择礼品，就到创意100礼品街。礼品街摒弃以往礼品店低成本、局限性的直销方式，通过创意100本身的创意资源，为客户定制高品位、个性化的创意礼品，为各类社交、商务场合提供最佳的礼品方案，实现创意价值最大化。

（供稿单位：青岛市财政局）

高举创新大旗　培育特色品牌

——黑龙江打造动漫产业基地实例

黑龙江动漫产业基地为国家火炬计划新媒体特色产业基地、国家动漫出版产业基地、文化部重点支持的八大动漫基地之一以及黑龙江重要的文化产业聚集区。

一、领导高度评价，产品屡屡折桂

黑龙江动漫产业基地成立于 2006 年，现已是国家文化产业示范基地、新媒体特色产业基地、动漫出版产业基地、现代服务业新媒体产业化基地、影视网络动漫实验园、国家级文化和科技融合示范基地。中央政治局常委李长春，中央政治局委员、中宣部部长刘云山等领导先后到基地视察，并给予了高度评价。

基地年产动画片的能力达到 30 000 分钟，生产的多部优秀动画片作品获国家优秀动画片奖。《酷酷小吉正传之钩钩岛》获第二届中国澳门国际数码电影节最佳电视动画片奖。《探索地球村》和《万国争霸》等动漫作品出口 30 多个国家和地区。立体动画片《渔童》、《熊猫百货商店》、《三毛流浪记》获得俄罗斯"阿穆尔之秋"电影戏剧节金鹤奖——立体影视制作技术及创新奖。基地紧紧围绕哈南工业新城"创意名都、文化新城"的目标定位，以动漫游戏为核心产业带动广播影视、数字出版、软件服务、衍生产品等相关产业协调发展，不断推动产业链延伸、升级，着力打造有黑龙江特色的东北亚新媒体现代服务产业发展中心。

二、生产原创精品，打造品牌基地

经过近 6 个春秋，基地从无到有、从小到大，经历了不平凡的发展过程。

（一）省市区三级联动，创新基地发展思路

黑龙江动漫产业基地成立之初，即确立了省、市、区三级联动建设的工作机制，在全国动漫产业的发展中是创新之举。黑龙江省、哈尔滨市先后出台了《关于推动黑龙江省动漫产业发展的实施意见》、《黑龙江动漫产业（平房）发展基地省市区共建暂行办法》、《关于鼓励和扶持动漫产业发展的意见（试行）》等一系列扶持动漫基地发展的政策，为基地的发展提供了强有力的支持。国家及各部委领导也曾多次莅临基地视察，并对基地的工作进行指导，促进了动漫基地的高速、高效发展。

（二）坚持高举原创大旗，动漫精品层出不穷

基地始终坚持以发展原创动漫为主导，生产了一批在国内拥有较高知名度的原创动漫精品。目前，基地已有《帽儿山的鬼子兵》、《探索地球村》、《雪娃》、《酷酷小吉正传之钩钩岛》等 9 部原创黑龙江特色动漫作品先后在中央电视台播出。其中，5 部作品入选全国少儿节目及动画节目精品，4 部作品获国家优秀动画片奖，3 部动画片及 2 款网络游戏成功出口并获得好评。

（三）全力打造特色品牌基地

一是打造中国原创儿童动漫歌曲创作基地。基地企业哈尔滨原始空间动漫文化传媒有限公司开创动漫新领域，制作完成拥有自主知识产权的中

国首张少儿动漫歌曲，现已完成并出版发行国内首盘20首少年儿童原创动漫歌曲。

二是打造手机动漫生产基地。哈尔滨市盛源文化传播有限公司制作的长篇系列手机动漫《大志有话说》已入选国家文化部中国手机动漫原创推广计划，并与中国移动、中国电信、中国联通签订播出协议，每年将提供时长达5 000分钟的手机动漫。

三是打造4D立体动画制作基地。基地企业黑龙江省四维影像数码科技有限公司以自有核心技术——立体光维影像技术，与上海美术电影制片厂开展合作，将传统经典二维动画片实现立体再现。

四是打造数字出版产业基地。通过数字出版平台，基地把传统出版物以数字图书的形式通过互联网平台、手机平台等数字设备终端进行传播。

五是打造新媒体公共技术服务平台。基地建设完成的黑龙江新媒体动漫公共技术服务平台是国内唯一以4D影视制作为特色的国家级动漫新媒体公共技术服务平台，将降低企业的设备投入开支，缩短产品制作周期，节约制作成本，从而帮助企业提高市场竞争力。

六是打造动漫教材出版基地。基地为推动校企合作，推进产学研一体化进程，已与国内外众多著名高校和科研院所建立了教学、科研、人才培养等合作关系。

（四）打造完整产业链条，完善文化产业结构

6年来，基地先后引进、培育了黑龙江出版集团、黑龙江同源文化发展有限公司等多家龙头出版传播企业，现已成为全省出版业规模最大的内容创意源头，逐步形成集编辑、印刷、发行、物供、科研功能于一体的集团化管理的出版产业基地，经济效益将十分可观。

三、几点体会与建议

（一）发挥校企合作的引领作用

黑龙江动漫产业基地利用现已建立起的与省内外各高校的密切合作关系，可以鼓励各高校在动漫基地建立实训基地，减少二次培训过程，在高校提前进行实战教学，节约学生实训时间。这样一来，基地可以吸纳本地优秀动漫人才，突破动漫人才瓶颈，为动漫市场提供优质人力资源，加快推动产学研一体化进程。

（二）创建标志性动漫品牌

动漫产业的核心价值就是品牌。目前，"雪娃"、"酷酷小吉"已荣获中国十大卡通形象称号，已成为黑龙江的标志性动漫品牌。基地将继续走原创道路，打造跨地区、跨行业、跨领域的知名品牌，实施品牌效应，继续依托黑龙江省独特的冰雪文化、边疆文化、少数民族文化、科普文化和大众文化等多元文化资源，打造黑龙江特色动漫品牌。

（三）主动出击，实施组合拳战略

随着基地入驻企业的增多，企业生产的动漫作品量也在不断增加。原来这些作品走向市场，都由企业单打独斗，力度小、成本高，和运营商洽谈处于明显劣势。为改变这一制约企业发展的局面，基地应启动省市区三级联动机制，主动出击，和央视等主流媒体正面接触，实施组合拳战略，建立长期合作机制，为基地作品在央视的播出创造条件。

（四）完善政策，推动基地健康发展

动漫基地成立后，黑龙江省和哈尔滨市陆续出台了相关政策，为动漫

基地的健康发展提供了保证。随着基地的发展，原有政策已不适应当前的形势，如奖励额度、范围等。有关部门应完善相应政策，适当提高奖励额度，增加立体动画作品和手机内容及游戏的奖励等。

（五）增加资金投入，助推基地快速发展

黑龙江动漫产业基地是省内唯一一家国家级动漫产业基地。成立以来，各级财政对基地的发展给予大力支持，如为扩大办公面积整合周边厂房，奖励企业作品播出，平台设备的增加、更新和维护，房产维修和管理等。各级财政应持续增加财政投入，助推基地快速发展。

（供稿单位：黑龙江省财政厅）

建园区筑巢引凤　借扶持动漫飞腾

——天津国家动漫产业综合示范园发展实例

天津国家动漫产业综合示范园（以下简称"天津动漫园"）坐落于天津市滨海新区的中新生态城。作为文化部和地方政府联合建立的首个国家级动漫园，天津动漫园还同时被列为文化部与天津市合作建设的重大文化产业战略项目。2011年4月30日，在天津动漫园正式开园之前，中共中央总书记胡锦涛同志曾亲自走访整个园区，认真听取了技术人员对园区项目的整体介绍，对动漫园发展动漫产业、传播先进文化、努力创作世界一流动漫作品、推动动漫产业不断做大做强给予了殷切期望。

作为国家级动漫产业扶持平台，天津动漫园肩负起了国家级示范性动漫产业集聚基地、研发基地和孵化基地的职责，同时也致力于发展成为国家级动漫影视制作中心、国家级技术开发解决中心、国家级技术展示交流中心以及国家级动漫人才培育中心等多个国家级中心。在天津落实国家"十二五"规划的整体蓝图中，天津动漫园的新兴产业示范效应举足轻重。

天津动漫园规划总建筑面积约77万平方米，功能区划包括门户区主楼、动漫主题公园、研发孵化区、智能衍生品区、传媒大学、6星级酒店、高档公寓、办公区及创意编剧策划区。动漫园建设周期为3年，投资回收期为8年。首期工程已于2010年10月全部竣工，其他功能区及配套设施将于两年内竣工。

一、财政投入资金，搭建顶尖公共技术服务平台

天津动漫园在规划建设初期就确立了建立大规模的制作基地，完善产业链条，提高我国动漫作品质量，培育精品；建立自有知识产权的动漫科研技术体系；建立动漫行业技术、教学、开发、制作标准；打造中国的"梦工厂"和"迪士尼"的功能定位。基于这样的发展规划和目标，天津动漫园必须具有一定规模的高效的公共技术服务平台并提供先进的技术解决方案，使之成为园区和园区辐射范围内动漫企业的核心技术支撑，而公共技术平台具有投资大、收益不稳定且低、公益性和规模效应强等特点，单纯依靠社会资本的力量无法实现。在财政资金的强有力支持下，2011年5月27日，国家动漫产业示范公共技术服务平台（一期）正式投入使用。整个公共技术平台总面积约1万平方米，包括动作捕捉、集群渲染、CUDA开发中心、三维扫描、高端视频制作、审片室、抠像棚、录音棚等多个功能房间。其中，平台配备的400万像素数字动作捕捉系统和自主研发的3D实时动画渲染预监系统达到世界领先水平。高端的技术平台为动漫制作提供了强大的技术支持和配套服务，不断吸引更多动漫企业和人才到动漫园投资、创作和制作。

二、出台动漫产业发展促进办法，营造一流的产业发展环境

为促进动漫产业发展，加快天津动漫园的建设，营造一流的产业发展环境，中新天津生态城管委会专门出台《中新天津生态城动漫产业发展促进办法》，对动漫产业制定了原创扶持、运营支持、投融资支持和配套服务等细化措施。中新天津生态城设立动漫产业发展专项资金，用于奖励和扶持动漫机构和人才。管委会对注册资金在1 000万元以上的企业和机构开展的重大选题动漫作品创作，在启动后一年内分期给予资金资助；对具有自

主知识产权的动画片、动画电影的播出、公映予以奖励；通过住房租金补贴、安家费等政策积极吸引动漫专业人才落户动漫园。

三、加强动漫产业与科技的融合，用高科技武装动漫产业

全球动漫产业的发展经历充分表明，科学技术水平对动漫产业的发展具有至关重要的作用。美国凭借强大的高科技优势稳坐全球动漫产业头把交椅，而日本动漫产业则凭借跟随型的科技战略名列前茅。为此，天津动漫园，特别是公共技术服务平台的建设过程充分依托和发挥高科技的作用，加快动漫产业与科技的融合，提升动漫园的核心竞争力。市财政也强化对动漫科技研发和应用的引导，拨付专项经费支持动漫园的科技研发和先进设备的采购。经过努力，国内唯一的渲染预监系统现已在动漫园中投入使用。该系统不仅大大地提高了动画电影制作的生产效率，也在国内率先实现了"3D"创作的实时预监功能。其开发完成的动作捕捉系统可同时完成捕捉6个人或5 000个标志点的动作捕捉，实时传递和记录运动捕捉设备的数据流，把动画与音频、视频、三维等迅速组合在一起，并可精确地捕捉复杂的面部表情。以此为基础，平台目前正积极与国家超级计算天津中心合作开发动漫云渲染平台项目并将此项目申报国家"863"课题。动漫园公共技术服务平台下一步将加强动漫数字化关键技术的开发，优化动漫生产流程，利用超算、新媒体等已有平台技术让动漫真正快速发展起来。

四、重视动漫人才的培养，为动漫人才提供发展空间

动漫产业与人的创造性紧密结合，需要人的创意和灵感。其发展离不开高素质的专业人才。为实现动漫人才的培养，将园区打造成"中国动漫黄埔军校"的目标，天津动漫园已与中国传媒大学合作，日后将成立国际动画学院，预计将达到4 000余人的学生规模。动漫教育、培养动漫人才将

作为动漫园的重点项目。动漫园还与天津大学、天津大学仁爱学院、天津理工大学、天津电大、天津影视学院、天津工程技术学院、天津轻工职业技术学院等多所高校开展合作，针对园区企业的实际需要，通过教学、课程设计、学生辅导等工作对学员们进行实训教学。动漫园还建立"国家动漫园创意空间"，为有志于投身原创动漫产业的年轻人提供培育平台和创业孵化平台。

经过近两年的努力，天津动漫园一期工程30万平方米建设全部完工，于2011年5月27日举行了开园仪式。文化部蔡武部长参观动漫园以后非常感慨。他说，短短一年多的时间，动漫园建设就取得这么大的成就，体现了天津速度。事实证明，把这个项目放在天津是完全正确的。目前，天津动漫园内已经进驻超过180家企业，其中包括北方动漫集团、北方电影集团、华漫兄弟、开心网、优扬传媒等动漫影视原创企业。此外，盛大文学、读者集团、新经典等知名的出版发行公司等80家企业在动漫园建立了办公区。动漫园先后参与了卡通先生公司的《赛尔号》、中影集团的《兔气扬眉》等影片的制作，均取得了相关公司和市场的认可。

凭借国际尖端水平的技术平台，强大的自主技术研发实力，以及产业园整体孵化系统的协同运作，天津动漫园已聚集了从产业内核到外延的整套服务体系。正所谓建园区筑巢引凤，借扶持动漫飞腾。相信在不久之后，天津动漫园将为本土动漫创意产业提供一流的综合平台。

（供稿单位：天津市财政局）

支持宣逸科技　打造梦幻甬城

——浙江宣逸公司开发运营网络游戏实例

　　浙江宣逸网络科技有限公司成立于 2008 年 10 月，是一家集动漫游戏、互联网应用产品的研发和运营为一体的文化创意新型高科技企业。公司拥有办公场地逾 1 700 平方米，现有员工百余人。为支持新兴网游文化企业，宁波市财政进一步加大文化产业发展专项资金的扶持力度。宣逸连续 3 年都被列为重点扶持对象，在网游产品、人才培养、科技创新等方面受到重点支持。

　　宣逸先后获得了国家文化部"网络文化经营许可证"、新闻出版总署"互联网出版许可证"等国家级的资质。其间，更有《帝国重生》、《叱咤九州》等多部产品出口海外。其中，《帝国重生》还获得了 2010 年度中国游戏产业金凤凰大奖，成为宁波本土最具竞争力，也是最具代表性的游戏软件开发公司。宣逸的成长有目共睹，并于 2010 年被认定为"宁波市文化产业示范基地"。2011 年 5 月，公司总裁徐毅被选举为宁波市文化产业促进会副会长。2011 年 7 月，公司入选宁波市"十二五"时期文化发展规划中培育的 20 个重点文化品牌之一，同时被列入重点扶持的 50 家文化企业之一。2011 年 9 月，公司被认定"浙江省文化出口重点企业"。

一、网游产品日益丰富，供给能力显著增强

　　宁波市财政支持宣逸开发大型原创网络游戏等系列产品。目前，宣逸旗下的产品不仅与国内一线互联网平台公司达成合作，注册人数已超过 500

万。同时，其产品还出口海外。2009 年 9 月，当时全公司仅有 56 名员工的宣逸自主研发了网络游戏《帝国重生》，吸引了韩国最大的网页游戏运营商THE5 集团来签约，成为《帝国重生》海外市场的开拓商。由此，宣逸成为宁波市第一个向海外出口自主游戏软件的网游公司。目前，《帝国重生》出口至美国、欧洲等地，用户数达到 500 万，创下的产值不下几千万元。《帝国重生》还获得了 2010 年度中国游戏产业金凤凰奖。

与此同时，以中国历史为题材的第二款自主游戏产品《叱咤九州》也于 2010 年上线，并且于 2011 年 5 月随省委书记赵洪祝"文化相亲"交流团访台，成为宁波唯一一个与我国台湾签约的游戏产品项目。该款产品已于 2011 年 10 月中旬在我国台湾正式上线。

在国家大举发展文化产业的利好形势之下，宣逸旗下的网游产品日益丰富，供给能力显著增强。2011 年，宣逸着力打造两款新产品，分别是《王者之心》和《梦幻甬城》。前者预计在今年年底上线，后者将在明年上线。《梦幻甬城》这部作品或将带领人们走出网络游戏就是打打杀杀的误区。公司总裁徐毅介绍，《梦幻甬城》将结合宁波打造智慧城市的这个主题，吸引玩家在网络中开展创业，通过自身努力赚取真金白银，实现美好生活。线上游戏将充分融合宁波当地的建筑、习俗、风景、产业等现实，而线下不仅结合景点旅游，而且还积极开展和家具、服装、饮料等实体商家的合作，并在游戏过程中进行植入式的体验营销与传统广告互动，让更多的人了解宁波这座城市，体验宁波的创新活力，充分体现了宣逸网络文化产品的水准和服务的供给能力。

二、创新企业文化品牌，推动文化产业发展

宣逸是宁波市首家具有全资质的网络动漫游戏开发和运营公司，同时也是大学生创业企业。从老板到企业员工，平均年龄在 27 岁，是个充满激

情与活力的团队。作为"宁波市大学生创业新秀"、"浙江省大学生成功创业之星",总裁徐毅带领着公司的大学生创业团队经过3年的发展,已经取得了骄人的成绩。公司3年营业额的平均增长率达449.81%,员工人数从5人发展到100多人,先后获得了国家文化部、新闻出版总署的国家级高含金量资质。这些资质的获得对宁波当地的文化产业、科技产业来说都是一种突破,对发展当地的文化产业、科技产业产生了非常积极的推进作用。

作为从事动漫游戏行业的专业厂商,宣逸始终将"打造健康、有趣的游戏产品"作为企业的发展宗旨,致力于开发思想内容积极、健康向上的"绿色精神产品"。公司在所有自主研发的游戏产品内都嵌入了未成年人保护系统,并在全国范围内率先第一批积极响应国家文化部,实施了"家长监护工程"。一个好的网络游戏,就像一本好书,对增进青少年对民族文化的了解,塑造他们的人生观、价值观都会产生不容小觑的影响。宣逸旗下产品《叱咤九州》就是一款以中国历史故事为背景,传承中华民族文化的产品。目前,正在研发的《梦幻甬城》还将宁波本土文化融入游戏产品,让更多人了解宁波。

在塑造企业文化方面,宣逸同样注重品牌效应。一方面,宣逸经常邀请北京、上海等地的行业精英与公司团队开展学术沙龙并向社会开放,让员工在宣逸不断学习进步、成长提升。另一方面,宣逸还定期开展各类文化活动,包括团队拓展、各类比赛、团队旅游、高校交流,甚至还包括联谊相亲,解决年轻员工的单身问题,有效增强人才的稳定性,积极打造一个充满激情、富有朝气、勇于创新、善于协作、乐于分享的大学生创业团队。

宣逸在推广公司业务的同时,也向全国,甚至全世界亮出了"宁波动漫游戏"这张新的城市名片,并吸引了国家和省级领导多次前来调研,包括国家文化部文化产业司副司长吴江波、李小磊,商务部服务贸易司处长戎卫东以及浙江省宣传部副部长龚吟怡等等，使得省内外对宁波的网络游戏产业刮目相看。

三、搭建创业创新平台，义务培养文化人才

宁波市财政积极支持宣逸进行技术创新和人才培养，把打造动漫游戏人才培养平台纳入文化产业发展专项资金的扶持范围，截至目前，宣逸共获得国家版权局软件著作权 40 多项，同时还承担宁波市软件产业发展专项项目 2 项、宁波市文化产业专项项目 2 项。同时，宣逸建立起了优秀的高科技文化产业技术团队，拥有来自美国艺电、盛大网络等国内外一流行业企业的经验丰富的技术骨干，技术实力不断提高。

在积极从外引才的同时，宣逸还注重人才的自我培养。宁波动漫游戏产业经过几年的发展已初见成效，但人才缺乏始终是动漫游戏产业发展最大的瓶颈之一。作为宁波当地文化产业重点企业，宣逸已将文化产业人才培养列入了公司的重要发展战略。一方面，公司搭建起了宣逸梦工厂这一创业平台，设立启动资金，为有志于在动漫游戏领域创业的团队提供场地、资金、资源，以培育优秀的文化产业项目和团队。另一方面，宣逸组建了"宣逸动漫游戏培训学校"，积极与各高校开展校企合作，义务为大学生提供培训，对于符合条件的培训学员还提供生活补贴。截至目前，已有百余名学生受益，从而为宁波市文化产业提供了人才储备。

4 年来，宁波市财政积极支持宣逸科技公司，打造《梦幻甬城》等原创游戏，有效地促进了当地文化产业的发展。

（供稿单位：宁波市财政局）

政府支持乾豪　原创助推动漫

——大连乾豪公司运作原创动漫实例

坐落于大连高新园区国家动漫产业基地的大连乾豪数字科技有限公司（以下简称"乾豪动漫"）成立于 2006 年 7 月，现有办公面积 3 000 多平方米，是大连乾豪集团的全资子公司，也是目前大连高新园区国家动漫产业基地内技术最先进、规模最大的原创动漫公司之一。浓厚的企业文化、成熟的开发团队以及高标准的硬件设施，使乾豪动漫引领了大连动漫产业的发展方向，是大连动漫产业中颇具实力的中坚力量。

一、政府大力支持，乾豪阔步前进

成立至今，在大连市委宣传部、市财政局、市文广局、高新园区管委会、园区动漫游管理办公室等相关部门的大力支持下，乾豪动漫积极开拓，先后启动了历史侦破、诙谐幽默、海洋文化、折纸、幼儿、青春等题材的多部高品质的大型三维动画系列片，在业内受到广泛关注和好评。同时，乾豪动漫还致力于打造动画片播出、衍生品连锁销售终端等完整的动漫产业链平台。

目前，公司从全国各地吸收了大批高技术动漫人才，率先达到高新园区"龙头企业"的目标。另外，通过各个动画项目组，乾豪动漫已吸收各类应届大学毕业生 50 余人。随着项目的不断推进，预计企业还可吸纳高校毕业生 100 余人，提供工作岗位 200 多个。

作为大连市动漫产业领域唯一的市级先进单位，乾豪动漫一直遵循着这样的企业宗旨——坚持以原创动画片的创作与开发为核心业务，坚持以创意为中心的开发理念，坚持以打造完整的动漫产业平台为目标，坚持以高品质的动漫产品来推动国内动漫产业链的快速形成与发展。企业正朝着成长为全国实力最强、规模最大的动漫游产业集团和国产动漫产业领航标的发展目标阔步前进。

二、原创助推乾豪动漫

自成立以来，乾豪动漫已经成功运作多个动漫项目。其中，作为中国首部三维侦破武侠动画片，公司首部原创作品《侠义小青天》已于2010年7月1日在中央电视台少儿频道《动画乐翻天》黄金时段强势首播，并在多家省市电视台播出。在制作过程中，这部52集的三维动画电视系列片得到了大连市文化产业发展专项资金的扶持。

《侠义小青天》已相继获得国家广电总局"2009年第四季度优秀国产电视动画片"、"2009年度国产优秀动画片一等奖"，是大连市近年来唯一获此殊荣的原创动画片，并获得2009年度国产原创动画作品以及创作人才扶持项目"最佳编剧奖"、2010年中国西部动漫文化节"优秀动画作品评选"动画系列连续片类入围奖。片中的动画人物形象"包拯"还荣获第二届中国10大卡通形象入围奖。2011年2月，《侠义小青天》入选为2010年度大连文艺界10件有影响的作品，并获得大连市第11届文艺"金苹果"优秀动漫作品奖。目前，乾豪动漫全面推动《侠义小青天》衍生品的开发和推广工作。公司已经与多家大型出版社洽谈《侠义小青天》相关图书的出版发行，计划联合2~5家大型出版社，采用授权、合作、自营等多种方式开发覆盖10~17岁青少年的全套推理图书，在全国打造"侠义小青天"品牌系列的推理图书。与此同时，已有多家公司对与该片相关的玩具、文具表示出强烈的兴趣。乾豪动漫计划从2013年开始，在寻求与大厂商合作开发的同时，投入专门资金进行自营动漫衍生品的研发与生产，计划开发玩具、文具、食品等相关衍生品种类 200 个左右。产品覆盖电子商务、商场超市、批发市场等多种销售渠道。

乾豪动漫正在《侠义小青天》大获成功的基础上，继续开发原创动漫作品。公司另一部斥巨资打造的大型三维动画电视系列片《折纸小兵》也即将制作完成。该片因为其独特而创新的折纸风格而广受业界好评，在第 15 届上海电视节"聚焦动漫谷——2009 年动画项目创投"大赛上获得最高奖"最具市场潜力奖"。另外，作品还获得第 10 届四川电视节金熊猫国际动画"最佳宣传片"奖。《折纸小兵》首部 104 集于 2011 年年底全部制作完成，计划在央视首播。目前，公司已开始致力于动画衍生品的研发工作。预计开播后，该片及其动画衍生品每年将会产生可观的经济效益。

公司另一部即将制作完成的二维原创动画电视系列片《云朵宝贝》，还在前期策划时就在业界广受好评，并成功与央视少儿频道进行合作。根据项目需要，公司设立了该项目的编剧组、美术组、分镜组、制作部、后期合成组，同时要求市场部、衍生品研发部等业务部门，从技术、市场等各个方面给予支持，以确保项目以较高品质如期制作完成。为了能够加快项目的制作进度，提高项目的制作水平，公司正不断在国内外寻求优秀的二维制作团队，以保证项目具有更充足的人才资源。

目前，这两部具有良好市场前景和社会效益的原创动漫作品均已申报了 2011 年大连市文化产业专项扶持资金。

三、专项资金扶持乾豪动漫起到示范效应

动漫游戏是新兴文化产业，也是大连市的优势文化产业。作为国家级动漫产业基地，大连高新园区已入驻动漫企业 158 家。乾豪动漫无疑是其中较有代表性的原创动漫制作企业，也是大连动漫产业领域中的龙头企业

之一。

　　"支持具有示范性、导向性和牵动性的文化产业项目"是大连文化产业专项资金的重要职能之一。通过为该企业优秀原创动漫项目的开发制作提供资金支持，扶持动漫龙头企业做大做强，进而影响和带动其他动漫企业的快速发展，有利于推动全市整个动漫产业的繁荣发展。这一做法可以充分发挥专项资金的导向性作用，起到很好的示范和带动效应。随着大连市文化产业发展资金支持力度的加大，还将有更多的像乾豪动漫这样的优秀文化企业获得更大的资金扶持，动漫游戏产业也将成为大连文化产业的最大特色和最新亮点。

（供稿单位：大连市财政局）

构建九大板块　建造文产航母

——云南文化产业投资集团快速发展实例

2009 年伊始，云南省委省政府审时度势，提出要大手笔、全方位地推动云南文化建设跨越式发展，把文化产业打造成云南的新兴战略性支柱产业，并决定组建云南文化产业投资控股集团公司（以下简称"文投集团"）。2009 年 12 月 30 日，文投集团正式挂牌成立。在短短的两年时间里，集团因地制宜、抢抓机遇，努力探索出一条有云南特色的边疆民族文化产业发展之路。这一创新实践使集团从诞生发展成为如今拥有 7 家全资公司、3 家控股公司、参股投资项目 20 项的集团化投资控股公司。这艘"文产投资航母"两年的打造历程，对国有文化企业如何推进文化产业快速发展有较强的借鉴意义。文投集团成立不到 3 年，已经构建了演艺、文化设施建设、影视拍摄、文化旅游、文化产业园区开发建设、文化产业教育培训、数字科技与动漫、金融投资、文化地产等九大板块。

一、创新发展定位

文投集团成立之初，省委省政府交赋其两项重大使命。一是推进文化体制改革，接手首批省级国有文艺院团转企改制试点工作，将原省级经营性文化事业单位云南省歌舞剧院、云南省杂技团、云南艺术剧院（云南省演出公司）整体转企改制，注册成立了云南演艺集团有限公司，并划入文投集团，带领其真正面向市场求生存、求发展。二是搭建投融资平台，通过市场化运作方式，建设云南文化艺术中心（新云南大剧院）、云南艺术家园区、云南文苑（云南文学院）等省级重大文化标志性工程项目。

在这种情况下，集团面临两项重任。一是 600 多名院团转企员工的生存问题。二是建设资金缺口较大，推进十分困难。文投集团经过认真分析省情，确立了发展定位和目标，即打造云南省文化建设的最大融资平台和投资主体、云南文化产业增量的载体和提高质量的平台、云南"两强一堡"战略面向东南亚与南亚的文化高地、云南文化"走出去"的纽带和桥梁、云南文化产业体制改革和文化产业整合的推动者和载体、云南文化产业建设的航母型企业。

二、确立发展思路

（一）做实云南民族文化产业，使云南民族文化强省建设从根本上落到实处。其核心是建设一批云南民族文化强省的标志性实体资产。

（二）按照国务院《文化产业振兴规划》的要求，贯彻"效率优先"、"效益优先"的原则，多快好省地全方位发展企业，做实、做大、做强集团企业。

（三）按照省委省政府的要求，高举云南文化产业的大旗，整合云南文化资源，以市场为导向，以资本为纽带，最广泛地吸引社会资本和品牌企业以各种方式进入集团，创新"国有体制、民营机制"运作方式，做实做强云南文化产业。

（四）以大项目带动、大资本支撑、大品牌运作，实施重大项目带动战略，以事业促产业，以产业反哺事业，推动云南文化产业的跨越式发展。在有云南文化产业的地方，都要建起一片文化聚集区，并成为该地区的文化实体性资产，最大限度地展示当地文化的特色，提升其文化影响力。

（五）以文化为灵魂，旅游为载体，促进二者的紧密结合，为云南旅游"二次创业"做出贡献，并抓住机遇，壮大发展集团的实体资产，做实、做大、做强集团。

（六）引领转制进入的院团，以资源为依托，以市场为导向，实现体制创新、机制创新，实现劳动、工资与分配3项制度的创新。在文化体制改革政策的引领下，焕发生机。在文化市场上走稳、走好。

三、创新实践，成绩斐然

（一）成功探索院团转企改制，实现"文化走出去"。根据省委省政府的云发〔2009〕12号文件精神，文投集团对云南省歌舞剧院、云南省杂技团和云南艺术剧院进行了转企改制，组建了云南演艺集团有限公司和3个院团公司。改革体现了"体制机制创新、艺术创新、运作方式创新"和"与旅游结合、与企业结合、与科技结合、与金融结合"的工作思路。干部及员工首先是思想观念开始有较大转变，由原来被动接受任务转变为主动闯市场，积极培养和引进懂演艺、会经营、善管理的经营管理人才，与原有演艺人才共同形成一支具有市场竞争力的优秀演艺板块经营管理团队。文投集团带领转企改制文艺院团"走出去"、"闯市场"、"谋发展"，先后打造了两台境外大型演艺节目《吴哥的微笑》、《辉煌新加坡》和一台境内大型演艺节目《梦幻腾冲》，还打造了精品杂技节目《雨林童话》等，受到国内外各界人士一致好评。《梦幻腾冲》开演近3年来，演出了近620场，16万余人观看了演出，并创下了演艺项目当年演出、当年实现盈利的良好业绩。《吴哥的微笑》开演1年来，演出330多场，50多个国家的16万余人观看了演出。欣赏过演出的专家和来自世界各地的观众均认为，这是柬埔寨有史以来最令人震撼、最能真实体现柬埔寨文化特色的演出，是中柬艺术的结晶。中组部李源潮部长、文化部蔡武部长、商务部陈德铭部长等领导对此均给予了高度评价。

（二）全力推进云南重点标志性文化项目建设。根据省政府安排，集团组建后承接开发建设云南艺术中心（新云南大剧院）、云南艺术家园区、云南文苑产业项目。项目建成后将成为承载云南民族文化强省建设的实体性资产，以此做大云南文化产业的增量。通过艰苦细致的前期工作，几个项目即将开工。

（三）推进文化产业园区（基地）建设。通过努力，文投集团投资的昆明国家级民族文化产业示范园区、瑞丽国际珠宝文化产业园区和丽江民族文化产业示范基地顺利推进。丽江文化产业培训学院和外向型文化产业孵化培训基地已开展前期筹备工作。集团着手建设中国云南影视产业实验区·丽江基地，争取形成"东有横店，西有丽江"的中国影视产业新格局，使中国云南影视产业实验区建设落到实处。

（四）落实文化产业与旅游产业融合发展。文投集团本着以文化为灵魂，旅游为载体，实现文化和旅游深度融合的目标，切实促进云南旅游二次创业。一是完成对香格里拉蓝月山谷文化旅游项目的并购，此举已经纳入省"十二五"重要的旅游项目及滇沪合作重点援藏项目。二是完成对香格里拉大峡谷巴拉格宗景区项目的并购，并将在现有基础上继续丰富景区文化内涵，完善景区的服务功能，发挥景区地域优势，打造集民族文化、宗教文化、生态文化为一体的，最适宜居住的旅游目的地，使大峡谷巴拉格宗景区成为中国云南藏区的旅游精品。

（五）探索影视、艺术品发展的新路子。2011 年以来，文投集团的子公司云文（北京）影视投资公司先后组织拍摄和发行电视剧《冷箭》、《金凤花开》、《香格里拉》、纪录片《未发现的中国》、电影《斗爱》、《假装情侣》、《边境风云》等一批影视剧，受到业内和市场的关注与好评。公司还将陆续推出电视剧《枪神》、《猎杀》、《愤怒的摄影师》、《边城春秋》及《共赴国难》，并将跨国合拍电影《香格里拉》、《舞魂》等。此外，文投集团积极探索，集中云南市场前景较好的画家和对云南题材有浓厚兴趣的省外、国外画家，组建昆明中国画院，探索新型文艺院团的市场营运模式。

（六）积极构建云南文化产业的投融资平台，促进文化、金融投资、科技融合。为适应云南文化产业发展的需要，拓宽文化企业融资渠道，充分发挥集团省级文化产业投融资平台的功能，完善文化资本运营板块建设，文投集团发起设立云文创业投资有限公司；与云南出版集团等共同发起设立云南省文旅小额贷款公司；拟与优质战略合作伙伴发起成立云南文产投融资担保公司；还计划建设一个面向东南亚和南亚，服务全国的云南文化产权交易所。同时，经省委省政府同意，文投集团正积极筹措资金，拟设立云南文化发展引导基金。此外，集团正依据国家关于保险支持文化产业发展的有关规定，拟发行云南文化产业建设债券。文投集团还投身于数字科技等领域，已设立云南文产数字科技公司，正在筹建云南动漫集团等一批涉及高新科技的子公司，填补云南文化产业的空白。

经过近两年的发展，文投集团旗下已拥有 25 家全资或控股参股子公司，成功构建了演艺、影视、文化旅游、文化科技、文化地产、文化设施、投融资、动漫和数字科技等九大业务板块。集团计划在未来 3～5 年时间内将文投集团打造成为拥有"云南文产"品牌优势，具有市场竞争力的云南文化产业航母型旗舰企业。

虽然在发展过程中仍存在困难，但文投集团在各级政府的扶持和帮助下，在社会各界的合作和支持下，通过自身的努力，将会走出一条有云南特色的文化产业发展之路。

（供稿单位：云南省财政厅）

东方发展文化产业　惠金搭建融资平台

——上海搭建文化产业投融资平台实例

2006 年 12 月，在市财政局、市委宣传部和浦东新区人民政府的指导下，作为"财政资金无偿变有偿，市场化与功能性相结合"的创新试点，上海东方惠金文化产业投资有限公司（现名"上海东方惠金文化产业创业投资有限公司"，以下简称"东方惠金投资公司"）成立。2007 年 12 月，东方惠金投资公司设立上海东方惠金文化产业担保有限公司（现名"上海东方惠金融资担保有限公司"，并于 2011 年 9 月完成了增资及获得新证，以下简称"东方惠金担保公司"），打造上海市文化产业风险投融资平台，为中小文化企业提供金融服务，促进了中小文化企业的发展。

一、建设立体化的投融资平台

在文化产业融资方面，虽然国家层面出台了一系列政策，但中小文化企业"融资难"问题仍然突出。银行不能直接解决轻资产特征的文化企业的融资问题，需要担保公司作为"梯子"连接，但担保行业因缺乏盈利模式而大多不愿介入。

东方惠金投资公司提出解决这一难题的对策是：努力将"上海市文化产业风险投融资平台"创新构建为"立体化"的功能性平台。具体举措包括：企业投资设立了东方惠金担保公司、张江小额贷款公司、建信村镇银行；与建设银行、上海银行、浦发银行等 10 多家银行、众多投资机构、近 20 家文化创意园区、上海市再担保公司结成联盟，紧密合作，为处于早中

期的中小文化企业提供多方面、多渠道的风险投资和融资担保服务。由此，东方惠金投资公司以其大胆、实在、周到、"雪中送炭"式的服务，在行业中产生了良好的影响力。

二、引导社会资金共同投资文化产业

东方惠金投资公司以财政资金为杠杆，引导大量社会资金共同投资文化产业，相继投资设立了国内首家文化产业基金——华人文化产业基金及其基金管理公司。

2008年11月，东方惠金投资公司投资与另一机构共同组建了华人文化（天津）投资管理有限公司。2009年4月，公司获国家发改委批准，可以募集基金。2009年12月至2010年5月，东方惠金投资公司作为发起合伙人，陆续会同其他5家合伙人完成了华人文化产业股权投资（上海）中心（有限合伙）的设立工作，带动社会资金共同投入文化产业。如投资了星空中国、东方梦工厂等国际化项目，在社会上产生了较大影响。

三、在深入调研的基础上，投资早中期的文化企业

在财政、宣传等部门的指导下，东方惠金投资公司在创业投资早中期文化企业上，按照国资价值评估和审核许可相关规定，尽量规避风险，取得成功。通过详细调研和筛选，近年来，公司所投资的项目大部分快速发展。

（一）上海富凯网络信息技术有限公司

该公司原主要从事社区防盗门安装等安防业务。东方惠金投资公司在对50多家新媒体公司进行调研和产业研究的基础上，发现了该公司所蕴藏的社会效益与经济效益相结合的特殊潜力，商议改造为"社区服务网络新

媒体公司"。之后，该公司按照新的发展战略大力拓展业务，在上海已为约5万栋居民楼、350多万人口提供安全、舒心的服务，而且成功地在常州、深圳、南京等地复制这一模式，效果良好。"城市流动人口管理系统"等产品在维护社会治安和民众良好体验相结合上独树一帜，得到公安等政府部门的赞扬和推广。该公司现已成为上海市物联网现代服务业核心企业之一，致力于打造"中国最大的社区公共信息网络服务平台"，围绕家庭日常需求提供多种服务，现列为上海市发展改革委、市经济信息化委、市科委等几个部门支持的重点项目设施单位，并在更多的省市发展。

（二）上海城市动漫出版传媒有限公司

该公司原名上海城市动画有限公司，原从事动漫画制作、产品销售、动漫展组织、园区策划等多种业务。东方惠金投资公司在对50多家动漫公司进行调研和产业研究的基础上，商议确定了清晰可行的"原创＋版权＋渠道"的公司战略和经营模式。在动漫产业持续低迷的大环境下，该公司保持了平稳的经营态势和稳定的盈利。公司与迪士尼合作制作75集国内首部中学生题材的情景电视剧《课间好时光》等片，在覆盖全国近50个主流城市的《小神龙俱乐部》播放，收视率领先。公司还完成了208集《海宝来了》系列动画片的剧本创作、动画制作，在中央电视台少儿频道播出，取得了该时段收视第一的佳绩。目前，该公司已成长为上海动漫产业骨干企业，和国内40多家动漫衍生产品制造企业建立形象授权合作，并建立起覆盖全国350个电视台的动画、影视播映权的合作网络。并且创新连环画设计和制作，探索中国特色的动漫之路。

四、创新开展融资担保业务

东方惠金担保公司探索"公司市场化运作与功能性服务相结合、与金融机

构和产业园区相结合、与创业风险投资相结合、与互联网服务相结合"的模式，并实现了"投贷联动"。4 年多来，东方惠金投资走访了 400 多家中小文化企业和文化产业基地，为以文化产业为主的中小企业担保贷款，发挥了较好的作用。

（一）大比例撬动银行等机构的资金

为使不同条件的文化企业能从银行得到担保贷款，截至 2011 年年底，东方惠金投资公司与建设银行、上海银行、浦发银行等约 10 家银行全面合作，得到的银行授信比为刚增资到 1 亿元资本金的 10 倍。同时，公司加强与全市 20 多家文化产业示范基地和张江小额贷款公司、浦东建信村镇银行、上海市再担保公司等的密切合作，联合拓展业务，为中小企业提供银行融资渠道外的新途径。

（二）开发以"软性反担保条件"为主的 8 类担保产品

按担保行业规则，担保公司为企业提供担保，帮助其获得银行贷款的同时，必须获得企业对担保公司的"反担保"条件，以适当防范风险。对于有融资需求的中小微文化企业，一般缺少常规的有形资产反担保条件，但又要尽可能避免坏账，保护国有资产，该矛盾难以解决。东方惠金担保公司针对不同情况，开发了 8 大类"软性反担保条件"的产品，即供应链融资、投贷联动、准应收账款质押反担保、实际控制人保证反担保、股权质押反担保、过程控制反担保、资产浮动抵押反担保、有形资产的剩余价值抵押反担保等，成功地为中小文化企业的发展提供了融资服务。

（三）担保业务产品案例

1. 供应链融资担保产品。东方惠金担保公司采用"供应链融资 + 个人信用保证"的反担保模式，担保了如上海新文化传媒公司、上海宁兴百纳影视传播公司等一批影视公司，成功得到银行贷款。该做法既解决了该类公司的融资难问题，同时又有效地控制了风险。最近，上海新文化传媒公司壮大后已成功上市。

2. 投贷联动担保产品。上海泓安信息科技公司主营电视收视率调查等业务，发展前景广阔。东方惠金担保公司通过投贷联动的简易程序，帮助上海泓安信息科技公司解决了流动资金缺口，既使其得以在多个城市开展网点铺设和技术研发，得到快速发展，又为东方惠金投资公司取得了投资机会。

3. 准应收账款质押担保产品。上海卓繁信息公司主要为各地政府开发、培训和维护电子政务公众服务平台——行政审批及电子监察系统，是目前国内少有的拥有行政审批、公共资源交易、信访管理、执法监督、电子监察等多个综合业务系统及监察系统的开发商，连续几年获得市级高新技术企业认证、"双软"（软件及软件产品）企业认证等，但该公司主营业务发展和政府还款的周期性迫切需要申请流动资金借款，却无法直接获得银行贷款。东方惠金担保公司针对性地设计准应收账款（缺乏传统应收账款业务所必需的发票和确认函等手续）质押反担保，成功解决了该信息公司的资金周转难题。

4. 实际控制人信用保证反担保产品。上海优游信息公司是上海市高新技术企业，与上海徐汇软件园合作，准备开发、打造崭新的一站式旅游服务产业链系统平台，但平台临近上线却面临资金难题。东方惠金担保公司经详细调查，制定了以个人保证反担保的信用担保方式，帮助企业在银行获得了贷款支持。现在，该信息公司开发的旅游服务平台"识途网"已经正式上线。国内已有数千家旅行社在其网站上录入了旅游信息，展开业务合作，发展状况良好。

5. 股权质押反担保产品。上海动酷数码公司是注册在张江园区以长篇原创动画制作为主的企业，与央视和迪士尼等单位长期合作。2008年，该数码公司拓展市场，与多家银行商谈，但都因无有效实物资产和稳定的销售收入而得不到贷款。东方惠金担保公司在深入调研了该公司经营能力和主要经营团队情况的基础上，设计了股权质押担保方案，同时，根据其未来合同收款期设计了分批放款的提款模式，由此取得了银行的授信额度和贷款。

6. 过程控制担保产品。上海韬图动漫科技公司主营动漫形式的汉文化教育业务，属"文化走出去"和"援疆"项目，在银行流动资金贷款的接续过程中遇到困难。东方惠金担保公司提供过程控制担保，帮助其转贷，实现了风险可控的转贷。另外，东方惠金担保公司多年坚持为其担保融资并争取了3年期的长期贷款，支持了公司向新疆等外省市和国外孔子学院开展业务。

7. 资产浮动抵押反担保产品。上海正大综艺电视制作有限公司是国内第一家中外合作的电视节目、广播节目、广告摄制及媒体代理专业公司。鉴于该制作公司无法由股东提供反担保，且存在资产抵押难以操作等问题，东方惠金担保公司通过资产浮动抵押反担保方式向其提供了贷款担保，确保了该公司的正常运营。

8. 有形资产的剩余价值抵押反担保产品。上海同风数码科技有限公司自2003年起，着力研发名为《天源4591》的网游游戏，2008年急需外部融资以接续公司资金链，但多家银行及担保机构都因其无经营现金流而拒绝贷款。东方惠金担保公司通过有形资产的剩余价值抵押反担保方式，为企业获得了贷款，后又有追加，帮助企业实现持续经营。

多年来，东方惠金投资公司和东方惠金担保公司多方搭建投融资平台，有效促进了上海的文化企业，特别是中小微文化企业的发展，从而为"东方明珠"的文化产业发展注入了活力。

（供稿单位：上海市财政局）

构建制度体系　监管文化资产

——江苏构建文化企业国有资产监督管理制度实例

在推动文化大发展大繁荣的新形势下，财政部门面对国有文化企业资产监管这项新的职能，如何抓住机遇、开启工作、赢得发展，是监管体制理顺后必须解决好的重要问题。构建科学有效的制度体系应是关键性的工作，也是当务之急和首要任务。

一、背景与起因

2009 年年底，江苏省政府《江苏省文化企业国有资产监督管理办法》（苏政办发［2009］114 号）明确了江苏"各级财政部门是文化企业国有资产监督管理的职能部门，代表本级政府履行文化企业出资人职责"，并提出了"始终把社会效益放在首位，实现社会效益和经济效益的有机统一"的目标任务。随后，新一轮的省政府机构改革三定方案也赋予了省财政厅文化企业国有资产监督管理的新职能，并将此作为厅新设机构行政事业资产管理处的一项重要职责。

由此，江苏文化企业资产监督管理的体制在改革中得以逐步理顺，定位更加明确，职责更加清晰，即实行以财政为主导，与省委宣传部门协同管理的体制与模式。为保障新体制的有效运转，确保目标任务的实现，省财政厅以制度创新作为履职的第一要务和工作切入点，着力"构建江苏文化企业国有资产监管制度体系"，高起点地开创这一全新的工作。

二、调研与借鉴

基于对国家和各地现有的有关文件规定的了解，其内容大多仅限于提出了国有文化企业资产监管职责、管理体制机制的原则要求和总体目标，比较笼统，尚未有实质性、针对性、操作性的加强资产监管的政策法规。这也给制度体系的构建增添了难度。对此，在制度体系的构建过程中，省财政厅重点开展了以下工作：

（一）全面了解中央有关文化企业资产监管的动态，正确把握趋势和方向。2005年，中共中央国务院印发《中共中央国务院关于深化文化体制改革的若干意见》（中发〔2005〕14号），明确提出文化企业资产监管"三统一、三结合"的要求，即权利、义务和责任相统一，管资产和管人、管事相结合，同时强调要抓紧制定《国有文化资产管理办法》，加强国有文化资产监管制度建设。2007年，财政部、中宣部、文化部、广电总局、新闻出版总署印发了《关于在文化体制改革中加强国有文化资产管理的通知》（财教〔2007〕213号），首次明确了财政部门对国有文化资产的监管职责，同时也明确了党委宣传部门、文化行政主管部门的管理职责，并要求建立工作协调机制，共同做好国有文化资产管理工作。2008年，国务院印发《国务院办公厅关于印发文化体制改革中经营性文化事业单位转制为企业和支持文化企业发展两个规定的通知》（国办发〔2008〕114号），要求财政部门要建立和完善国有文化资产监管体制机制，推动文化体制改革工作，积极稳妥地促进经营性文化事业单位转制为企业，加快推进文化产业发展。上述文件对国有文化企业资产的监管职责、管理体制机制等提出了原则要求和总体设想，而中央文化企业国有资产监管尚未有针对性的政策法规。

（二）广泛考察全国各地监管的有关情况，深入了解各省文化企业资产监管的现状。

根据目前全国文化体制监督管理模式的现状，对重庆公司制模式、深圳国资委主导模式、上海宣传部主导模式、湖南财政主导模式等省、市资产监管制度体系建设情况进行广泛调研。

2005年4月，重庆成立了国有文化资产经营管理公司，由公司代表市政府对重庆日报报业集团、重庆新华书店集团、重庆广播电视集团、重庆出版集团履行出资人职责，按照"把握重点、循序渐进"的原则，建立了以《关于加强国有文化资产监督管理的意见》为主，《四大集团国有资产保值增值考核指标及领导层薪酬方案》、《市级文化企事业单位重大投资项目管理办法（试行）》、《关于贯彻〈重庆市经营性国有产权转让暂行办法〉有关问题的通知》、《重庆市国有文化资产评估项目核准管理办法和备案管理办法》和《监事会工作暂行规定》为配套的制度体系。

深圳市委市政府于2007年1月决定市国资委为深圳市文化事业单位国有资产出资人，对报业、广电、出版发行三大文化产业集团实施监管。深圳市本着"规范管理，高度授权，促进集团健康发展、做大做强"的原则，建立以《深圳市属国有文化集团资产监督管理暂行办法》为主，同时建立了考核、薪酬、投资、产权变动、资产评估、贷款担保、资产减值准备等多项配套制度。

上海市委市政府于2004年4月决定委托市委宣传部作为上海市属宣传文化系统全部经营性和非经营性国有资产委托监管主体，履行国有资产出资人的职责。2009年，上海市委市政府印发了《关于加快推进上海文化产业发展的若干意见》，明确了文化产业发展的主要目标、基本思路和重点领域，并提出了8点保障措施。上海还先后印发了《关于印发〈关于加强和完善上海市文化领域国有资产监管工作的实施意见〉的通知》、《市属宣传文化系统国有资产评估管理暂行办法》、《市属宣传文化系统国有股权转让变更审批审核程序规定》等一系列文件，加强文化企业国有资产监管制度建设。

2008 年 10 月，湖南颁布《关于在推进我省文化体制改革中加强国有文化资产管理的通知》（湘财资〔2008〕12 号），明确了各级财政部门代表政府对国有文化资产实施综合管理，主要职责是：建立和完善国有文化企业资产经营预算制度和现代产权制度；会同相关部门制定国有文化企业资产绩效考评办法；负责国有文化企业国有资产保值增值结果的确认；建立和完善国有文化企业主要经营者激励和约束机制；依照法律法规履行国有文化企事业单位资产管理审批事项；其他有关国有文化企事业单位资产管理工作。

（三）适应江苏管理体制要求，选准江苏文化资产监管体系的坐标。省财政厅在充分调研的基础上，加以探索和创新，提出了江苏省监管制度体系建设思路，即按照两个层次：第一层次是纲要性管理办法，对文化企业资产监管实行综合性指导；第二层次是一系列配套制度，对文化企业资产监管在操作层面进行具体指导，主要包括重大事项管理、考核、薪酬、投资、产权变动、资产评估等，概括为构建江苏省文化企业国有资产监管制度体系的"1＋5"框架和设想，并取得了实践成效。

三、内容与措施

（一）基本目标

从 2010 年起，用 3 年左右时间，探索建立起财政监管体制下，以《江苏省文化企业国有资产监督管理办法》为纲领，以"资产基础管理、重大事项管理、资产绩效考评、现代企业和公司治理、国有资本经营收益管理"5 类配套制度为主体，能够充分体现文化企业特点的江苏省文化资产监管制度体系，并建立与之相应的"预算控制"、"监督防范"、"绩效激励"等监管机制。为推进江苏文化领域国有资产合理流动和优化配置，推动文化企业建立现代产权制度，健全现代企业制度，完善法人治理结构，防止国有资产流失，保障文化企业发展方向，实现文化企业国有资产的保值增值，实现经济效益和社会效益的统一提供制度保证。

（二）基本原则

推进江苏省文化企业国有资产监管制度体系建设的基本原则是：把握方向，兼顾特点；整体设计，分步实施；先易后难，逐步构建；坚持实用，不断创新。

（三）制度体系的构成及内容

1. 一个基本制度——《江苏省文化企业国有资产监督管理办法》（苏政办发［2009］114号）（以下简称《办法》）。该《办法》是加强江苏省文化企业国有资产监督管理的纲领性文件，明确了文化企业管理机构及其职责，明确了重大事项管理和国有资产管理的内容、程序以及财政部门、党委宣传部门、文化行政主管部门、文化企业应承担的监管责任。

2. 5类配套制度。围绕国有资产出资人依法履行职责、资产监管的重点，着力解决制约文化产业发展的突出问题、难点问题，对《办法》加以细化，制定配套办法，使其更具操作性、针对性、完整性，主要有"资产基础管理、重大事项管理、资产绩效考评、现代企业和公司治理、国有资本经营收益管理"5类制度。

（1）资产基础管理制度。具体包括：产权交易监管、产权界定、产权登记、资产评估监管、清产核资、资产统计、综合评价、财务决算报告及财务审计等日常基础管理工作的规范性文件。

（2）重大事项管理制度。具体指：各企业及重点下属企业产权变动、改革重组、对外投资及投资后评价、融资担保、不良资产核销、对外捐赠、资产处置等重大事项。

（3）资产绩效考评办法和收入分配制度。具体指：建立健全国有资产保值增值考核和重大资产损失责任追究制度。

（4）现代企业和公司治理方面的制度。包括董事会及监事会建设、独立董事及监事的委派等。

（5）国有资本经营收益方面的管理制度。具体指：企业财务预算管理、国有资产经营预算编制执行办法，包括国有资产经营收益考核、收缴、再投入等管理规定。

（四）进度安排

2010 年，根据《江苏省文化企业国有资产监督管理办法》，在深入开展学习调研的基础上，探索构建符合江苏文化企业发展方向、体现文化企业特点的文化资产监管制度框架体系。从 2011 年开始，在省级文化企业清产核资的基础上，江苏逐步研究出台企业产权登记办法、文化企业重大事项管理实施办法、文化企业主要负责人薪酬管理办法等。今后将按照江苏省文化体制改革进程和省委省政府的决策部署，结合江苏文化企业发展实际，适时研究出台相关配套制度，逐步完善文化资产监管制度体系。

（五）保障措施

1. 深入学习调研。文化企业监管制度体系建设具有复杂性和特殊性，需要紧密结合企业实际开展调研。一是深入了解文化企业实情。与企业开展面对面的交流，真正了解文化企业的管理所需、发展所急、问题所在，使文化企业监管制度更加贴近本省实际，更体现文化企业特点，更具有针对性、指导性和适用性。二是善于学习先进经验。与全国兄弟省市沟通交流，创新工作理念和方式，积极探索具有江苏特色的文化企业资产监管制度体系。三是充分利用清产核资工作成果。在掌握企业资产状况、财务状况和经营状况等第一手资料的基础上，深入研究制约企业发展的深层次问题，使监管制度更有针对性、操作性和可行性。

2. 加强沟通协调。制度体系建设工作是一项综合性、政策性、法律性强的工作，任务重、难度大、要求高。既涉及到对党和政府大政方针的把握，也涉及到对具体问题、重点问题、难点问题的协调、处理。对此，省财政厅加强与宣传部门、行政主管部门的沟通合作，健全工作协调机制，建立制度，建设工作小组，聘请宣传部、国资委、高校、省级文化企业等方面的专业人士，共同研商推进制度体系建设，增强文化企业国有资产监管制度的科学性、规范性、有效性。

3. 创新监管机制。文化企业国有资产监管制度体系的建立是一个循序渐进、逐步完善的过程。每一项制度的出台实施都离不开机制的创新，都需要机制建设的保障。在当前"政府所有、分级管理、企业占有使用"的文化企业管理体制下，通过建立健全"预算控制"、"监督防范"、"绩效激励"等机制，加强对文化企业资产投入、调整、运营以及收益等的监督，加强对企业对外投资、融资担保、改革重组等风险的控制，加强对企业负责人的考核和激励，使制度更好地融入到企业的日常经营中去，以制度促规范，以规范促发展，使资产监管与企业管理更加紧密地结合，为企业做大做强提供动力支持。

四、成效与影响

（一）制度框架已经构建

经过探索实践，由1项基本制度、5类配套制度、多项操作性制度构成的江苏"1+5"模式制度体系框架已初步构建。框架体系轮廓清晰、层次清楚、重点突出、内容明确，为制度建设的推进提供了科学的蓝本。2010年以来，制度体系在各个层面均有实质性的突破和充实。第一层次，《江苏省文化企业国有资产监督管理办法》得以深入贯彻落实。第二层次，即5类配置制度层面，已经着手开展了"资产基础管理、重大事项管理、资产绩效考评、监事会委派"制度的制定工作，有的已出台实施。

一是制定了企业产权登记制度。2010年，省财政厅下发了《江苏省行政事业单位所属企业国有资产产权登记实施办法》（苏财规〔2010〕38号）。该办法不仅适用于行政事业单位所属企业，由财政部门履行出资人职责的文化企业的国有资产产权登记也参照本办法执行。

二是创新性地在全国率先出台文化企业国有资产重大事项管理实施办法。2011年，省财政厅在充分调研、广泛听取意见的基础上，与省委宣传部联合出台了《江苏省省级文化企业重大事项管理实施办法》，就省级文化企业重大事项管理进行了制度规范。该办法从2011年10月1日起实施，主要包括了监管的主体范围、重大事项报告方式、管理程序、管理内容和要求等。在此办法规定的起草中，省财政厅严格贯彻执行《公司法》、《企业国有资产法》等国家法律法规的有关规定，立足"不缺位、不越位、不错位"，体现履行出资人职责，规范重大事项管理。对此，财政部也给予了积极评价和肯定。

三是制定了企业负责人绩效考核办法。2012年，江苏出台了《江苏省省级文化企业负责人绩效考核办法（试行）》。该办法的正式实施，对建立符合文化企业特点的有效激励和约束机制，促进文化企业科学发展，实现社会效益和经济效益的统一，促进国有资产保值增值意义重大。

（二）工作基础正在构筑

为配合制度的制定、抓好制度的执行、筑牢制度的基础，江苏省财政厅着力开展了以下工作：

一是开展了清产核资工作。2010 年，省财政厅与省委宣传部共同组织开展了省级文化企业清产核资工作，历时半年，通过制订方案、下发文件、开展培训、账务清理、资产清查、损益认定、资金核实、完善制度等工作阶段，摸清了家底，全面完成了清产核资工作。总体来看，江苏省省级文化企业负债程度较低，资产质量较好，整体实力较为雄厚，在同行业处于领先地位。2011 年年初，省委宣传部、省财政厅对清产核资工作进行总结和表彰，并将省级文化企业清产核资工作报告上报省委省政府，得到了肯定。省委书记罗志军专门做了批示，要求省财政部门继续做好监管工作。此项工作直接促成了《江苏省行政事业单位所属企业国有资产产权登记实施办法》的快速出台。

二是组织研发了"江苏省文化企业国有资产管理信息系统"。省财政厅借助"金财工程"平台，与软件公司联合开发了江苏省文化企业国有资产管理系统，将产权登记、重大事项管理、国有资产统计与分析、政策法规发布等功能集于一体，实现了资产的科学化、精细化和动态化管理。信息化的国有资产监管方式的创新为一系列制度的执行提供了监督管理的技术平台和支撑，将有效地促进资产管理服务效率和管理水平的提升。

三是举办企业资产管理培训。《江苏省省级文化企业重大事项管理实施办法》出台后，省财政厅和省委宣传部联合举办了由六大省级文化企业及所属公司财务、资产、投资管理人员参加的"省级文化企业国有资产管理培训班"，组织了《江苏省省级文化企业重大事项管理实施办法》解读、财政管理改革与发展、税收政策、国有资本经营预算、创业投资理论与实务等方面的专题讲座，帮助企业管理人员加强对制度政策和管理业务的学习和了解，提升管理综合素质，保证各项规定切实得以落实。

（三）管理效益初步显现

文化企业资产管理的制度规范有力地促进了企业管理的规范，增强了企业的软实力，初步显现了良好的社会效益和经济效益，助推了文化产业的发展繁荣。

省级文化企业近年来在推动江苏文化产业大发展大繁荣中取得了可喜的成绩。它们坚持正确的舆论导向，弘扬主旋律，紧紧围绕中心、服务大局，及时宣传报道省委省政府做出的重大决策部署和各地落实"六个注重"、实现两个"率先"、实施"八项工程"的具体措施，不断推出一大批具有江苏特色、水准较高、群众喜爱的精品力作。在取得良好社会效益的同时，经济效益不断提高，总体呈现出良好的增长势头，为江苏文化产业发展做出了贡献。凤凰传媒股份有限公司于 11 月 30 日在上交所成功上市。公司的股本总额、融资金额均为全国文化传媒上市企业之首，成为目前我国 A 股市场文化传媒的"第一股"。凤凰集团、广电集团、广电网络、演艺集团已连续 3 届入选全国文化企业 30 强。广电网络成功整合全省网络资源，成为用户全国规模第一的广电网络运营商。广电集团的品牌影响力在全国名列前茅。新华报业的广告经营收入连续多年位列全国省级党报 3 甲，《扬子晚报》则被评为中国标杆品牌、亚洲品牌 500 强。文化产业集团创作了 30 余部影视剧，囊括了中国影视业几乎全部最高奖。

（供稿单位：江苏省财政厅）

探索"营口模式" 争当改革样板

——营口市探索文化体制改革"营口模式"实例

2009 年 12 月，营口市艺术剧院有限责任公司、营口市新华书店有限责任公司、营口市文化市场综合执法大队挂牌成立。其中，营口市艺术剧院有限责任公司成立后 4 个月的演出收入就比此前一年的总收入还要多110%，体现了文化体制改革的积极成效。

一、加强领导，激活改革动力

长期以来，营口文化单位普遍实行事业体制，靠财政拨款过日子，缺乏发展活力。3 个市属文艺院团的演出收入以每年 20% 的幅度递减。县区新华书店经济效益不佳，有的严重亏损，有的甚至资不抵债。

为了解除干部对改革的疑虑，给改革涉及的人员吃一颗"定心丸"，营口市对文化体制改革实施"一把手工程"，成立了市委书记、市长任组长，市委常委、宣传部长和分管副市长任副组长的文化体制改革工作领导小组。人大、政协对各项改革定期督查。"一把手"的示范作用，凝聚了一班人，带出一支特别能战斗的队伍。从市主要领导到职能部门，多次到一线了解群众问题，与职工面对面、心贴心，把改革说清楚，把政策说透彻，把道理讲明白，以热心、诚心、耐心换来职工群众对改革的放心，以政策的透明度换得职工群众对改革的关切度。群众由不情愿改革变成热心参与改革。

二、统筹规划，稳步推进改革

营口市把文化体制改革作为"一盘棋"，坚持把宏观与微观改革结合起来，转变政府职能，塑造市场主体，加强引导和管理。

一是把改革与发展紧密联系，坚持以改革促发展。营口市将文化体制改革与文化事业、文化产业的发展统筹起来考虑。新华书店、文艺院团、广电网络改革方案统筹设计了发展规划和具体政策，保证转制后的文化企业成为真正的市场主体，创造做大做强的条件，增强市场竞争能力。

二是把推进改革与确保稳定有机结合，不留"后遗症"，实现"零上访"。营口市认为，稳定是改革的前提，改革必须维护稳定，人员不能推给社会。为保持改革过程中的稳定，营口明确提出转企改制的文化单位，一律采用一套政策，统一推进，杜绝攀比。

三是把全市改革纳入辽宁中部城市群综合改革大盘子，上下联动，全面完成改革任务。把营口市的发展与中部城市群发展统筹考虑，找准自身位置，发挥自身优势，在更大范围内参与资源的优化配置。积极推进营口市文化单位与省直文化单位多方面的合作，探索共赢发展的新路子。

三、完善政策，妥善解决人员安置难题

"钱从哪儿来，人往哪儿去"是改革的难题。为此，营口结合实际情况，专门制定了一系列深得人心的政策。

财政出力解决"钱从哪儿来"。文艺院团和新华书店改革的成本每年需要支出大量资金，市里的文化单位实力普遍较弱，大部分靠财政拨款度日，让其自行负担改革成本显然行不通。营口市领导认为，经济不断发展，财政收入稳步提高，拿出资金来支持改革，这笔钱应当拿、拿得起。

营口市艺术剧院有限责任公司组建后，市财政给予 5 年资金扶持，把过去人员经费改为文化企业发展扶持基金，拨款渠道不变。转制后第一年仍按原"三团"经费额度全额拨给，另增加了部分扶持基金。其中，30%用于偿还原歌舞团欠职工个人抵押金、"三险"金、"三团"离休干部医疗

费和购置设备。第二年至第五年每年按全额拨付文化企业发展扶持基金。5年过渡期满后，市财政还将根据公司情况，继续给予一定数额的资金扶持。另外，"三团"清产核资所需费用由市财政承担。有了资金保障，再把班子配好，人才留下，用发展基金在社会招聘新的优秀人才，公司发展自然有了盼头。

分类突破解决"人往哪儿去"。这是改革的另一个难点，也是营口制定文化体制改革政策的重点。2009年12月，营口市下发了《营口市文艺表演团体新华书店转企改制方案》，明确了人员安置的5条原则：一是坚持"先开渠，后放水"的原则。二是坚持尊重个人意愿，体现人性化安置的原则。三是坚持"老人老政策，新人新办法"的原则。四是坚持壮大文化企业，加强基层文化建设的原则。对一些情况特殊人员，比如愿自谋职业的，允许其申请离职，并享受相关鼓励政策。在编不在岗的，按现行政策给予经济补偿，补偿后解除劳动关系。不愿解除劳动关系的，政府负责帮助接续社会保险关系，到法定退休年龄时按企业办法办理退休手续。"三团"在编的179人中，有54人主动顺利地办理了提前退休手续，52人提出了加入艺术剧院有限责任公司的申请，其余同志也主动申请转岗分流到社区工作。

四、一步到位，实现改革重大跨越

营口贯彻中央各项改革政策，坚持一次性解决根本问题，"不留壳、不借壳、不造新壳"，不留任何遗留问题。为彻底实现经营性文化单位转企改制，市青年京剧团、评剧团和歌舞团的事业单位建制被撤销，组建的营口市艺术剧院有限责任公司成为国有独资企业。同时，把新建好的辽河大剧院作为营口市艺术剧院有限责任公司的固定演出场所。对于媒体资源，营口也同步进行整合。营口广播电台与电视台合并，组建了营口广播电视台。在这些微观企业改革的同时，营口也从强化对文化市场的监管入手，实施同步改革。在机构设置上,营口市撤销文化局、广播电视局,成立营口市文化广播电影电视局,建立了统一高效的行政管理体制。

彻底的转企改制,确立了文艺院团的市场主体地位。彻底的改革激发了文化企业的创新活力,职工精神风貌发生了前所未有的积极变化。原来剧团的业务科长每当安排角色时,不是这个不愿演,就是那个不愿干,只好说好话求人。现在公司业务经理烦恼的是,每个演职员都来找,都要争着抢着上,生怕上不了台没事做、没活干。到 2010 年 7 月,改制不过短短半年多,营口市艺术剧院有限公司的商业演出已达 50 多场,演出收入较为可观。公司还从全国新招了 30 多位舞蹈、音乐和管理人才,呈现了一派兴旺景象。文艺院团转岗到社区做文化辅导员的,如今也都展开工作,活跃在社区文艺舞台和文化广场上。

营口模式的一些具体做法有明显的示范作用,对推进文化企业改制有很大的启示。

一是要"一把手"出手,强化领导,锐意推进改革。文化体制改革涉及面广,单靠某一部门推动,难度很大。需要主要领导下定决心、亲力亲为,把改革纳入党委、政府重要议事日程,作为"一把手"工程推动,从而凝聚各方力量,群策群力攻关。这是推进改革、加快发展的重要保证。

二是要科学设计,统筹兼顾,提高改革的系统性和协调性。改革需要设计,设计的核心体现在如何确保改革的积极稳妥实施。各级党委政府应该按照"一盘棋"理念设计改革,把宏观改革与微观改革结合起来,转变政府职能,塑造市场主体,加强引导和管理。同时把推进改革与确保稳定有机结合,不留"后遗症"。各地区、各部门、各单位要把单项改革纳入综合改革的"大盘子",上下联动,一次性解决问题,全面完成各项改革任务。

三是要完善政策,务实惠民,为改革提供全面保障。要在综合配套改革上下功夫，制定一系列符合实际而又深得人心的政策，有效破解人员安置、资金投入等改革难题。推进文化体制改革，应该把惠民宗旨贯穿始终，充分体现以人为本的核心价值取向，把改革的设计、部署推动转化成为广大文化工作者理解改革、拥护改革、参与改革的热情和创造力。充分调动广大职工的积极性和创造性，激发文化企业的发展生机和活力。

四是要一步到位，攻坚克难，在深化改革中加快发展。中央提出明确的改革路线图、时间表、任务书，关键是不打折扣、不怕困难、不留尾巴、不留"死角"，实现一次性解决根本问题。积极为新的市场主体拓展发展空间，实现文化体制改革由单一推进向综合改革转变，文化资源配置由分散型向集聚型转变，文化产业发展由独立摸索向合作共赢转变，文化管理由重复多头向统一高效转变，文化单位由缺乏活力向充满生机转变，基层文化工作由薄弱向强化转变。

营口市委市政府在文化体制改革的大潮中认真贯彻中央、省委部署，锐意创新，大胆实践，探索"营口模式"，争当改革样板，进而有力推动了当地文化产业的发展。

（供稿单位：辽宁省财政厅）

大力推进资源整合　打造五大企业集团

——山西组建五大文化企业集团实例

2011 年，山西日报传媒集团、广电网络集团、演艺集团、广电传媒集团、影视集团五大文化企业集团正式挂牌成立。五大集团的成功组建，标志着山西文化体制改革进入了新阶段，文化产业发展迎来了新起点，对于优化山西文化建设布局，推动文化大发展大繁荣，更好满足人民群众不断增长的精神文化需求，促进全省经济转型、跨越发展具有重大意义。

一、五大文化企业集团组建成立的背景

近年来，中央对深化文化体制改革，培育骨干文化企业提出了明确的要求，强调要加快经营性文化单位转企改制，推动已转制的文化企业建立现代企业制度，完善法人治理结构，培育自主经营、富有活力的文化市场主体，打造一批有实力、有竞争力、有影响力的国有或国有控股文化企业和企业集团。特别是在 2011 年的全国宣传部长会议上，中央政治局常委李长春同志，中央政治局委员、书记处书记、中宣部部长刘云山同志提出要按照加大力度、加快进度、巩固提高、重点突破、全面推进的要求，加强领导，狠抓落实，力争在 2011 年、2012 年两年基本完成国有经营性骨干文化单位转企改制任务，基本完成建设一批国有骨干文化企业任务，基本完成有线电视网络整合任务，基本完成文化市场综合执法改革任务。

山西省委、省政府历来高度重视文化建设，将文化建设纳入党委政府

的重要议事日程，纳入经济社会发展的总体规划，纳入科学发展的考核评价体系，将文化产业列入全省十大支柱产业，作为国民经济结构调整和产业升级的重要抓手。山西创造的"四轮驱动"经验受到了中央和兄弟省市的普遍认可。省委书记袁纯清同志对文化建设提出了大片大作大戏表现、大集团运作、大景点支撑、大服务承载、大会展集聚的"五大战略"，指出以组建报业传媒、广电传媒、影视、广电网络、演艺等省直宣传文化系统五大企业集团为重点，深化省级文化体制改革，尽快形成产业化的载体和企业化的团队。省长王君同志亲自担任省文化体制改革和发展工作领导组组长。2010年5月，他对省直宣传文化系统进行了为期3天的调研，结合山西地下有储量丰富的矿产资源，地上有得天独厚的文化资源禀赋的实际，提出了要发挥文化资源潜力，变资源优势为产业优势、经济优势，像挖煤一样挖文化，要求在深化文化体制改革、文化产业发展、文化精品创作、公共文化服务体系建设、发展新型业态等方面取得"五个新进展"，并明确提出组建大型文化企业集团，带动全省文化体制改革和文化产业发展。

二、主要做法

在省委、省政府的高度重视和安排部署下，2010年5月7日，省文化体制改革和文化发展工作领导组着手筹建五大文化企业集团。

在五大文化企业集团筹备期间，山西省委省政府先后组织财政、发改、编办、人社及宣传文化系统有关单位负责同志到陕西、安徽、天津、山东、河北、吉林等与山西省情相似、文化改革和产业发展较快的地区进行调研，结合前期对江苏、浙江、重庆、广东、上海、北京等省市的调研，掌握了大量资料。同时，针对山西实际，对省直宣传文化系统相关单位进行了调研，摸清了底数，对改革的路径、方法、政策等进行了较深入的研究。

2010年8月20日，省委常委会议做出组建山西文化产业集团的决定，经省委主要领导批准，成立了五大文化企业集团筹备组，开始拟定集团组建方案。12月24日，受王君省长委托，省委常委、宣传部部长胡苏平和张平副省长共同主持召开了省文化体制改革和文化产业发展领导组会议，对五大集团组建方案进行了研究。2011年1月10日，省委常委会召开会议，传达学习全国宣传部长会议精神，对五大集团组建工作等具体事宜进行了研究。1月17日，王君省长主持召开省政府专题会议，研究五大文化企业集团组建工作。1月24日，省政府办公厅正式下文同意组建五大文化企业集团。4月8日，省委常委会召开会议，对五大文化企业集团负责人等事宜进行了研究。4月18日，受王君省长委托，省委常委、宣传部部长胡苏平和张平副省长共同主持召开了省文化体制改革和文化产业发展领导组会议，原则上通过了五大集团组建方案，并研究了相关支持政策。集团筹备期间，还得到了编办、发改、人社、国资、工商、税务以及宣传文化系统等29个部门和单位的大力支持。4月25日，五大文化企业集团正式挂牌成立。

三、五大集团的基本情况

五大文化企业集团涵盖网络、传媒、影视、报刊发行、演艺等多个行业，涉及人员约15000人，是壮大山西文化产业的主力军。

山西广电信息网络（集团）有限责任公司有近580万有线电视用户、100多张局域网，有1万多名从业人员。公司成立后，在实现全省广电有线网络统一规划、统一建设、统一管理、统一运营的基础上，可实现网络由模拟变数字、单向变双向、小网变大网、标清变高清、看电视变用电视、单一视频服务变综合信息服务的根本转变。集团力争"十二五"期间，成为山西文化产业的龙头企业和旗舰企业。

山西演艺（集团）有限责任公司主要在对省歌舞剧院、省晋剧院、省话剧院、省京剧院、省曲艺团等整合的基础上组建，力争用5年左右时间，把集团建成集创作演出、策划营销、剧场经营、资本运作为一体，在全国具有较大影响力和较强竞争力的大型国有演艺文化龙头企业。

山西日报传媒（集团）有限责任公司剥离山西日报报业集团可经营性资产（广告、发行、印刷、转企改制的非时政类子报子刊、新闻网站等）进行组建。到"十二五"末，公司力争形成集日报、晚报、都市报、文摘报、专业报、新闻网站、新媒体等于一身的大型立体化传媒集团。

山西广播电视传媒（集团）有限责任公司主要在调整、划转省广电局及山西广播电视台部分可经营性国有资产和产权、部分经营业务的基础上组建，力争用3~5年时间，实现集团或子公司上市，把集团打造成具有全国先进水平，具有较强核心竞争力和综合实力的现代传媒企业。

山西影视（集团）有限责任公司主要是在山西电影制片厂、山西省电影公司、山西音像出版有限公司、广电影视艺术传媒有限公司4个企业的基础上组建，把影视产业的生产、发行、放映等整合在一起，形成完整的产业链条，力争在5年内打造一个年生产电影20部以上、电视剧500集以上的大型国有影视生产企业。

上述集团成立后，山西基本形成了以出版集团、广电网络集团、演艺集团、山西日报传媒集团、广电传媒集团、影视集团六大集团为龙头，各类骨干文化企业快速健康成长的文化产业格局。山西文化产业进入集约化、规模化发展的新阶段，必将有力地推动山西文化大发展大繁荣，为建设文化强省做出更大贡献！

四、成功经验

（一）领导高度重视。五大文化企业集团组建开始后，省委省政府6次召开专题会议予以研究，袁纯清书记、王君省长对集团的组建方案、管理体制、扶持政策及国有资产的监管多次做出重要批示，对破解改革的难题起到了关键作用，领导到位、组织到位、政策到位为五大文化企业集团组建提供了坚强的政治保障。

（二）财政的大力支持。五大文化企业集团的改制组建困难多、阻力大。省财政向五大集团注入资本金 5 000 万元，同时积极创造条件，促进文化与金融、文化与科技的融合发展，努力改善文化企业经营基础与发展环境，为集团的组建提供了较好的资金保障。

（三）方案合理科学。省委常委会议做出组建山西文化产业集团的决定后，为全面贯彻落实中央文化体制改革精神，探索和实践文化企业主管主办管理体制与出资人管理体制的有机衔接，在充分吸收借鉴全国文化体制改革先进经验的基础上，结合山西实际，制定了五大集团组建实施方案，为集团的组建提供了制度保障。

（供稿单位：山西省财政厅）

文化产业何处藏　锦官城里创意忙

——成都发展文化创意产业实例

近年来，随着城乡统筹、"四位一体"科学发展总体战略的实施，成都市文化创意产业稳步发展，已初步形成以园区化、楼宇化为载体模式，以重大产业项目为带动，以骨干企业为支撑，传媒、文博旅游、创意设计、演艺娱乐、文学与艺术品原创、动漫游戏和出版发行等行业快速发展的文化创意产业发展格局。

一、创意项目带动产业发展，创意园区促进产业聚集

2004～2010 年，成都市文化创意产业营业收入与增加值均有不同程度的提高。2010 年，文化创意产业营业收入占全市国内生产总值的 4.6%。文化创意产业增加值增速超过全市经济增速，成为成都市新兴产业中吸纳就业能力最强的产业之一，在成都市新兴产业中排行第二。

（一）特色创意项目带动了文化产业发展。成都通过建设实施一批特色项目，实现了社会效益和经济效益双赢。目前，全市已建成锦里、宽窄巷子和金沙遗址博物馆等一批文化创意产业重大项目。从建成开放至 2011 年 4 月，宽窄巷子历史文化保护区已成为成都的城市新名片，并取得租金收入，实现利税，解决就业岗位 3 000 多个。《金沙》、《太阳神鸟》、《锦城云乐》、《川剧绣》、《芙蓉国粹》、《天地吉祥》、《蜀风雅韵》等系列旅游剧目丰富了人民的精神生活，传播了巴蜀文化，取得了良好的社会效益和经

济效益。经加工改编的大型杂技剧《魔幻金沙》成功在北京、上海等地驻场演出，受到广泛好评，并取得可观的经济收益。目前，成都大魔方、水井坊历史文化保护区、安仁·中国博物馆小镇等一批重大文化创意项目正在规划建设之中。

（二）创意产业园区促进了文化产业聚集发展。目前，成都已建成成都东区音乐公园一期、红星路 35 号园区、蓝顶艺术中心、天府软件园、数字娱乐软件园等一大批文化创意产业园区。成都东区音乐公园自 2011 年 9 月 29 日开园以来，共接待游客 280 多万人次；红星路 35 号文化创意产业园已入驻深圳嘉蓝图设计、深圳浪尖设计、北京洛可可设计公司、长虹电器创新设计中心等 50 余家文化创意企业，出租率逾 90%；蓝顶艺术中心、浓园国际艺术村两大当代艺术园区聚集了以周春芽、何多苓、程丛林为代表的油画、雕塑、摄影等数十位艺术家；天府软件园、天府新谷、数字娱乐软件园共聚集国内外文化创意企业近 70 余家。其中，以金山、梦工厂、锦天等为代表的本土网络游戏龙头企业的各项经济指标均保持 30% 以上的增速，累计成功开发并上线运营近 50 款网游产品，部分产品已在海外建立发行渠道。红星路 35 号二期、四川文化产业园等新一批文化创意产业园区和基地正在建设。

（三）产业功能区的建设完善并增强了文化产业发展的可持续性。成都以科学的规划推进产业功能区的建设，确保了功能区的产业功能完整，增强了产业发展的可持续性。2009 年，围绕建设"世界现代田园城市"的历史定位和长远目标，成都规划了 13 个战略性产业功能区，发展高端产业和产业高端。其中，文化创意产业功能区包括市管东部新城文化创意产业综合功能区和 6 个区管文化创意产业区。东部新城文化创意产业综合功能区（以下简称"成都东村"）面积约 43 平方公里，将以传媒、影音娱乐、文博艺术、动漫游戏等文化创意产业为发展重点，建设具有独特文化韵味，充分展示创意设计的"城市中的城市"和成都东部商业副中心。为确保功能区产业功能的完整，成都重点加强了成都东村的品牌塑造和宣传推广，并加大招商引资力度。上海长峰集团成都东村"龙之梦"超大型城市综合体项目已经开工建设；与上海绿地集团正式签订了投资建设超高层标志性建筑的协议；与华熙国际投资集团正式签署了投资建设文博艺术核心区的协议；与韩国 SK 集团、江苏凤凰传媒集团、英国翡翠国际艺术集团、星浩资本（巨人集团）分别签署了建设成都·东村国际创意港、成都国际书街、国际创意艺术中心、巨人游戏产业基地等意向投资协议。在此基础上，成都还将建设传媒文化中心、文旅领 SHOW 创意社区、国际演艺度假区等项目。目前，成都正加紧与九城公司、通威集团、蒂爵集团、A8 音乐集团、千橡集团、万豪天际文化传播公司、小马奔腾传媒公司等多家国内知名文化创意企业洽谈合作投资意向。

二、"一个并重，两个结合"

（一）保护与创新并重，实施特色项目，带动文化产业发展。近年来，成都市在保护更新历史文化遗产的基础上，着力保护与创新，推动文化旅游与城市共成长，将文化遗产的建筑与器物等实物景观形态、现代消费业态、文化遗产的文脉精神文态"三态合一"，让文态和形态承载文化遗产的精神灵魂和整体景观显现，让业态作为一种生活方式的遗产情韵植入现代生活的消费内容。此举不仅使成都的文物遗产在保护与产业再造中最大限度避免同质化竞争，也令其独特的文化价值进一步被认同、提升、传承，最大限度地带动了产业发展，实现了社会效益和经济效益步调一致。

（二）改造与提升结合，建设园区基地，促进文化产业聚集发展。成都通过园区化和楼宇化，建设文化产业载体，聚集文化企业，实现文化创意产业集聚发展。在对东部老工业厂区的拆迁、改造中，成都结合工业文明遗址的保护，放弃将其改造为商业住宅所能获得的巨大收益，转而与文化创意产业结合，创造性地打造音乐产业基地，会聚了商务办公、演艺与展览、音乐培训、音乐主题零售、酒吧娱乐、设计酒店和文化餐饮等七大业态，成为音乐集聚区和互动消费体验地，更成为文化创意产业发展繁荣的强劲引爆点。

（三）文化与市场结合，搭建平台，营造文化产业发展环境。近年来，为推进城市文化建设和文化产业发展，成都市先后组织实施了系列文化会展活动和论坛，包括中国成都国际非物质文化遗产节、成都双年展、创意成都系列活动、成都大届会、金沙太阳节、2010 年万秀创意（One Show）中国青年创意竞赛及创意营活动、中国国际创意设计推广周、第九届亚洲传媒论坛暨第三届亚洲城市论坛、创意改变城市论坛、艺术超市等。同时，在政府引导下，社会各类展览和活动持续不断。红星路 35 号创意产业园、西村创意产业园、浓园国际艺术村及蓝顶美术馆、许燎原博物馆、岁月画廊、千高原、733、A4 画廊、K 画廊等艺术机构常年举办创意设计和艺术作品系列展览，极大地繁荣和兴旺了成都市的文化活动和文化会展市场，有效地促进了成都市文化创意产业的快速发展。

三、成都文化创意产业发展的经验与启示

（一）整合资源，培育、壮大文化创意产业发展主体。一是以资源重组为重点，认真落实文化体制改革的各项财政税收政策措施，推动文艺院团体制改革，增强文化产业发展主体的活力。成都组建了成都艺术剧院、成都博物院、成都演艺集团，已完成了市杂技团的转企改制。二是以资源整合为重点，做强做大国有文化集团，探索传媒业和文化旅游业运营管理新机制。自 2006 年整合以来，成都传媒集团成为国内发展速度最快、增长幅度最高、综合实力最强的综合媒体集团之一。自 2007 年整合以来，成都文旅集团成功推出一系列如宽窄巷子、安仁·中国博物馆小镇、西岭雪山景

区、平乐古镇等影响大、收益好的文化旅游项目。

（二）加大财政投入力度，引导文化创意产业发展。从 2005 年起，成都市财政设立财政专项资金，逐年加大投入力度，专项用于支持文化创意产业发展。在资金投入中，财政重点支持文物保护与创新相结合的历史文化再现项目，支持文化与旅游紧密结合项目，支持与文化创意紧密结合项目，着力通过财政资金的引导示范作用，鼓励推动社会资金参与文化创意产业发展，取得了良好效果。

（三）搭建投融资和交易平台，为文化创意产业发展提供财力支撑。为解决发展中的资金问题，2008 年以来，成都市财政着力完善投融资环境，安排贷款贴息专项资金，鼓励各类投资机构积极参与成都文化创意产业项目建设。2010 年，市财政引入国家开发银行投资首批合作项目 15 个，为成都文化创意产业快速发展提供了有力的资金支持。此外，为实现文化与市场、文化与资本的有效对接，成都市财政还支持成立了西部第一家、全国第三家文化产权交易平台机构——成都文化产权交易所，以文化物权、债权、股权、知识产权等为交易对象，创新开展了文化产权交易、投融资服务、艺术品资产份额化转让、国有文化企（事）业单位转企改制的产权交易及资产并购重组等业务，将为成都、四川及西部文化创意产业的发展提供强劲动力。

近年来，在财政的助推下，成都的文化创意产业稳步发展，正所谓：文化产业何处藏？锦官城里创意忙。成都文化创意产业结出的累累硕果必将为整个四川文化创意产业的发展提供丰富的养料。

（供稿单位：四川省财政厅）

抓好四个环节　引领特色产业

——青海工艺美术厂发展特色文化产业实例

青海工艺美术厂有限责任公司成立于 1979 年 9 月，位于西宁市建国路 29 号，隶属于青海省文化和新闻出版厅，是从事玉石雕加工、艺术雕塑、装饰会展等工艺美术的文化行业专业企业。

一、历经30载的国有企业

目前，青海工艺美术厂是国家文化产业示范基地、青海省文化产业示范基地、青海省文化行业龙头企业、青海省民族民间文化产业园。

企业下设青海民族民间工艺美术大厦、青海雕塑设计研究院、青海环境装饰会展公司、青海昆仑玉雕厂。截至 2010 年 6 月 30 日，企业在册职工 168 人。企业现有划拨土地使用权 6 886 平方米。成立至今，公司的产销率达 93%。经过 30 余年的发展和努力，公司依靠企业的人才优势、技术优势，以人为本，科学管理，取得了较好的社会效益和经济效益。

二、以工艺美术为龙头，发展特色文化产业

近年来，青海工美公司以工艺美术为龙头的特色文化产业得到快速发展，在开发利用特色文化资源、运作文化产业项目、培育知名文化品牌、推进特色文化、发展文化产业方面做出了显著成绩。为此，公司不断寻求新的经济增长点，开发出了"大美青海"系列工艺礼品，取得了良好的经

济效益和社会效益。雕塑工程、装饰工程、玉器销售及加工制造取得可喜的成绩，精神文明和物质文明取得双丰收。

企业关注品牌建设，打造出了以"祥玉斋"命名的青海第一家国有知名玉器品牌，提高了档次和文化艺术品位，坚持社会效益和经济效益的协调和统一，同时也显现出了规模化的经营优势。公司认真贯彻国家社会主义精神文明建设与文化产业政策的要求，坚持发展先进文化，迈出了长远发展和品牌化发展的坚实一步，使公司保持了较快的发展速度。公司是青海省第一家技术力量雄厚、有着较高社会知名度的国有老字号企业。公司以30年的发展为契机，以国有企业的品质和信誉为依托，以工美大厦为载体，以"有利于企业健康可持续发展"的团队管理思想为指导，建立健全各项行之有效的规章制度，借力国家对文化产业、民族产业和旅游产业的优惠政策和青海昆仑玉资源优势，围绕商务、旅游、雕塑及装饰工程3个市场大力拓展市场领域，加大品牌宣传力度，充实和扩大玉雕厂。工艺美术厂进一步搜集挖掘、整理和开发民间刺绣、剪纸及藏传佛教工艺品，大力弘扬青海的民族民间工艺品。在产品开发方面，公司积极创新，努力开发具有地域特色、文化特色、民族特点的旅游工艺品。在技术方面，企业积极招贤纳才，加强职工队伍的培训，让现代企业机制向市场化、产业化、品牌化迈进。

三、抓好四个环节

（一）抓好工美大厦的营销环节。工美大厦坐落在青海省西宁市城东区，在西宁火车站附近，地理位置较优越。多年来，通过固定资产的盘活，改扩建经营场所，增加营业面积600多平方米，工美大厦结束了长达数年"收租金、卖展柜"的运营模式，对原有销售大厅及经营模式重新调整、重新装修、整体规划，形成了以昆仑玉"祥玉斋"品牌为代表的玉石雕工艺品区；以藏文化为代表的青海民族民间工艺美术区、书画区、现代工艺礼品区；以冬虫夏草为代表的青海土特产区，汇集了青海独有的民族民间文化和自然资源，总经营面积达 2 600 平方米，并致力于拓宽经营渠道，呈现出规模化、品牌化的整体优势。随着"大美青海"对外宣传力度的加大，来青海旅游的人也随之增加，近两年更是呈现井喷现象，公司的销售渠道日益畅通。大厦依托工美公司丰富的无形资产和国有企业的信誉以及较为优越的地理位置销售收入不断提高。

（二）抓好技术研发与制作环节。青海高原福泽广袤，有数千年的文化积淀，神秘厚重的昆仑文化、富饶独有的矿产资源孕育了极其丰富且充满个性的民族民间文化资源，犹如一朵奇葩盛开在中华民族的文化大花园中，构成了青海文化产业丰富多彩的庞大素材库，为艺术创作与事业发展贡献着巨大的灵感源泉和开发空间。工美公司最初主要以青海河湟玉、祁连墨玉为原材料，题材多为青海地域特色的内容。近年来，随着北京奥运会的成功举办，昆仑玉被全世界所认识。借此时机，公司在原有基础上整合资源，组建了青海昆仑玉雕厂。作为"祥玉斋"品牌的生产与技术保障，青海昆仑玉雕厂拥有玉石产品自主设计、研发和生产能力，特别是高档昆仑玉礼品的按需定制能力。其研发和创作的产品雕刻精湛、题材丰富。玉雕厂因此成为青海省大型活动的礼品设计、加工制作的主要单位。如《三江源》、《江河源》、《夏都之恋》、《河湟之尊》等产品形成了"可爱的青海"礼品系列。2009 年开发的水晶镶玉系列礼品，更是让现代工艺深入到了传统玉文化中。

（三）抓好雕塑艺术提升环节。雕塑设计研究院的"城市雕塑"是公司诸多事业模块中发展最为充分、延续时间最长、作品数量最多、获奖次数最多、专业人才涌现最多的一个模块。1983 年，设计院创作完成青海省第一尊城市雕塑《三人舞》，之后先后创作完成大型花岗岩雕塑《西路红军烈士纪念碑》，青海省格尔木市第一尊城市雕塑——《柴达木人》，格尔木市大型不锈钢组雕《春》、《夏》、《秋》、《冬》，《双拥模范纪念碑》，《文成公主》等大批作品。这几年，设计院创作完成黄河水电公司大型花岗岩浮雕《黄河之水天上来》、青海湖《吉祥四瑞》、格尔木炼油厂《腾飞》。30年来，设计院创作了大批既具有时代气息，又凸显高原文化、地域特色的城市雕塑，不仅营造了人们身边的"美"，更诠释了"大美青海"丰富的文化内涵。

（四）抓好装饰展览增值环节。青海装饰会展公司是在原实用工艺美术车间的基础上建立起来的，拥有国家"建筑装修装饰工程专业承包二级企业"资质。公司以装饰装修工程、展览展示、广告、沙盘模型为主营业务，设计制作了"国庆50周年进京大型彩车"、"辉煌的5年"、"黄河公司青洽会"等一大批展览、广告、装饰项目，先后承接西宁机场、西宁档案局、青海铝厂、棉纺织厂、格尔木市政府、大通县政府、黄河水电公司、龙羊峡水电厂、李家峡水电厂、青海省电力局等单位的室内外装饰及展览等工程，均获好评。尤其是黄河水电公司连续5届的青海经济贸易洽谈会的展览特装工程均被评为优质工程。公司还设计制作了青海省政府在香港、澳门、台湾举办的展览活动。一个仅仅拥有60名员工的小型国有企业，由于能够抓住机遇，开拓创新，积极拓宽发展空间和价值创造能力，经济效益实现了逐年提高。

青海工艺美术厂有限责任公司抓好四环，突出特色，逐步成长为具有鲜明特色的文化企业，也成长为青海省工艺美术行业的龙头企业。

（供稿单位：青海省财政厅）

从制造到创造 从生产到创意

——浙江省云和县振兴木制玩具产业实例

浙江省云和县木制玩具产业萌芽于 20 世纪 70 年代。当时，家庭作坊式的生产经济模式为整个产业的发展奠定了基础。经过 40 多年的发展，木制玩具成为云和的传统产业、优势产业和支柱产业。其产值占全县工业总值的 40% 以上。

一、从"卖玩具"到"卖文化"

云和县城有近一半的人员从事木制玩具的创意、研发、生产、销售，玩具产业为云和的社会经济发展做出了巨大的贡献。近几年，云和县紧紧抓住省里高度重视文化创意产业发展的契机，按照优化产业发展结构、推进产业转型升级的要求，以文化创意为切入点，对木玩产业进行文化输入和文化提质，先后出台了《关于促进工业经济发展方式转变的若干意见》、《云和县文化创意产业分类标准》、《云和县文化产业资金管理办法》等政策性文件，对木制玩具产业进行文化改造和提升。

云和设立了文化创意产业办公室来统筹指导协调全县文化创意产业发展；设立了中国木制玩具技术开发中心、木制玩具研究中心、生产力促进中心、质量检测中心、信息化推进中心等一系列机构，来推进木玩行业的发展。目前，云和木玩产业的整体文化影响力与文化贡献度在不断提升。云和县木制玩具产业基地先后成为"省级文化产业示范基地"和"省级文化建设示范点"，云和木玩文化产业列入浙江重点发展的文化产业之一。云和木制玩具实现了从"木头玩偶"到"童话世界"，由"卖玩具"向"卖文化"转变。

二、多措并举，振兴木玩产业，弘扬木玩文化

（一）注重文化引领，让木玩产业华丽转型。

一是出台《木制玩具产业转型升级三年行动计划》、《木制玩具文化创意产业发展三年行动计划》和《云和县文化创意产业资金管理办法》等措施，促进木玩企业向木玩文化产业有序转型，推进木玩产业的组织方式、营销模式、品牌和技术创新，引导木玩产业向产业链两端延伸，向价值链高端攀升。

二是制定文化创意人才引进的相关扶持政策，为企业提供高层次创意型人才、设计型人才，使木玩企业更快地融入文化产业的行列；积极与省、市相关部门对接，寻找政策、资金、重点项目等方面的突破口，加大对相关企业，尤其是木制玩具文化创意企业的扶持力度；促成新云集团与国内外企业开展联合研发、联合设计、联合制造，提升国际竞争力，并积极进行以文化企业名义上市的对接工作。

三是在县中等职业技术学校建立"木制玩具设计与制作"实训基地，做好教育培训，为玩具企业培养和输送玩具文化人才；组建创意研发团队——木制玩具文化创意研产中心，吸收国家教育部、上海美术电影制片厂、中央电视台少儿频道的专家，定期开展文化创意的探讨和研究。该中心于2009年成为浙江省首批、县级唯一的文化创新类团队。同时，该中心在县财政专项资金的支持下，研发出原创益智玩具——由52块全等的五边形组成的"仿生拼图"，开创了低构架木头片创意的新里程碑。

（二）借助传媒优势，让木玩文化家喻户晓。云和积极利用木制玩具形态

特色与文化传媒的关联性和结合点，借助传媒优势，提升木玩文化的知名度。

一是与央视少儿频道等传媒建立良好合作关系，先后拍摄了《让木头也快乐》、《木制玩具总动员》、《芝麻开门》、《木玩超市》等十几部节目，逐渐在全国刮起了一股寻访木制益智玩具的新风潮，推动云和木制玩具走进国内家庭。其中，2008 年奥运会期间，云和县与央视少儿频道重点推出30 集《奥运小贴士》公益广告片，集时尚气息、动漫元素、玩具本色和奥运主题于一身，既生动地宣传了奥运精神，又对木制玩具与动漫的互动开发作了成功的探索。

二是整合县内资源，全力打造云和原创玩具文化栏目《木娃娃》，启动木玩精灵选秀、玩具企业形象代言人推选等互动活动。栏目因创新性、独特性，荣获了 2009 年度浙江省广播电视政府奖青少年电视节目少儿综艺类二等奖、丽水市一等奖。

（三）巧用动漫手段，让木玩文化妙趣横生。云和找准木制玩具与动漫产业的结合点，利用动漫的创意优势和品牌效应，推进木制玩具的创意设计和衍生产品的开发。

一是先后与杭州国家动画产业基地、上海美术电影制片厂、央视辉煌动画公司建立友好合作关系，促成了多家玩具企业为《葫芦兄弟》、《三国演义》等动漫作品开发木制衍生玩具。其中，云和县给予浙江丹妮婴童用品有限公司一定的资金扶持，助其研究、开发与生产孔明锁、华容道等衍生产品，在国内大中城市和旅游景点热销，销售利润增长一倍以上。

二是引导云和玩具企业创办文化创意动漫公司。比如，浙江木玩世家玩具有限公司在相关政策和资金的扶持下，就在杭州组建了杭州定格文化创意公司。它拍摄的《村级换届选举系列片》开创了全国以动漫形式表现政治题材的先河，成为全省各县市的宣传样本。另外，其拍摄的以木制玩具产品为主创元素的 52 集原创动画《木木部落》被列入了 2010 年浙江省精品文化工程。2011 年，该片还作为浙江省参加文化创意产业交流的代表作品，赴我国台湾参加"浙台文化交流之旅"活动。

三是引导县内企业创作具有市场独占性的木偶动漫作品，并以其品牌和形象植入玩具的开发。云和县乐子文化传播有限公司创作和拍摄了 52 集童话动漫剧《朵玛与凸凸狗》，并依托动漫形象研发出 100 多个品种的产品，目前已经打开国内市场并有 20 多家企业加盟。由于"凸凸狗"这个玩具品牌形象生动、富有生命力，以"凸凸狗"为品牌的包装袋、面巾纸、雨伞、文具等衍生产品被市场争相购走。

（四）联结幼儿教育，让木玩文化启迪人生。当前，国内木制教玩具市场几乎一片空白。云和县将木制教玩具开发作为产业突围的突破口，率先抢占市场制高点。2008 年，云和与教育部教学仪器研究所、《幼儿教育》杂志社联合开展幼儿学前教育理念研究。2009 年，云和成立了云和教育玩具科技有限公司，并在北京成立了分公司和国家级幼儿玩具实验室，首期研发的 5 大系列、120 套幼儿语言教育类玩具通过教育部专家鉴定，在 2010 年 4 月举办的第 59 届中国教学仪器设备展示会上展售并推广到幼儿园使用，有效填补了我国木制教玩具在幼儿学前教育领域研究的空白。同年 11 月，在云和县举办的中国（云和）玩具文化与儿童教育高峰论坛上，教育部教学仪器研究所与云和县人民政府签订了教育玩具研究开发基地合作框架协议，并授予云和县"教学仪器研究开发基地"称号。

（五）连接休闲旅游，让木玩文化融入城市。

一是把木玩童话文化元素有机融入城市小品、交通指示系统、旅游标志系统、市政配套、园林绿化、环卫设施建设之中。通过童话街区、童话立面、童话小品、童话道路的改造与推出，云和县已初步形成独一无二、不可复制的文化内蕴。

二是将玩具元素、童话元素与旅游相结合。比如，位于云和县城核心区块，坐落于南山山体的木玩乐园以童话大观为主轴线，通过卡通世界、童话剧场、运动天地、科普园地、创意空间、休闲湿地的设置，展现乐园别具一格、充满梦幻色彩的童话世界，成为云和的城市客厅和童话视窗。

（六）探究益智产品，让木玩文化彰显魅力。作为非物质文化遗产之一，古典益智玩具在开发智力、启迪思维方面发挥着独特作用。为推广中国古典益智玩具、弘扬中国国粹，云和县加大对益智类木制玩具探索、研究的力度。

一是成立中国传统益智玩具研发中心，研究九连环、华容道、鲁班锁、多彩棋类等中国古典益智玩具，在传统的基础上进行创新，研发新的益智产品。同时，为每款产品设计一个传说故事，用文化和内容吸引人。浙江云和通过对中国益智玩具的探索，研究出 1 000 多款产品，目前已经拥有40 项国家专利，在木玩国度中走出自己的特色经营路线。二是成立巧板文化研究所，对巧板文化的历史渊源、发展概况、具体玩法等基本情况进行梳理，实现由卖产品向卖文化的转变。

三、小结

浙江云和抓住了国家扶持文化产业发展的历史机遇，借助传媒优势、巧用动漫手段、联结幼儿教育、连接休闲旅游、探究益智产品，实现了木制玩具从制造到创造，从生产到创意的华丽转型，在文化产业的发展中独树一帜，个中经验值得借鉴。

（供稿单位：浙江省财政厅）

快乐购物　快乐成长

——快乐购物股份有限公司发展实例

　　快乐购物股份有限公司是由湖南广播电视台控股的一家高技术、高成长、创新型现代家庭购物企业，是中宣部文化体制改革及文化产业发展重点企业、湖南省战略性新兴产业百强企业。作为一家极具新兴业态并充满活力的文化企业，它在湖南文化产业改革与发展中具有较强的代表性、典型性，其发展模式与成功经验值得推广和借鉴。

一、快乐成长之崭露头角

　　快乐购物有限责任公司（以下简称"快乐购"）成立于2005年12月，由湖南广播电视台投资设立。该公司依托电视、网络、电话、目录等多媒体传播平台，整合现代物流信息，创新无店铺连锁销售模式，为消费者提供优质时尚的商品选择、安全无忧的服务保障、足不出户的购物体验。

　　目前，公司以长沙为总部，负责电视购物、电话营销、目录营销及供应链整合；以北京为电子商务基地，负责网络购物、手机购物；以上海为时尚产业基地，负责自有时尚品牌产品的开发。与此同时，快乐购在长沙、南京、北京建有3个大型仓储物流基地。该公司成立的最初几年，上缴国家的税收呈成倍增长态势，年年被所在地开福区税务局评为依法纳税贡献大户，并被授予湖南省"A级纳税信用单位"。在主管部门的积极推动下，在财政部门的大力支持下，2010年，快乐购成功引进了联想弘毅、中信绵

305

阳科技城产业投资基金和天津红杉资本投资基金中心等战略投资者，并于2011年5月31日完成了股份制改造，变更为快乐购物股份有限公司。

二、快乐成长之娓娓道来

快乐购从成立之初的300人，通过几年的打拼，发展至目前员工人数达2 022人，间接拉动社会其他行业就业6 000多人，实现了社会效益和经济效益的"双赢"。其成功经验主要如下：

（一）一条新颖独特的发展思路

快乐购的成立、发展得益于广电湘军一种与众不同的思路，得益于湖南广电在全国持续领先的品牌效应，得益于省政府给予广电一种极为宽松的良好环境。如果没有拉动内需、刺激消费的国家战略，没有日益增长的市场需求，就不可能支撑这样一家新型零售企业。如果没有一群具有开拓精神、敢为人先的广电人，就不可能有这样一个极具新型业态，充满活力的快乐购。湖南广电人用自己独到的眼光捕捉到了电视购物发展的商机，并适时抓住了机会，创立了快乐购。公司自成立以来发展迅猛，相继被列为国家商务部首批电子商务示范企业、国家级高新技术企业、文化体制改革及文化产业发展重点企业、湖南省文化产业引导资金重点扶持企业以及湖南省战略性新兴产业百强企业。

（二）一个强而有力的支撑平台

企业发展壮大靠的是独到的营销理念，靠的是对市场和消费者心理的把握，靠的是企业本身强而有力的造血功能。快乐购是现代传媒与零售、实体消费与虚拟渠道跨界融合的产物，是跨行业、跨地区、跨媒体的新产物。快乐购依托湖南广电这块金字招牌和平台进行运作，定位于电视购物、电子商务，通过整合电视、网络、电话、目录及电台等媒体资源，建立了全媒体复合营销平台；依靠现代物流、现代信息以及最新的现代电视制作与传输技术，打造了全新的"无店铺"零售渠道。快乐购借助统一商品采购、统一节目制作、统一呼叫、统一物流配送的经营系统做支撑，快速复制商业模式，实现跨区域连锁经营。截至2012年6月30日，公司电视购物节目已经覆盖全国18个省、3个直辖市、165个地级市、388个县级市，覆盖7 350万收视用户，累计会员人数达到427万，与1 000多家供应商建立了良好的合作关系，包括索尼、联想、戴尔、欧莱雅、资生堂、海尔、美的、双立人等知名品牌商以及神州数码、联强国际等大型商贸平台，为消费者提供家居生活、3C数码、珠宝美妆、流行服饰等各类商品6 000余种。

（三）一个与众不同的诚信品牌

为了保证在日趋激烈的市场竞争中赢得更多消费者的青睐，快乐购一直坚持诚信为本，不断追求有品质的增长、有利润的规模。为此，快乐购特别注重品牌形象的树立和培养，建立了一整套包括企业形象识别、企业经营理念与品质管理、顾客体验优化、企业服务提供与社会责任报告在内的品牌管理体系，奠定了市场信赖、行业领先的品牌地位。公司注册商标"happigo"、品牌吉祥物"快乐狗"及品牌口号"快乐生活，快乐购！"均得到消费者的认可和喜爱。公司的诚信与品牌形象紧密结合，为公司销售收入的不断增长提供了保障。

（四）一支团结创新的经营团队

快乐购在短短5年内迅速崛起，靠的是模式创新、资源优势、先进管理、企业文化和一支团结创新的经营团队。快乐购公司高层大多出身于电视湘军，这群年轻电视人组成的创业团队充满了激情和活力。在他们身上，湖南人"敢为人先","吃得苦、霸得蛮"的精神发挥到了极致。快乐购成立后，又从市场上引进了职业经理人，来自不同背景的人员经过磨合组成的经营团队，创造了符合自身特点的企业文化——"快乐购辩证法"，确立了公司的营销策略，建立了员工内部竞争的良性机制。经营团队不仅能够及时准确地把握市场和消费者心理，而且在文化资源整合方面游刃有余，在商业模式与经营手段的创新方面更是时有突破。

（五）一个持续支持的成长氛围

湖南省财政对快乐购成立、成长的每个阶段均给予密切关注。在快乐购成立初期，为支持其发展，经湖南财政厅批准，国家开发银行同意给予快乐购较大贷款支持额度（2011 年，公司完成股份制改造后，已将所有贷款全部归还），让其可以高起步，从开始运作就设计跨媒体、全通路的经营模式。在公司业务快速扩张期，省财政于 2008 年、2009 年、2011 年，连续 3 年通过文化产业引导资金、安排资金，专项用于快乐购信息平台的搭建和电子商务系统的升级换代，为其实现跨界经营和全通路媒体零售提供了资金保障。在税收优惠方面，省财政厅和相关部门一起按照有关国家规定，对快乐购作为文化企业可以享受所得税优惠进行认定。待公司初具上市融资的雏形后，财政厅积极为其发展问诊号脉，进行相关的上市辅导。在快乐购引进战略投资者、经营团队激励持股以及上市扫清障碍（解决同业竞争的问题）等方面进行审核把关。总之，快乐购是在湖南打造文化强省的大环境下成长、发展起来的。它的成长得到了省委省政府的重视和支持，得到了财政部门的持续关注和指导，相信它会在这样一种良好的氛围下更快地成长、壮大。

三、快乐成长之经验启示

（一）打破地方保护和行业壁垒

文化企业的经营范围比较宽广，尤其是像快乐购这样以媒体作平台的企业，其经营具有很强的跨区域、跨行业属性。但是，该企业在跨区域、跨行业发展方面却面临着一定的地方保护和行业壁垒。如果从宏观经济发展和结构布局方面考虑，出台政策打破地方保护和行业壁垒，鼓励有能力的文化企业按照市场经济的适者生存原则，跨区域、跨行业整合发展，那么类似快乐购这样的企业应该会发展得更快、更强。

（二）创新国有资产管理方式

文化企业要做大做强，必须要按照现代企业制度，以产权为纽带建立，健全管理。从有利于国家和企业发展的角度出发，各级财政部门应该按照"国家统一所有，政府分级监管"的资产管理体制，在国有文化企业资产管理方面积极作为、主动作为，并在企业的改革、改制方面进行大胆创新和尝试。

（三）转变对文化企业的支持方式

目前，财政资金投入企业不外乎采取贷款贴息、项目补贴和以奖代补等方式。事实上，财政资金投入到企业使用都是无偿的。政府对那些有发展潜力的国有文化企业，在其发展之初既要给予引导和扶持，也应该分享其成功带来的国有资本收益。快乐购发展成长的事实证明，企业发展主要依靠的是自身对市场的把握和运作，不是只靠政策和资金扶持。因此，可以对财政资金的投入方面作一些新的思考和探索，不妨对文化企业的资金投入建立"投资入股，适时退出"等新的机制，以保证政府能够分享企业成长、发展带来的收益，同时，也符合国有资产保值、增值的要求。

（四）加快建立文化产业的人才激励机制

文化产业的核心是文化创意，生产的关键要素是人。这是文化产业区别于其他产业的显著特点。文化产业要发展，需要吸纳和培养大批懂文化、懂经营、懂市场的复合型人才。为此，建议出台一系列人才激励配套措施，对资产总额、销售收入、利税达到一定规模的文化企业领军人物，允许其持有企业股权、期权并给予政府奖励、补贴和个人所得税优惠等，为文化产业人才的发展和队伍的发展提供坚实的政策保障。

（供稿单位：湖南省财政厅）